Dicionário de teatro

Luiz Paulo Vasconcellos

Dicionário de teatro
Edição atualizada

www.lpm.com.br
L&PM POCKET

Coleção **L&PM** POCKET, vol. 831

Texto de acordo com a nova ortografia.
Este livro foi publicado pela L&PM Editores, em formato 14 x 21 cm, em 1987.
Primeira edição na Coleção **L&PM** POCKET: outubro de 2009
Esta reimpressão: julho de 2010

Capa: Marco Cena
Preparação: Simone Borges
Revisão: Lia Cremonese

CIP-Brasil. Catalogação-na-Fonte
Sindicato Nacional dos Editores de Livros, RJ.

V446d

Vasconcellos, Luiz Paulo, 1941-
  Dicionário de teatro / Luiz Paulo Vasconcellos. – 6 ed. – Porto Alegre, RS: L&PM, 2010.
  288p. – (Coleção L&PM POCKET; v.831)

  Apêndice
  Inclui bibliografia
  ISBN 978-85-254-1977-4

  1. Teatro - Dicionários. I. Título. II. Série.

09-5277.   CDD: 792.03
                                      CDU: 792(038)

© Luiz Paulo Vasconcellos, 2009

Todos os direitos desta edição reservados a L&PM Editores
Rua Comendador Coruja 314, loja 9 – Floresta – 90.220-180
Porto Alegre – RS – Brasil / Fone: 51.3225.5777 – Fax: 51.3221-5380

Pedidos & Depto. Comercial: vendas@lpm.com.br
Fale conosco: info@lpm.com.br
www.lpm.com.br

Impresso no Brasil
Inverno de 2010

Para Sandra,
a quem devo o melhor de mim.

Para meus mestres,
com quem aprendi quase tudo.

Para meus alunos,
com quem aprendi o resto.

Prefácio à sexta edição

L.P.V.

Poucas coisas poderiam ser mais gratificantes para um professor e pesquisador de teatro no Brasil do que estar escrevendo o Prefácio desta sexta edição do *Dicionário de teatro*. Em se tratando de uma obra de referência numa área artística, restrita, portanto, a meia dúzia de interessados na nomenclatura teatral, seis edições representam uma aceitação irrestrita, um sucesso como jamais imaginei 22 anos atrás, quando escrevi o Prefácio à primeira edição. Contudo, esses 22 anos de distância me obrigaram a um trabalho tão árduo quanto instigante: reavaliar, modificar, corrigir e, sobretudo, atualizar o repertório dos termos e conceitos da terminologia teatral. Há 22 anos, esquete se escrevia *sketch*, e só isso basta para exemplificar o desgaste e a defasagem a que uma obra como esta está sujeita. Por isso, no último ano, mergulhei de cabeça na minuciosa e complexa tarefa de reavaliação do que estava escrito e na pesquisa do que deveria ser acrescentado. Em consequência, esta edição conta com mais de cem novos verbetes, que procurei definir dentro da sistemática anteriormente utilizada, ou seja, de forma sucinta, clara, objetiva e realista. Nada fácil, permitam-me dizer, em tempos de transculturas e pluridisciplinaridades, paradigmas e semiologias diversas. Mas acho que dei conta. E, mais que isso, ao estudar conceitos tão complexos com a missão de fazê-los digeríveis para o leitor comum, devo confessar que fui obrigado a superar os preconceitos e terminar algumas vezes encantado com algumas dessas novas teorias que emergem a cada novo doutorado concluído. Exageros e brincadeiras à parte, assumo que o primeiro a se beneficiar desta sexta edição do Dicionário fui eu mesmo.

Como não se faz nada sozinho no terreno da terminologia em qualquer ciência ou arte, devo acrescentar alguns agradecimentos a novos colaboradores. Primeiro, a Nini Beltrami, que em 1993 me enviou uma carta de Florianópolis com inúmeras sugestões de termos referentes a espetáculos de bonecos. E agora, nesta fase de correção e ampliação do Dicionário, devo agradecer a duas colaboradoras, dra. Marta Isaacsson e Laura Backes, pelas sugestões e pelo empréstimo de bibliografia especializada. Como escrevi no Prefácio da primeira edição, aos que se derem o trabalho de apontar incorreções e omissões, desde já minha gratidão pela oportunidade que me concedem de revisão. Ou seja, já estou me preparando para uma 12ª edição...

Porto Alegre, inverno de 2009.

Apresentação

Yan Michalski*, 1987

Por vários motivos, sinto-me feliz em poder apresentar este importante trabalho de Luiz Paulo Vasconcellos. Mas, se a função de apresentador me causa, neste caso, particular alegria, confesso que é a função de futuro consumidor desta obra o que mais me enche de satisfação. Sei, desde já, que este livro ficará permanentemente na minha mesa, ao alcance da mão, para ser consultado e manuseado com uma frequência que provavelmente ocasionará um rápido desgaste do primeiro exemplar e a sua subsequente substituição por um segundo, um terceiro etc. Nesse sentido, pelo menos no que depender de mim, os editores podem ir pensando desde já em sucessivas reedições...

Para a nossa pequena comunidade de profissionais que utilizam no seu dia a dia a terminologia teatral – críticos, pesquisadores, ensaístas, historiadores, professores e (sejamos otimistas, por que não?) estudantes –, uma obra de referência como esta vinha fazendo uma enorme falta. Alguns, dentre nós, podem até ser considerados eruditos, mas, verdade seja dita, com pouquíssimas exceções, todos nós somos, mais ou menos, autodidatas. O que quer dizer que temos sérias lacunas na nossa formação básica, na qual o domínio exato da terminologia especializada constitui um dos aspectos fundamentais. Não tenho nenhuma vergonha em confessar que, ao folhear ao acaso algumas páginas deste livro, percebi que seria incapaz de dar uma definição sequer vagamente correta a, em média, um em cada quatro vocábulos aqui incluídos e que, em relação a pelo menos um dos três outros, a minha capacidade de definição seria

---

* Yan Michalski (1932-1990) foi teatrólogo e crítico de teatro. (N.E.)

de uma precisão apenas relativa. Se isso é verdade para um profissional que, modéstia à parte, trabalha com esse tipo de terminologia há três décadas, o que dizer dos que só recentemente ingressaram no campo, ou dos que nele só agora ingressam, como é notadamente o caso dos estudantes de teatro? De que tipo de ajuda lexicográfica eles podem dispor quando, ao lerem um livro especializado, esbarram em palavras cujo sentido desconhecem?

Alguns raros e privilegiados membros da nossa pequena comunidade conseguiram, nas hoje cada vez mais difíceis e improváveis viagens ao exterior, adquirir obras estrangeiras de consulta que ajudam, e muito, a quebrar o galho. Existem, com efeito, glossários europeus e norte-americanos de termos teatrais de excelente qualidade e alta sofisticação. Contudo, é evidente que o acesso a esses livros é muito problemático, que o fato de eles serem escritos em língua estrangeira constitui uma barreira considerável para muitos dos seus potenciais consumidores e que a ausência de verbetes correspondentes a fenômenos teatrais exclusiva ou predominantemente brasileiros esvazia em parte a sua utilidade entre nós. Esse último aspecto valoriza muito, sem dúvida, o trabalho de Luiz Paulo Vasconcellos e lhe confere um saudável toque de ineditismo, embora a proporção de verbetes especificamente brasileiros seja compreensivelmente reduzida: o nosso teatro, sejamos realistas, não pode ter a ilusão de haver contribuído generosamente para o vocabulário universal...

É evidente que os mais de seiscentos verbetes que Luiz Paulo Vasconcellos, ao longo de alguns anos de exaustiva pesquisa, optou por selecionar e interpretar não esgotam, nem de longe, todo o universo vocabular das artes cênicas. A seleção, nesse tipo de trabalho, é um processo particularmente delicado, que não pode deixar de se assumir como inevitavelmente dotado de um elevado grau de arbítrio. Cada um de nós poderá achar, e provavelmente achará, que alguns termos de primordial importância deixaram de ser incluídos e que outros, muito menos fundamentais, poderiam tranquilamente ter sido omitidos, mas acabaram entrando. Conhecendo Luiz Paulo Vasconcellos como o conheço, tenho certeza de que nenhuma inclusão ou exclusão foi decidida sem uma madura reflexão e sem ter por base um consciente, ainda que subjetivo, critério. Ou seja, posso apostar que no seu processo de trabalho nunca tenha faltado a devida *dianoia* e que o autor tudo fez para evitar o perigo de incorrer em qualquer tipo de *harmatía*. Quem não souber o que esses termos significam, por favor, comece logo por consultar os respectivos verbetes.

Prefácio

L. P. V.

Quando encaminhei, há cerca de cinco anos, ao Departamento de Arte Dramática da UFRGS o projeto de pesquisa que resultou no presente dicionário, pretendia simplesmente organizar um léxico para uso pessoal, um instrumento que tornasse a convivência intelectual entre mim e meus alunos menos vulnerável ao desgaste a que cada termo ou conceito de um vocabulário especializado está sujeito.

À medida que o trabalho progredia, entusiasmado com a agradável surpresa que sua notícia despertava e estimulado pelo próprio desenvolvimento da obra, que aumentava numa proporção nem sempre compatível com o tempo disponível ou com as dimensões da mesa de trabalho, comecei a cogitar a ideia de vir a publicá-lo.

O sentimento que me moveu desde o início foi sempre um pouco o da "busca do tempo perdido", qualquer coisa como "se tivesse havido algo parecido no meu tempo de estudante, tudo teria sido mais fácil". Esse sentimento, eivado de certezas, transformou-se logo num objetivo claro e preciso que me acompanhou durante todas as etapas de elaboração do livro: fazer uma obra que facilitasse a vida do estudante de teatro. Tal objetivo serviu-me de guia seguro na adequação de uma metodologia e, a cada passo, no equacionamento dos problemas que iam surgindo: clareza da linguagem, extensão da obra e de cada verbete, escolha dos verbetes, inserção de títulos remissivos e de termos brasileiros, tradução ou não de determinadas expressões, bem como a inclusão do léxico que constitui o Apêndice.

Hoje, à véspera de entregar os originais ao editor, não creio que meu sentimento ou meu objetivo tenham mudado.

Ao contrário, permaneço fiel tanto a uma certa nostalgia dos bancos estudantis quanto à vertente principal da minha vida profissional, que é a de professor. Mas duas coisas mudaram nesse meio tempo, devo reconhecer. Primeiro, minha opinião acerca do alcance da obra, antes limitada ao estudante de teatro e hoje, sem falsa modéstia, ampliada ao estudioso de teatro. Segundo, a torrente de certezas que norteou o trabalho no seu início e que foi cedendo a uma torrente de dúvidas a respeito de uma infinidade de pequenas questões: muito extenso? Muito conciso? Muito prolixo? Muito didático? Muito arrojado? Muito careta? Muito isso? Muito aquilo? E assim por diante.

A maior parte dessas dúvidas, bem sei, decorre do delicadíssimo equilíbrio em que um dicionário de teatro se deve manter, oscilando entre a absoluta transitoriedade de que é feita a essência do teatro e a natureza desse tipo de literatura, em que tudo o que está escrito já foi escrito antes provavelmente de forma melhor.

Minhas atuais certezas, então, ficam por conta dos fantasmas que costumam rondar os dicionários: as incorreções e as omissões. Aos que se derem o trabalho de apontá-las, desde já minha gratidão pela oportunidade de revisão que me concedem.

Duas palavras finais ainda se fazem necessárias. Primeiro, para registrar o débito que tenho com algumas obras básicas da literatura documental de teatro: *The Oxford Companion to the Theatre*, editada por Phyllis Hartnoll; *The Reader's Encyclopedia of World Drama*, editada por John Gassner e Edward Quinn; *Dramatic Theory and Criticism*, editada por Bernard F. Dukore; *European Theories of the Drama*, editada por Barret H. Clark; *Drama A to Z, a Handbook*, de Jack A. Vaughn; e *History of the Theatre*, de Oscar G. Brockett; além de outras menos específicas mas nem por isso menos importantes: *Dicionário de termos literários*, de Massaud Moisés; *Novo Dicionário Aurélio*, de Aurélio Buarque de Holanda Ferreira; *Vocabulário Ortográfico da*

Língua Portuguesa, da Academia Brasileira de Letras; e *Pequena história da civilização ocidental*, de Idel Becker, às quais recorri com insuspeitada frequência.

A lista de agradecimentos pessoais não poderia deixar de ser encabeçada por Lygia Vianna Barbosa, amiga e companheira de departamento por tantos anos que me socorreu com conselhos, contribuições, correções e principalmente com um entusiasmo altamente estimulante. Gostaria, ainda, de agradecer a Sandra, minha mulher, pelas diversas leituras dos originais, além do assessoramento na área de Interpretação; a Arthur Nestrovski, Bina Maltz, Tuio Becker, Yan Michaslki, Edélcio Mostaço, Filomena Chiaradia e Eva von Egger-Moellwald, que, direta ou indiretamente, somaram alguma contribuição a este trabalho; e a Jaqueline Pinzon, que, ao longo dos vários meses em que trabalhou comigo, revelou-se uma colaboradora eficiente e dedicada.

Porto Alegre, inverno de 1987.

À VALOIR – Expressão francesa de uso universal cuja tradução é "por conta". Usa-se em transações de direitos autorais quando determinada quantia, geralmente calculada em dólares, é paga antecipadamente ao autor de uma peça ou a seu representante legal, dando ao PRODUTOR, a partir daí, a posse dos direitos de encenação por determinado período de tempo.
Veja também *COPYRIGHT* e DIREITO AUTORAL.

ABELE SPELEN – A mais antiga forma dramática vernácula dos Países Baixos e possivelmente de toda a Europa. Foi desenvolvida no século XIII a partir de uma fusão do MIMO com a BALADA e a arte do MENESTREL. Os temas são sempre retirados dos romances de cavalaria. Os mais antigos exemplares restantes são do século XIV, como um denominado *A tragédia de Lanseloet da Dinamarca*, de autor desconhecido.
Veja também, FARSA, INTERLÚDIO, *SHROVETIDE, SOTTIE* e TEATRO MEDIEVAL.

ABRIR – Termo empregado para definir o movimento do ator em direção ao público. Usa-se em expressões tais como "abrir pela direita" ou "abrir pela esquerda".
Veja também COBRIR.

ABSURDO – Veja TEATRO DO ABSURDO.

AÇÃO – Termo usado em teatro em pelo menos duas acepções diferentes. Em DRAMATURGIA significa a intenção motivadora do ENREDO, ou seja, a força de onde se originam os acontecimentos. Para Aristóteles (384-322 a.C.), a ação é o elemento principal da TRAGÉDIA. A tragédia é, pois, a imitação, "não de homens, mas de ações, da vida, da felicidade e da infelicidade (...) sendo o fim que se pretende alcançar, o resultado de certa maneira de agir, e não de uma maneira de ser" (Aristóteles, *Poética*, VI). O conceito de ação, ao longo do tempo, tem sido matéria passível de variadas interpretações. Aristóteles, de fato, pouco esclarece a respeito do assunto, apenas indica a fonte da ação como o resultado da relação entre o *ÉTHOS* e a *DIANOIA*. Para ele, a ação deve ser completa e dirigir-se da fortuna para o infortúnio em razão de um julgamento feito com base num erro por ignorância, cujo reconhecimento origina a CATÁSTROFE. A partir desses elementos, os seguidores de Aristóteles, e também seus opositores, trataram de ampliar, esclarecer e, enfim, determinar o significado do conceito de ação dramática, incorporando novos elementos ou reforçando os já conhecidos. Assim, entre muitos outros, uniram-se aos já existentes os elementos "vontade humana" como a principal fonte geradora da ação (John Dryden, *Ensaio sobre a poesia dramática*, 1668), e CONFLITO como o principal elemento mobilizador da ação (Friedrich Hegel, *Poética*, 1818-1829). Assim, podemos dizer que ação é o que resulta da vontade humana em conflito. Para Ferdinand Brunetière (1849-1906), "o que se quer do teatro é o espetáculo de uma 'vontade' que se dirige a um objetivo, consciente dos meios que emprega" (*A lei do drama*, 1894). Para Pierre-Aimé Touchard (1903-1987), "a ação só existe no presente, quando sob nossos olhos vemos uma situação modificar-se pelas determinações das personagens" (*O amador de teatro*, p. 169). Finalmente, para Francis Fergusson (1904-1986), ação "não significa proezas, eventos ou atividade física: significa a motivação de onde nascem esses elementos" (*Aristotle's Poetics*, p. 8). A segunda acepção do termo diz respeito justamente à atividade física mencionada por Fergusson. Nesse sentido, fala-se de ação como um sinônimo de comportamento físico, ou seja, o que a personagem "faz" a partir do que "quer" e "sente".

Veja também NARRADOR e, por contraste, ENREDO EPISÓDICO e TEATRO ÉPICO.

AÇÃO ANTECEDENTE/AÇÃO ANTERIOR

– Em DRAMATURGIA, os acontecimentos ocorridos antes do início da peça que, de alguma forma, são importantes para a compreensão do que está acontecendo. Alguns recursos narrativos empregados para informar a respeito da ação anterior têm sido o PRÓLOGO, o CONFIDENTE, o *FLASHBACK*, o CORO e, em alguns casos, o MONÓLOGO e o SOLILÓQUIO. Um segundo sentido da expressão está relacionado ao trabalho do ator. Uma vez que a ação dramática se desenvolve numa progressão de causa e efeito, a ação anterior, para o ator, é aquela que motiva ou justifica cada nova situação representada. Nesse sentido, numa peça que obedece a uma narrativa lógica, qualquer situação nova é consequência de uma anterior e causa de uma posterior. Essa interligação causal é o que configura a continuidade da ação, ou AÇÃO CONTÍNUA. A ação anterior é também chamada de ação antecedente.
Veja também EXPOSIÇÃO e PRÓLOGO.

AÇÃO ASCENDENTE/AÇÃO DESCENDENTE

– Expressões usadas em DRAMATURGIA para indicar o crescimento da tensão gerada pelas forças em CONFLITO (ação ascendente) ou a parte da narrativa localizada após o CLÍMAX (ação descendente). A ação ascendente corresponde à complicação da trama da peça, enquanto a ação descendente, à solução do impasse criado pelas forças conflitantes, resultando, consequentemente, na diluição do interesse do espectador.
Veja também AÇÃO, AÇÃO CONTÍNUA e COMPLICAÇÃO.

AÇÃO COMPLEXA

– Expressão referente à estrutura orgânica da tragédia grega. Na *Poética* (capítulos X e XI), Aristóteles (384-322 a.C.) estabelece as diferenças entre AÇÃO SIMPLES e AÇÃO COMPLEXA, ressaltando, ainda, a superioridade desta última. Para Aristóteles, ação complexa é aquela que possui os elementos-chave da forma trágica: a PERIPÉCIA (*peripéteia*), ou seja, a mudança da boa para a má fortuna; o RECONHECIMENTO (*anagnorisis*) do

erro que originou a AÇÃO; e a CATÁSTROFE (páthos), ou cena de sofrimento.
Veja também TEATRO GREGO e TRAGÉDIA.

AÇÃO CONTÍNUA – Expressão usada por Constantin Stanislavski (1863-1938) para conscientizar o ator de que, apesar dos intervalos existentes entre os atos e as cenas de uma peça, a AÇÃO da PERSONAGEM deve ser analisada e interpretada, mesmo mentalmente, como se fosse contínua.
Veja também AÇÃO ANTERIOR e AÇÃO POSTERIOR.

AÇÃO DRAMÁTICA – Veja AÇÃO.

AÇÃO EXTERIOR – Expressão usada por Constantin Stanislavski (1863-1938) para designar a parte da AÇÃO expressa através de recursos físicos, exteriores, ou seja, o texto enunciado acompanhado de gestos, movimentos, comportamento e atitude. A ação exterior pressupõe a existência de uma AÇÃO INTERIOR, que corresponde ao pensamento e à emoção da personagem e que lhe antecede. O trabalho de abordagem da personagem pode orientar-se indiferentemente em qualquer das duas direções, ou seja, do pensamento para o movimento ou vice-versa, dependendo basicamente da índole criativa do ator.
Veja também MÉTODO DAS AÇÕES FÍSICAS, MÉTODO DE STANISLAVSKI e SISTEMA DE STANISLAVSKI.

AÇÃO INTERIOR/AÇÃO INTERNA – Expressão usada por Constantin Stanislavski (1863-1938) para designar a parte da AÇÃO que transcorre no pensamento e na emoção da personagem. A ação interior é suplementar à AÇÃO EXTERIOR, que corresponde às ações físicas. O trabalho do ator pode estruturar-se indiferentemente em qualquer das direções, ou seja, do pensamento para o movimento ou, ao contrário, do movimento para o pensamento. A ação interior corresponde, em termos de comportamento e emoção, ao texto elaborado no MONÓLOGO INTERIOR. A ação interior é também chamada de ação interna.
Veja também MÉTODO DAS AÇÕES FÍSICAS, MÉTODO DE STANISLAVSKI e SISTEMA DE STANISLAVSKI.

AÇÃO POSTERIOR – Segundo Constantin Stanislavski (1863-1938), qualquer situação dramática deve possuir uma orientação temporal, isto é, deve simultaneamente ser consequência de algo já ocorrido, ou de uma AÇÃO ANTERIOR, e causa de algo a ocorrer, ou de uma ação posterior. Esse encadeamento da progressão dramática é o que possibilita estabelecer a CONTINUIDADE DA AÇÃO.
Veja também MÉTODO DAS AÇÕES FÍSICAS, MÉTODO DE STANISLAVSKI e SISTEMA DE STANISLAVSKI.

AÇÃO SIMPLES – Expressão referente à estrutura orgânica da tragédia grega. De acordo com Aristóteles (384-322 a.C.), o conceito de ação simples se opõe ao de AÇÃO COMPLEXA. Uma tragédia de ação simples é aquela que não possui PERIPÉCIA (*peripéteia*) e RECONHECIMENTO (*anagnorisis*). A ação desse tipo de peça limita-se à CATÁSTROFE (*páthos*), ou seja, à exteriorização do sofrimento. Para Aristóteles, a ação simples é inferior, esteticamente, à ação complexa. Um exemplo de tragédia elaborada a partir de uma ação simples é *As troianas*, de Eurípides (484-406 a.C.).
Veja também TEATRO GREGO e TRAGÉDIA.

ACENTO/ACENTUAR/ACENTUAÇÃO – Num sentido amplo, em linguagem corrente os termos referem-se ao conjunto de modalidades fonéticas na linguagem falada: a intensidade, o tom, a duração e o tempo dos sons. As variações de tais tonalidades caracterizam os distintos idiomas, bem como as diferentes maneiras de falar de um mesmo idioma em diferentes regiões do país ou, ainda, as diferentes faixas etárias e classes sociais. Em linguagem teatral, os termos são usados no sentido de dar ênfase a uma determinada frase ou palavra, em expressões tais como "acentuar a palavra" ou "acentuar a frase".
Veja também ARTICULAÇÃO, INFLEXÃO e PROSÓDIA.

ACESSÓRIO – Em termos gerais, aquilo que é suplementar, adicional. Em teatro, elementos portáteis de complementação ou decoração do cenário, tais como quadros, estátuas, bibelôs,

cortinas, tapetes, almofadas etc. Elementos utilitários, tais como escadas, cubos, placas, praticáveis etc., quando usados como cenário, recebem o nome genérico de acessórios cênicos. O termo tem sido empregado também como sinônimo de adereço.
Veja também ADEREÇO e CENÁRIO.

ACONTECIMENTO PATÉTICO – Veja CATÁSTROFE.

ACÚSTICA – Parte da física que estuda a origem, a natureza, a propagação e a percepção dos fenômenos sonoros. Em linguagem teatral, fala-se da sala, auditório ou teatro em que a emissão vocal do ator é claramente percebida em qualquer localidade, independente da distância a que esteja do palco.
Veja também PALCO À ITALIANA.

ADEREÇO – Em termos gerais, enfeite, adorno. Em teatro, objetos de uso pessoal da personagem, tais como leques, joias, armas etc. É usado também como sinônimo de ACESSÓRIO.
Veja também FIGURINO e GUARDA-ROUPA.

AFINAÇÃO – Literalmente, o ato de aprimorar, refinar. Em teatro, a operação de ajuste de qualquer peça do CENÁRIO ou do equipamento de ILUMINAÇÃO, visando à precisão na distância, no peso ou na intensidade. Por exemplo: simetria dos ROMPIMENTOS, ângulo das TAPADEIRAS, intensidade maior ou menor da luz do REFLETOR. Em qualquer dessas situações, usa-se o termo afinar em expressões tais como "afinar o cenário", "afinar a luz" e assim por diante.
Veja também BOCA DE CENA, CENA, PALCO, PALCO À ITALIANA, ROTUNDA e TELÃO.

AGITPROP – Termo cunhado nos anos 1930 pelo Prolet-Bühne, um grupo de língua alemã que apresentava em Nova York peças de protesto contra as precárias condições de trabalho do operariado americano. É derivado da junção das palavras *agitation* (agitação) e *propaganda* (propaganda). A peça de protesto social, a partir do movimento do Prolet-Bühne, teve muita repercussão nos Estados Unidos, alcançando

seu melhor momento com Clifford Odets (1906-1963), que escreveu a partir de 1935 para o Group Theatre.
Veja também *ANGRY YOUNG MAN*, ANTROPOFAGIA, DRAMA-DOCUMENTÁRIO, LIVING NEWSPAPER, TEATRO DE GUERRILHA, TEATRO DIALÉTICO, TEATRO DO OPRIMIDO e TROPICALISMO.

AGON – Em termos gerais, em grego *agon* quer dizer disputa, competição. Na COMÉDIA ANTIGA era uma de suas partes constitutivas – as outras eram o PRÓLOGO, o *PÁRODOS*, a *PARÁBASIS*, o EPISÓDIO e o *KOMOS*. O *agon* consiste num debate entre dois personagens, um deles frequentemente representando o pensamento do autor. Nesse debate são avaliados os méritos da ideia central que mobiliza a própria COMÉDIA e é decidida sua aplicação prática. O *agon*, em última instância, representa o princípio que estabelece a relação de CONFLITO entre os personagens. Localiza-se entre o *párodos* e a *parábasis*.
Veja também TEATRO GREGO.

ALÇAPÃO – Abertura no chão do PALCO dando passagem ao PORÃO. Sua utilização remonta ao TEATRO ROMANO, mas foi no TEATRO MEDIEVAL que adquiriu relevo dentro do contexto dramático, quando foi usado para indicar a passagem para o inferno. Foi igualmente utilizado no palco do TEATRO ELISABETANO, permitindo a Shakespeare (1564-1616) idealizar, por exemplo, cenas como a dos coveiros ou a do enterro de Ofélia, ambas de *Hamlet* (1601). No PALCO À ITALIANA o acesso ao alçapão é obtido com a retirada de uma QUARTELADA.

ALEGORIA – Recurso de narrativa literária que consiste na concretização ou personificação de qualidades, vícios, conceitos ou valores históricos ou abstratos. Na opinião de Patrick Murray, trata-se de "uma representação que carrega um significado diferente e maior do que o literal" (*Literary Criticism, a Glossary of Major Terms*, p. 1). Para Massaud Moisés, alegoria "consiste num discurso que faz entender outro, numa linguagem que oculta outra" (*Dicionário*

de termos literários, p. 15). No DRAMA, a alegoria foi extensamente usada no TEATRO MEDIEVAL, sobretudo na MORALIDADE, em que conceitos como a Morte, a Caridade, as Boas Ações e a Luxúria foram caracterizados como personagens. A função da alegoria é essencialmente didática, razão pela qual tem sido alvo de objeções por parte da CRÍTICA, que nela vê um elemento de restrição ao papel da imaginação e do sentimento na apreciação da obra de arte. No DRAMA MODERNO, embora não se possa falar de alegoria no sentido pleno da palavra, pode-se falar, entretanto, numa tonalidade alegórica, num comentário alegórico, como o feito por Samuel Beckett (1906-1989) em *Ato sem palavra* ou, ainda, o que Bertolt Brecht (1898-1956) utiliza em grande parte de sua obra, principalmente nas peças de caráter didático.
Veja também DRAMA LITÚRGICO, MILAGRE, MISTÉRIO, SIGNO e SÍMBOLO.

ALTA/BAIXA – Veja BAIXA/ALTA.

AMADOR – Aficionado. Aquele que não é remunerado pelo seu trabalho, que atua graciosamente, por prazer. O termo opõe-se a PROFISSIONAL.

AMARRAÇÃO – Veja TRAVAMENTO.

AMOROSO – Veja *INNAMORATO*.

ANAGNORISIS – Veja RECONHECIMENTO.

ANFITEATRO – Antigo edifício do período do TEATRO ROMANO destinado à apresentação de espetáculos populares, corridas, combates ou representações teatrais. Diferia do TEATRO na forma do AUDITÓRIO, circular ou oval, com arquibancadas em torno de uma ARENA central. Hoje em dia, são chamados anfiteatros os locais amplos, geralmente de forma circular ou semicircular, com arquibancadas diante de um estrado, destinados a aulas, palestras, conferências etc.
Veja também PALCO e PLATEIA.

ANGRY YOUNG MAN – Termo usado pela CRÍTICA para definir um tipo de DRAMATURGIA inglesa de meados do século passado. Embora seus autores não pertencessem a qualquer movimento organizado, suas obras partilhavam certo número de características, em particular uma agressiva insatisfação com os valores morais e sociais do pós-guerra. Formalmente, predominavam certa ênfase no REALISMO e a utilização de uma linguagem popular das classes média baixa e trabalhadora. Os principais dramaturgos enquadrados nesse rótulo foram Arnold Wesker (1932) e John Osborne (1929-1994), cuja peça *Look Back in Anger* (1956), traduzida no Brasil como *Geração em revolta*, tornou-se o protótipo da obra *angry*.
Veja também *AGITPROP*, ANTROPOFAGIA, DRAMA-DOCUMENTÁRIO, TEATRO DE GUERRILHA, TEATRO DIALÉTICO, TEATRO DO OPRIMIDO e TROPICALISMO.

ANTAGONISTA – Em termos gerais, aquele que atua em sentido contrário. No DRAMA, o principal opositor do PROTAGONISTA.

ANTICLÍMAX – Parte da narrativa dramática que ocorre após um CLÍMAX. O termo se refere a um fato ou acontecimento que reverte a tensão emocional criada pelo clímax, produzindo outra geralmente de caráter cômico ou grotesco. Veja também AÇÃO ASCENDENTE/AÇÃO DESCENDENTE, CONFLITO e CRISE.

ANTI-HERÓI – Expressão que surge em oposição ao conceito de HERÓI. Trata-se da personagem sem qualquer qualidade ou virtude que a diferencie da média das demais personagens que é alçada à categoria de PROTAGONISTA pela simples vontade do autor de fazer representar um exemplo semelhante a toda gente. No dizer de Massaud Moisés, "o herói identifica-se por atos de grandeza no bem ou no mal, enquanto o anti-herói não alcança emprestar altitude ao seu comportamento" (*Dicionário de termos literários*, p. 29).
Veja também DRAMA e TEATRO DO ABSURDO.

ANTIMASCARADA – Na Renascença inglesa, tipo de entretenimento semidramático desenvolvido por Ben Jonson (1572-1637), destinado a ser representado antes da MASCARADA. A antimascarada consistia numa dança dramática grotesca que contrastava com o tema da mascarada que a sucedia. Em *A mascarada das rainhas*, por exemplo, Perseu, que representa a virtude heroica, é seguido por um séquito de doze grandes rainhas da Antiguidade. Na antimascarada, por contraste, ele é seguido por um cortejo de onze bruxas que representam os vícios.
Veja também DRAMA SATÍRICO, *COMÉDIE-BALLET* e DISFARCE.

ANTIPEÇA – Termo criado por Eugène Ionesco (1912-1994) para definir sua peça *A cantora careca* (1950). Foi utilizado posteriormente para qualificar outras obras do TEATRO DO ABSURDO, caracterizadas por uma oposição formal à literatura dramática convencional. A base dessa oposição consiste na ruptura do pensamento lógico, da linguagem e em decorrência da representação de um comportamento que perdeu seu sentido afetivo e social, tornando-se, por conseguinte, absurdo.
Veja também DADAÍSMO e SURREALISMO.

ANTÍSTROFE – No DRAMA grego, a segunda parte de uma ode coral, precedida pela ESTROFE.
Veja também TEATRO GREGO.

ANTROPOFAGIA – Tendência estética de cunho nacionalista situada dentro do MODERNISMO brasileiro, liderada por Oswald de Andrade (1890-1954), que, em 1928, lançou a *Revista de antropofagia*. No número de lançamento da revista, foi publicado o "Manifesto antropófago", cuja base estética era a cultura primitiva, a exaltação às práticas canibais, a reivindicação de uma "Revolução Caraíba", numa evidente manifestação anticolonialista, contrária à imposição e à imitação de modelos culturais. O humor do movimento, bem como seu nacionalismo exacerbado, pode ser exemplificado com o epigrama de Oswald, "Tupi or not tupi,

that's the question". A relação da antropofagia com a arte do teatro é remota, mas sem sombra de dúvida foi o "Manifesto antropófago" o modelo inspirador do TROPICALISMO do fim dos anos 60.
Veja também TEATRO BRASILEIRO.

ANTROPOLOGIA TEATRAL – Método de formação do ATOR idealizado por Eugenio Barba (1936) e praticado por ele no Odin Theatret e no International School of Theatre Antropology (ISTA). Segundo o autor, a antropologia teatral nasceu do desejo de entender os processos pelos quais atores e dançarinos manifestam os diferentes modos de comportamento tanto na cena quanto na vida. O conceito resultante é o chamado comportamento extracotidiano, estabelecido com base em três princípios: o equilíbrio instável, a tensão de forças contrárias e a condensação do gesto. A inspiração de Barba teve origem em diversas formas teatrais orientais, no teatro *NÔ*, no *KABUKI*, no *KATHAKALI* e na ÓPERA DE PEQUIM, sofrendo ainda influências das teorias de Constantin Stanislavski, Gordon Craig, Vsévolod Meyerhold, Jerzy Grotowsky e Ettiene Decroux. Nas palavras de Barba, "antropologia teatral é o estudo do comportamento cênico pré-expressivo que se encontra na base dos diferentes gêneros, estilos e papéis e das tradições pessoais e coletivas" (*A canoa de papel*, p. 23).

APARTE – Recurso literário determinado pela convenção do PALCO. Consiste num comentário feito por personagem presumivelmente não ouvido pelos demais personagens que estão em CENA. O aparte pode ser dado diretamente à PLATEIA ou na forma de um comentário da personagem para si mesmo. Seu uso já pode ser observado no TEATRO RENASCENTISTA, inclusive em Shakespeare. Muito utilizado no CLASSICISMO francês, teve seu período áureo no MELODRAMA, quando servia como ilustração do estado de espírito da personagem diante de algum impasse. Com a revolução na arte de representar deflagrada por Antoine (1858-1943) e Stanislavski (1863-1938), o aparte foi sendo substituído pelos recursos expressivos do ator através do

uso do gesto e da máscara facial. Desde então, seu emprego ficou restrito a efeitos cômicos na forma de pequenas tiradas irônicas geralmente endereçadas à plateia.
Veja também *BURLA*, *LAZZO*, MONÓLOGO, SOLILÓQUIO e TIRADA.

APRESENTAÇÃO – Veja PRINCÍPIO.

ARAGOTO – Possivelmente o mais popular estilo de representação do TEATRO JAPONÊS. Termo derivado da palavra que significa "violência verbal e gestual". A forma do *aragoto* foi aperfeiçoada pelo ator de *KABUKI* Ichikawa Danjuro I (1660-1704). Atores treinados no *aragoto* fazem sua entrada e saída de cena através do *hanamichi*, a ponte que liga as COXIAS ao PALCO, fazendo seis reverências, uma em cada direção. Esses atores usam MAQUIAGEM pesada, roupagens solenes com estamparias vistosas, marcham em vez de andar e emitem os sons das palavras sempre no registro mais agudo da voz.
Veja também *JÔRURI*, *KYOGEN*, *NÔ* e TEATRO JAPONÊS.

ARCO DO PROSCÊNIO – No PALCO À ITALIANA, o arco que separa o PROSCÊNIO da CENA propriamente dita, formando uma espécie de moldura que dá relevo ao CENÁRIO. A origem do arco do proscênio, segundo alguns historiadores, é a porta central do frontispício dos antigos teatros gregos e romanos. Na Renascença, com a construção do Teatro Olímpico (Vincenza, 1585), já pode ser observada a hipertrofia que vinha sofrendo a porta central em relação às demais. Com a construção do Teatro Farnese (Parma, 1618), a porta central já se encontra ampliada o suficiente a ponto de ser transformada num arco de proscênio. O Teatro Farnese é o primeiro teatro a possuir um arco de proscênio arquitetonicamente projetado.
Veja também BOCA DE CENA e PALCO.

ARCONTE – Na Grécia antiga, o principal magistrado civil de Atenas, responsável pela administração dos festivais em que eram realizados anualmente os concursos dramáticos. Sabe-se que os concorrentes que desejassem ver suas

peças produzidas durante um festival deveriam solicitar credenciamento ao arconte para a obtenção de um CORO. Os critérios que norteavam a escolha dos participantes, contudo, não são conhecidos.
Veja também *COREGA*, DRAMA SATÍRICO, GRANDE DIONISÍACA, TEATRO GREGO, TETRALOGIA e TRAGÉDIA.

ÁREA DE ATUAÇÃO – Parte da CENA visível ao público, onde se desenrolam os acontecimentos dramáticos. Parte do CENÁRIO que pode ser ocupada pelo ATOR. Também chamada de "zona de atuação".

ARENA – Tipo de espaço cênico em que a área de representação fica cercada pelo público como no antigo ANFITEATRO romano. A arena pode ser circular, com o público ocupando toda a volta em torno do PALCO, ou retangular, com o público acomodado em três ou quatro de seus lados. Os teatros de arena surgiram no século XX como uma solução economicamente viável para os grupos amadores, mas a repercussão desse arranjo arquitetônico nas relações entre espectadores e atores e a consequente modificação nas técnicas de encenação e representação chamaram a atenção de profissionais que deles passaram a fazer uso. No Brasil, a arena ocupa um lugar histórico na evolução do espetáculo brasileiro devido à influência exercida pelo Teatro de Arena de São Paulo em meados do século XX.
Veja também CENA e, por contraste, PALCO À ITALIANA.

ARGUMENTO – Em DRAMATURGIA, resumo dos acontecimentos ocorridos numa peça. Aristóteles (384-322 a.C.) aconselha o uso do argumento como ponto de partida para o trabalho do dramaturgo. Segundo ele, o argumento serve como instrumento de preservação da universalidade dos temas, impedindo que o autor enverede pelo caminho das particularidades. Aristóteles estabelece a diferença entre argumento e EPISÓDIO utilizando como exemplo a *Odisseia*, de Homero. Nessa obra, segundo ele, "um homem afastado de sua pátria pelo espaço de longos anos e vigiado de perto

por Possêidon acaba por se encontrar sozinho; sucede, além disso, que em sua casa os bens vão sendo consumidos por pretendentes que ainda por cima armam ciladas ao filho; depois de acossado por muitas tempestades, regressa ao lar, dá-se a conhecer a algumas pessoas, ataca e mata os adversários e assim consegue salvar-se" (*Poética*, XVII). Para Aristóteles, essa é a síntese da obra, ou seu argumento; o restante são episódios.
Veja também AÇÃO, DRAMA e TEMA.

ÁRIA – Em termos gerais, sinônimo de canção, melodia. Numa CANTATA, ORATÓRIO ou ÓPERA, trecho para cantor solista com acompanhamento instrumental. A ideia da ária corresponde à do MONÓLOGO ou à do SOLILÓQUIO no teatro declamado. Existem vários tipos de árias, variando de acordo com as dificuldades técnicas, os ritmos e os tipos de acompanhamento ou de situação dramática: *aria cantabile, aria di portamento, aria di bravura, aria d'imitazioni, aria all'unisono, aria parlante, cavatina, aria concertato, aria senza accompagnamento*, entre outras.
Veja também, por contraste, RECITATIVO.

ARLEQUIM – O mais popular dos personagens da *COMMEDIA DELL'ARTE*, pertencente à categoria dos criados ou *ZANNI*. É uma mistura de inteligência, esperteza e estupidez. O trânsito pela casa em decorrência de suas tarefas domésticas faz dele depositário de informações que lhe garantem prestígio e poder, tornando-o, portanto, o centro da INTRIGA. Seu FIGURINO, inicialmente uma roupa coberta por vários remendos coloridos, com o tempo formaliza-se numa estamparia de losangos verdes, vermelhos e azuis. A cabeça raspada é coberta por um chapéu preto, usado acima da meia-máscara, igualmente preta. O figurino e a MÁSCARA característicos da personagem permitem a identificação imediata por parte do público. O arlequim, originalmente, era também músico, acrobata e dançarino.
Veja também *FABULA ATELLANA* e *TRICAE ATELLANAE*.

ARLEQUINADA – Em termos gerais, qualquer peça cujos personagens sejam os da *COMMEDIA DELL'ARTE*, particularmente o ARLEQUIM e a COLOMBINA. Nesse sentido, *As máscaras* (1937), de Menotti del Picchia (1892-1988), é um exemplo de arlequinada na dramaturgia brasileira. Especificamente, um tipo de espetáculo semidramático que existiu na Inglaterra no século XVIII, no qual aqueles personagens contavam histórias através da linguagem da dança.
Veja também *COMÉDIE-BALLET* e *VAUDEVILLE*.

ARQUÉTIPO – Termo usado pela CRÍTICA literária para se referir às imagens psíquicas oriundas do inconsciente coletivo, conforme mencionado por Carl Jung (1875-1961). O conceito de inconsciente coletivo implica duas operações básicas: a retenção, pela memória, de "imagens primordiais" gravadas através de um processo de repetição por nossos ancestrais; e a expressão dessas imagens em forma de MITO, RITUAL, religião etc. O resultado dessas operações constitui um arquétipo. Um arquétipo, pois, atinge zonas profundas da emoção humana porque se relaciona às imagens conservadas pela "memória inconsciente". Na opinião do crítico Northrop Frye (1912-1991), que foi quem formalizou essa conceituação em termos de crítica literária, o mito é a mais essencial das imagens-arquétipo.
Veja também FÁBULA e IMITAÇÃO.

ARS POETICA – Único documento completo relativo à teoria do DRAMA que nos foi legado pelo TEATRO ROMANO. Trata-se de obra escrita por Quintus Horatius Flaccus (65-8 a.C.), mais conhecido no mundo moderno como Horácio. Embora influenciada por Platão (427?-347? a.C.) e Aristóteles (384-322 a.C.), a *Ars Poetica* é mais um manual do que um estudo crítico, e, mesmo como manual, bastante arbitrária. Sua importância é histórica, dada a influência que exerceu no TEATRO RENASCENTISTA. A *Ars Poetica* é também conhecida como *Epistola ad Pisones*.
Veja também CRÍTICA, CRÍTICA PRESCRITIVA e, por oposição, POÉTICA.

ARTICULAÇÃO – Pronúncia clara e perfeitamente audível das palavras de um texto de acordo com a intenção da FALA. Veja também ACENTO, INFLEXÃO e PROSÓDIA.

ARTISTAS DE DIONISOS – Organizações corporativas de atores, músicos, fabricantes de máscaras, escritores e maquinistas na Grécia antiga. A primeira que se conhece é a Guilda Ateniense, datando provavelmente do século IV a.C. Devido à associação da atividade teatral com a religiosa, a profissão de ator gozava de grande prestígio, e não raras vezes atores foram incumbidos de missões diplomáticas. Competia a essas corporações, entre outras atividades, estabelecer tabelas de valores para os serviços prestados, além da manutenção da segurança dos grupos durante as viagens. Em Roma, em 200 a.C., foi estabelecido o *collegium scribarum*, com as mesmas atribuições das organizações gregas. Na Idade Média, em 1402, foi formada a *CONFRÉRIE DE LA PASSION*, incumbida da produção de peças religiosas.

ASSISTENTE DE DIREÇÃO – Principal assessor do DIRETOR do espetáculo e seu substituto eventual. Atua como ensaiador, seguindo a orientação dada pela direção. Anota ou faz anotar todas as indicações dadas aos atores, técnicos e operadores durante os ensaios, sejam as referentes às personagens, sejam as de MARCAÇÃO, ILUMINAÇÃO, SONOPLASTIA e outras.
Veja também CONTRARREGRA, DIRETOR DE CENA e *RÉGISSEUR*.

ATELLANA – Veja *FABULA ATELLANA*.

ATLETISMO DA AFETIVIDADE – Título de um ensaio de Antonin Artaud (1896-1948) no qual ele expõe sua teoria da "musculação afetiva", ou seja, das relações entre afeto, emoção e movimento muscular. Nesse ensaio, Artaud insiste na ideia de que a emoção não é uma forma abstrata, mas que possui uma forma específica que é dada pelo corpo humano. Partindo do pressuposto de que "a alma tem uma expressão corpórea", Artaud conclui, então, que a alma, a emoção e o sentimento podem ser atingidos a partir da mobilização

física. No capítulo sobre o treinamento muscular, a respiração desempenha um importante papel, uma vez que, segundo Artaud, "a respiração acompanha o sentimento e o ator pode penetrar o sentimento por meio da respiração" (*O teatro e seu duplo*, p. 194).
Veja também ARQUÉTIPO, RITUAL e TEATRO DA CRUELDADE.

ATO – A maior subdivisão de uma peça de teatro. Trata-se de uma convenção destinada a organizar a narrativa por partes. A primeira referência à divisão de uma peça em atos foi feita por Horácio (65-8 a.C.), na *ARS POETICA*, de forma bastante dogmática: "Uma peça (...) deve possuir cinco atos – nem mais nem menos". É possível que esse número tenha sido sugerido ao crítico pela estrutura da COMÉDIA NOVA, que se supõe tenha sido organizada em cinco cenas. O fato é que a regra horaciana foi observada por Sêneca (4 a.C.?-65 d.C.) e transformada em dogma durante o TEATRO RENASCENTISTA. Algumas variações no número de atos ocorreram de lá para cá, sendo que no século XIX, provavelmente por influência das peças de Henrik Ibsen (1828-1906), o número ideal de atos foi refixado em três. A partir do século XX, vigora grande liberalidade na subdivisão de uma peça em atos.
Veja também CENA, EPISÓDIO e JORNADA.

ATOR/ATRIZ – Literalmente, o agente do ato. Em teatro, o/a intérprete da personagem de ficção, ou seja, aquele/a que dá forma e vida à personagem do DRAMA. Na tradição do teatro ocidental, o surgimento da figura do ator coincide com a autonomia da personagem trágica, fenômeno ocorrido na Grécia, no século V a.C. A tradição aponta Thespis como o primeiro ator. Originário da Icária, Thespis ganhou o prêmio na primeira edição da GRANDE DIONISÍACA, em Atenas, em 534 a.C. A tradição conta ainda que Thespis percorria a Grécia num carro cujo piso podia ser transformado num PALCO. Ainda conforme a lenda, sua maior contribuição foi ter-se destacado do CORO, adotando a narrativa na primeira pessoa. Nesse momento, nascia o TEATRO ocidental. No período do TEATRO GREGO, devido à relação existente entre teatro e religião, o ator chegou a gozar de grande prestígio moral e social, tendo sido muitas vezes incumbido de missões diplomáticas. No século IV a.C., chegou a haver uma corporação de atores denominada ARTISTAS DE DIONISOS. A profissionalização, contudo, só ocorreu muito mais tarde, na Itália, com a *COMMEDIA DELL'ARTE*; na Inglaterra, com a construção, em 1576, do primeiro teatro público permanente; e na França, no fim do século XVI, com o estabelecimento da primeira companhia profissional no Hôtel de Bourgogne. As indagações sobre a arte e a ciência do ator surgem com Platão (427?-347? a.C.) e Aristóteles (384-322 a.C.), mas só vão se intensificar e ganhar importância crítica a partir do século XVIII, com o *PARADOXO DO COMEDIANTE*, de Denis Diderot (1713-1784). Embora seja crédito dos atores da *Commedia dell'Arte* a autonomia performática, a completa autonomia artística só teve início no século XX, com a pesquisa de Constantin Stanislavski (1863-1938), que desatrelou a arte do ator da criação literária.

Veja também CARRO DE THESPIS, *HIPÓKRITES* e HISTRIÃO.

ATOR SANTO – Expressão criada por Jerzy Grotowski (1933-1999) para definir o ATOR que não se deixa seduzir pela mercantilização da profissão ou pela glorificação pessoal. Grotowski afirma que usa o termo como um ateu o faria: trata-se, diz ele, de uma "santidade leiga". Para Grotowski, "o ator é um homem que trabalha em público com o seu corpo, oferecendo-o publicamente. [...] Se é explorado por dinheiro [...] a arte de representar está à beira da prostituição." Se o ator "não faz nenhuma exibição de seu corpo, mas sim o queima, o aniquila, o libera de toda resistência a qualquer impulso psíquico, então, ele não vende mais seu corpo, mas o oferece em sacrifício. De alguma forma o ator repete o gesto da redenção, aproximando-se, assim, da santidade" (*Em busca de um teatro pobre*, p.19). Na formulação de Grotowski, o conceito de ator santo opõe-se ao de "ator cortesão".

Veja também TEATRO POBRE.

AUDIÇÃO – Método de seleção de atores para um ELENCO, especialmente para papéis secundários. Uma audição pode resumir-se a apenas uma entrevista com leitura de trechos da obra a ser encenada, ou incluir testes mais elaborados, exigindo a apresentação de cenas, além de números de canto e dança, conforme as exigências da produção. As audições serviram de tema para o famoso musical americano *Chorus Line* (1975), em que um grupo de atores submetia-se a uma série de audições para um musical da Broadway.

AUDITÓRIO – O conjunto das pessoas que assistem a um espetáculo. Nesse sentido, o termo é usado como sinônimo de audiência, PLATEIA. A palavra é também utilizada para indicar um tipo de sala especialmente construída para recitais, concertos, aulas, conferências etc.
Veja também ANFITEATRO e ARENA.

AULEUM – Palavra latina para designar a cortina frontal usada no antigo TEATRO ROMANO. O *auleum* data provavelmente do século II a.C. Originalmente, era baixado através de um sistema de varas conjugadas, ficando, durante o espetáculo, depositado na frente do PALCO. Só no século I a.C. o *auleum* passou a ser suspenso por cordas do topo da *SCAENA FRONS*.
Veja também CORTINA, PANO DE BOCA e *SIPARIUM*.

AUTO – Em Portugal, durante a Idade Média, nome genérico para designar qualquer tipo de peça, religiosa ou profana. O auto religioso era chamado de AUTO SACRAMENTAL, designação também usada na Espanha, enquanto o auto profano recebia o nome de auto pastoril. Dentre os autos medievais portugueses, sacramentais ou pastoris, destacam-se os de Gil Vicente (1465?-1539?), provavelmente o maior nome da DRAMATURGIA medieval de toda a Europa. Dele, deve ser citada a TRILOGIA das Barcas, composta pelo *Auto da Barca do Inferno* (1517), *Auto da Barca do Purgatório* (1518) e *Auto da Barca da Glória* (1519), além de alguns autos profanos, como o *Auto da Inês Pereira* (1523), também chamado de *Farsa de Inês Pereira*. No Brasil, Ariano

Suassuna, valendo-se do caráter popular e religioso de seu teatro, intitulou algumas de suas peças de autos, entre elas o *Auto da Compadecida* (1957), uma das obras-primas da comédia brasileira. Merecem destaque ainda as manifestações semidramáticas chamadas de autos por Luís da Câmara Cascudo (1898-1986), tais como o BUMBA MEU BOI, o FANDANGO, a LAPINHA e o PASTORIL.
Veja também TEATRO MEDIEVAL.

AUTO PASTORIL – Veja AUTO.

AUTO SACRAMENTAL – Nome dado na Espanha e em Portugal a peças religiosas de tradição medieval. Essas peças eram em geral dramatizações de ideias relacionadas com o sacramento da Eucaristia, embora existissem autos com argumentos baseados em eventos bíblicos ou na vida de santos. Utilizando com frequência o recurso da ALEGORIA, tais textos tiveram uma importante função didática, seja reafirmando valores morais da Igreja e, por extensão, do Estado, seja explicando os mistérios que cercavam os sacramentos. O mais antigo auto sacramental conhecido é o *Auto de Los Reyes Magos*, datado de cerca de 1200. No SÉCULO DE OURO, Lope de Veja (1562-1635) e Calderón de La Barca (1600-1681) deram dimensão literária ao GÊNERO. A encenação de autos na Espanha prosseguiu até o século XVIII. O gênero corresponde, na França e na Inglaterra, ao MISTÉRIO e MILAGRE; na Itália, à *SACRA RAPPRESENTAZIONE*. No Brasil, no século XVI, o padre José de Anchieta (1533-1597) utilizou-se da representação de autos sacramentais como instrumento catequético. São atribuídos ao padre Anchieta sete autos, que constituem o acervo literário do TEATRO CATEQUÉTICO.
Veja também TEATRO MEDIEVAL.

AUTOR DRAMÁTICO – Veja DRAMATURGO.

AVANT-SCÈNE – Expressão francesa que significa diante da cena. Usa-se para indicar que o ator ou a peça de cenário encontra-se na altura da BOCA DE CENA, no PROSCÊNIO ou próximo a este.

B

BAIXA/ALTA – Designação dada às partes anterior e posterior do PALCO À ITALIANA que são, respectivamente, a mais próxima e a mais afastada do público. A expressão deriva da inclinação ascendente no sentido frente-fundo nos palcos construídos até o século XIX, que favorecia a ilusão da perspectiva.
Veja também CENTRO ALTO/CENTRO BAIXO, DIREITA BAIXA/DIREITA ALTA e ESQUERDA BAIXA/ESQUERDA ALTA.

BALADA – Em termos literários, a balada consiste num tipo de poesia narrativa, histórica ou fantástica cuja forma utiliza o esquema pergunta e resposta. Devido a essa estrutura, a balada é tida como uma manifestação pré-dramática.
Veja também PASTORAL e PASTORIL.

BALCÃO – Na arquitetura teatral, a parte elevada da PLATEIA, localizada acima dos CAMAROTES e abaixo das GALERIAS. Socialmente, os balcões correspondem, grosso modo, ao lugar da classe média. No Teatro Municipal do Rio de Janeiro, por exemplo, os balcões estão divididos, em andares diferentes, entre balcões nobres e balcões simples, correspondendo ao *dress circle* e ao *upper circle* dos teatros ingleses. Nos balcões nobres era requerido o uso de traje a rigor nas noites de gala.
Veja também PALCO À ITALIANA e PLATEIA.

BALÉ – Do francês *ballet*. Expressão cênica que combina dança, música e PANTOMIMA e que comporta um enredo suscetível de ser expresso através de gestos e movimentos coreográficos.
Veja também COREOGRAFIA e CORPO DE BAILE.

BAMBOLINA – Tira de pano com babados, geralmente de cor preta, que atravessa o PALCO no sentido longitudinal, ligando a parte superior dos ROMPIMENTOS. As bambolinas, colocadas sucessivamente em perspectiva da BAIXA para a ALTA, servem para esconder o URDIMENTO da vista do público, favorecendo, assim, a ilusão cênica.
Veja também BASTIDOR e CAIXA CÊNICA.

BAMBOLINA MESTRA – Nome dado à BAMBOLINA que se liga ao REGULADOR MESTRE, formando a BOCA DE CENA.
Veja também BASTIDOR, CAIXA CÊNICA, ROMPIMENTO e URDIMENTO.

BAMBOLINA RÉGIA – Nome dado à BAMBOLINA que acompanha o PANO DE BOCA.
Veja também BASTIDOR, CAIXA CÊNICA, ROMPIMENTO e URDIMENTO.

BARROCO – Em português, pérola de forma irregular. O termo é também empregado para designar um estilo na arquitetura e nas artes em geral em voga do final do século XVI a meados do século XVIII que se caracterizou pela exuberância e pelo excesso de ornamentos. Na literatura, o Barroco caracterizou-se pela atmosfera carregada de conflitos entre o espiritual e o temporal. A rigor, a estética barroca visava a unificar a dualidade renascentista marcada, por um lado, pelos valores medievais cristãos e, por outro, pelas novidades pagãs trazidas com o ressurgimento do espírito clássico. No Brasil, o Barroco dominou a criação artística do século XVII até princípios do século XIX, notadamente na arquitetura e na escultura sacra, tendo como figura máxima Antônio Francisco Lisboa, o Aleijadinho (1730?-1814).
Veja também TEATRO BARROCO.

BASTIDOR – Painel móvel feito de madeira leve e revestido de tecido esticado, geralmente de cor preta, que é colocado nas partes laterais do PALCO. Possui duas funções básicas: delimitar o espaço cênico e esconder da vista do público tudo que não faz parte da CENA. Os bastidores conjugados

às BAMBOLINAS formam uma sequência de molduras que acompanham, em perspectiva, no sentido frente-fundo, a BOCA DE CENA.
Veja também CAIXA CÊNICA, PERNA e ROMPIMENTO.

BASTIDORES – Veja COXIAS.

BATALHA DO HERNANI – Na França, no início do século XIX, a aspiração imperial de Napoleão Bonaparte favoreceu um recrudescimento da arte de feitio neoclássico. Na Alemanha e na Inglaterra, contudo, o ROMANTISMO já havia se tornado uma realidade e, na própria França, a popularidade do MELODRAMA tornava qualquer investida neoclássica inofensiva. A assimilação do modelo romântico, porém, demandou tempo. Sua propagação resultou do esforço de três intelectuais: Madame de Staël (1766-1817), Stendhal (1785-1842) e Victor Hugo (1802-1885). Após a publicação do prefácio de *Cromwell* (1827), no qual Hugo expôs com energia uma série de ideias bastante avançadas acerca do novo movimento, foi a vez, em 1830, da estreia de sua peça *Hernani*, produzida pela *COMÉDIE FRANÇAISE*. Por várias noites, a partir dessa estreia, românticos e acadêmicos travaram verdadeiras batalhas durante as apresentações da peça. A polêmica criada em torno da peça ficou conhecida como a Batalha do Hernani. Ao sucesso da peça deve-se o surto romântico nas letras e no drama francês.
Veja também, por afinidade, DRAMA ROMÂNTICO e, por contraste, CLASSICISMO, NATURALISMO E REALISMO.

BATIDAS DE MOLIÈRE – Pancadas ritmadas dadas no chão do PALCO pelo CONTRARREGRA com a finalidade de avisar o público do início da representação. Sua origem é atribuída a Molière (1622-1673), que, para silenciar uma plateia particularmente ruidosa, utilizava pessoalmente o recurso. Posteriormente, o som da campainha elétrica ou o apagar das luzes da plateia fizeram com que as batidas de Molière caíssem em desuso. Hoje, o recurso é usado para dar um toque pitoresco a alguma encenação de época.

BAYREUTH – Teatro construído na cidade de Bayreuth, Alemanha, em 1876, para encenação de óperas de Richard Wagner (1813-1883). Wagner foi o primeiro encenador a reagir contra o exagero e a frivolidade da decoração de uma sala de espetáculos. Nesse projeto, assinado pelo arquiteto Gottfried Semper (1803-1879) e pelo compositor, as principais modificações incluíam uma plateia organizada num único conjunto de poltronas sem corredor central de acesso, hierarquia dos camarotes e das galerias, colunas decoradas de sustentação dos andares superiores nem qualquer elemento decorativo que distraísse a atenção do espectador, eliminando, assim, o conceito de que a plateia era parte do espetáculo. Outra inovação atribuída ao teatro de Bayreuth foi a utilização da luz elétrica, o que possibilitou manter a plateia no escuro, coroando, dessa forma, a teoria wagneriana de que o único foco de atenção do espetáculo é a encenação propriamente dita.

BENEFÍCIO – Dizia-se antigamente da récita cuja receita era destinada a membro da companhia, ator ou dramaturgo, geralmente quando doente ou aposentado em situação financeira precária. Na Inglaterra, no século XVIII, as récitas cuja receita destinava-se ao pagamento dos direitos autorais. Esses procedimentos, contudo, estão em desuso.
Veja também *À VALOIR,* ARTISTAS DE DIONISOS, BILHETERIA, BORDERÔ e DIREITO AUTORAL.

BESTEIROL – Termo forjado nas últimas décadas do século XX para designar um tipo de peça ou de espetáculo que apela para o riso fácil, resultado de um humor vulgar, direto, escrachado. Esse tipo de teatro surge de tentativas de recriar no palco um tipo de comédia produzida na televisão, de grande aceitação popular em que o exagero, a repetição, os bordões e o humor chulo de tipos vulgares facilmente identificáveis são as marcas mais evidentes. O besteirol é no teatro o que foram no cinema as chanchadas produzidas pela Atlântida, estreladas por Oscarito, Grande Otelo e Ankito. O besteirol, pode-se dizer, é um fenômeno tipicamente brasileiro.

BIFE – Gíria. Significa um trecho mais ou menos longo de texto a ser enunciado por um único ATOR. Usa-se também no sentido de uma boa oportunidade para o ator ou a atriz, por isso a expressão "ter um bom bife", cujo significado é "ter uma boa chance".
Veja também APARTE, MONÓLOGO, SOLILÓQUIO e TIRADA.

BILHETEIRO – Aquele que vende, reserva e troca os bilhetes de ingresso para o teatro. Cabe também ao bilheteiro o preenchimento diário do BORDERÔ.
Veja também BILHETERIA.

BILHETERIA – Parte do edifício teatral onde os ingressos ou "bilhetes" são vendidos ao público. O termo é usado também em expressões como "uma boa bilheteria", significando o sucesso de uma produção ou de um ator.
Veja também BILHETEIRO e BORDERÔ.

BIODINÂMICA – Veja BIOMECÂNICA.

BIOMECÂNICA – Sistema de treinamento de atores criado nos anos 20 por Vsévolod Meyerhold (1874-1940?), em oposição à tendência naturalista desenvolvida por Stanislavski. A biomecânica propunha uma abordagem da PERSONAGEM de fora para dentro, ou seja, o ator desenhava com gestos e movimentos o que seria a atitude comportamental da personagem. Esse trabalho corporal era calcado numa movimentação acrobática, e o resultado final mostrava-se bastante estilizado. Para Meyerhold, um ator deveria ter "o corpo treinado, um sistema nervoso em bom funcionamento, reflexos precisos, vivacidade e exatidão de reações, o controle de seu próprio corpo", além de "certo talento para a música e certo grau de inteligência" (citado por Helen Krich Chinoy em "The Emergence of the Director", in *Directors on Directing*, p. 55). A formação do ator, para Meyerhold, devia incluir o estudo da dança e da música; a prática de esportes, como o atletismo, a esgrima, o tênis, o lançamento de disco e a competição em barco a vela; e o exercício das técnicas acrobáticas usadas na *COMMEDIA*

DELL'ARTE. Meyerhold, na verdade, não chegou a formular um método biomecânico de interpretação. Sua atitude a esse respeito era mais a de criar polêmica para contestar a introspecção do ator stanislavskiano. Contudo, Meyerhold insistia na racionalização da interpretação como fonte de toda a expressão do ator. Para ele, a emoção da personagem só seria alcançada através do pensamento do ator e da forma corporal que o ator desse a esse pensamento. A biomecânica, também chamada biodinâmica, desenvolveu-se paralelamente ao CONSTRUTIVISMO, que Meyerhold propunha como linguagem de encenação.

Veja também, por afinidade, *SURMARIONETTE* e, por contraste, MEMÓRIA EMOCIONAL, MÉTODO DAS AÇÕES FÍSICAS e MÉTODO DE STANISLAVSKI.

BIP – Personagem criado por Marcel Marceau (1923-2007) em 1947, considerado por ele um "irmão mais moço de Carlitos". Para Marceau, Bip representa "o herói romântico e burlesco de nossos tempos", uma síntese, talvez, de suas maiores influências, Charles Chaplin, Stan Laurel e Buster Keaton. Vestido de calças brancas, camisa listrada, colete e usando um chapéu-coco encimado por uma flor, Bip é um exemplo de poesia, dramaticidade e humor crítico ou, como prefere seu autor, um "Quixote lutando contra moinhos de vento" ("The story of Bip", in *Marcel Marceau*, p. 13).

BLACK OUT – Expressão inglesa que designa ausência de luz, escurecimento total. O termo faz parte do vocabulário da ILUMINAÇÃO cênica, podendo indicar mudança de cena, finais de atos, passagem de tempo ou simplesmente o final do espetáculo. Usa-se, com frequência, na forma abreviada B.O.

BOBO – Veja *FOOL*.

BOCA DE CENA – No PALCO À ITALIANA, a moldura formada pelo REGULADOR MESTRE conjugado à BAMBOLINA MESTRA. Esse conjunto serve para delimitar a altura e a largura da CENA.

Veja também ARCO DO PROSCÊNIO, BAMBOLINA e CAIXA CÊNICA.

BOI-BUMBÁ, BOI-CALEMBA, BOI DE MAMÃO, BOI DE REIS e outros – Veja BUMBA MEU BOI.

BONECO DE VARA – Um dos mais importantes tipos de boneco entre os usados no PALCO. Sua manipulação é feita pela parte inferior através de um cabo de madeira que sustenta o corpo e a cabeça e de arames ou varas ligados às extremidades das mãos. Os movimentos dos bonecos de vara são limitados se comparados aos da MARIONETE, mas são tidos como de grande beleza. Os mais famosos grupos de bonecos de vara encontram-se no Oriente, em Java e Bali. Aliás, foi um desses grupos, de Bali, que, ao apresentar-se em Paris, em 1931, impressionou Antonin Artaud (1896-1948) a ponto de ele redefinir o próprio sentido do teatro numa série de artigos coletados em 1938 sob o título de *O teatro e seu duplo*. Nos anos 60 do século passado, o Bread and Puppet Theatre, de Peter Schuman (1934), passou a utilizar com sucesso uma técnica adaptada dos bonecos de vara.
Veja também FANTOCHE, *JÔRURI* e MANIPULADOR.

BORDERÔ – Do francês *bordereau*. Designa o balancete diário da bilheteria de um teatro. Costuma incluir o número de espectadores pagantes e de convites, os preços dos ingressos e as condições climáticas do dia, além de outras informações pertinentes à receita.
Veja também BILHETEIRO.

BOULEVARD – Termo usado na França em expressões como "teatro de *boulevard*", "peças de *boulevard*" ou simplesmente "*boulevard*", designando um tipo de TEATRO de entretenimento predominantemente comercial. O REPERTÓRIO desses teatros é geralmente formado por FARSAS e MELODRAMAS, e o objetivo principal é a diversão. O fato de esses espetáculos serem destinados ao grande público que busca no teatro um mero passatempo não invalida a qualidade das produções ali realizadas nem o tipo de drama representado. O melhor exemplo de autor do gênero é Georges Feydeau (1862-1921), que nas primeiras décadas do século XX escreveu farsas que são verdadeiras

obras de arte. A maioria desses teatros em Paris está localizada em Montparnasse, no *boulevard* de Strasbourg, daí derivando o termo.
Veja também *PARADE*.

BRAÇADEIRA – Artefato de metal utilizado para fixar um equipamento de ILUMINAÇÃO ou uma peça de CENÁRIO na VARA.
Veja também CONTRAPESO, MALAGUETA, MANOBRA, PALCO e VARANDA.

BRANCO – Gíria. Significa um lapso de memória do ator durante a representação. Usa-se em expressões como "dar um branco" ou "ter um branco".
Veja também CACO.

BROADWAY – Parte da cidade de Nova York, nas circunvizinhanças da avenida de mesmo nome, entre as ruas 45 e 51, onde estão localizados os mais importantes teatros comerciais da cidade. Em decorrência, o termo passou a ser usado, genericamente, para designar um tipo de produção milionária que, a par de suas qualidades artísticas, possui sério comprometimento comercial.

BUCCO – Personagem da *FABULA ATELLANA* cujas principais características eram ser beberrão e, talvez devido a isso, falador.
Veja também *COMMEDIA DELL'ARTE, DOCENUS, MACCUS e PAPPUS*.

BUFÃO – Personagem burlesco de comédia cuja raiz remonta à comédia grega e à *FABULA ATELLANA*. Caracteriza-se pela mímica exagerada, pela utilização de recursos corporais circenses e pelas deformações físicas, do que resulta um humor espalhafatoso e grotesco. Muito embora o teor das críticas feitas seja sério, a linguagem utilizada mostra-se vulgar, resultando num saudável confronto entre a paródia da forma e a crítica do discurso.
Veja também *CLOWN* e *FOOL*.

BUMBA MEU BOI – Tipo de manifestação semidramática que acontece em várias regiões do Brasil, notadamente no Nordeste. Consiste numa série de episódios narrados, cantados e dançados em torno da figura de um boi, uma armação de madeira leve na forma do animal, movimentada pelo interior, revestida de tecido e muito enfeitada com contas, miçangas, fitas, espelhos etc. O bumba meu boi é apresentado ao ar livre, em ruas e praças, de meados de novembro a seis de janeiro, Dia de Reis. Cronistas históricos referem-se a apresentações de bumba meu boi desde o fim do século XVIII, quando receberam nomes diferentes: boi-calemba, bumba, boi de reis, boi-bumbá, folguedo do boi, reis de boi, boi de mamão, entre outros. Na opinião do folclorista Luís da Câmara Cascudo (1898-1986), "o bumba meu boi é um AUTO de excepcional plasticidade e o de mais intensa penetração afetuosa e social" (*Dicionário do Folclore Brasileiro*, p. 143).
Veja também FANDANGO, LAPINHA e PASTORIL.

BUNRAKU – Nome popular dado ao *JÔRURI*, o teatro clássico de bonecos do Japão. O nome *bunraku* refere-se ao Teatro Bunraku-za, de Osaka, onde esses espetáculos são apresentados com exclusividade desde 1909.
Veja também BONECO DE VARA, FANTOCHE, *KABUKI*, MANIPULADOR e MARIONETE.

BURLA – Na *COMMEDIA DELL'ARTE*, nome dado a um tipo de efeito cômico improvisado, gestual ou verbal, ocorrido durante o espetáculo. O intérprete de uma *burla* deveria, após executá-la, retornar ao ponto em que havia interrompido a ação. Tais efeitos podiam, posteriormente, ser ou não incorporados à peça. A *burla* diferia do *LAZZO* por ser mais extensa e conter um tema próprio.
Veja também ARLEQUIM, ARLEQUINADA e *ZANNI*.

BURLESCO – Em termos gerais, qualquer obra que satirize ou parodie outra, esta geralmente séria. Especificamente, gênero muito em voga nos Estados Unidos em torno de 1900, que consistia em números musicais com acrobacias, mágicos, esquetes e um número final de dança do ventre. Na década de 20, foram introduzidos números de *striptease*, que logo alcançaram grande repercussão junto ao público. O humor do burlesco era geralmente grosseiro, sem requinte, sutileza ou apelo intelectual mais elaborado. A temática girava em torno da política e, na maioria das vezes, do sexo. Esse gênero de espetáculo corresponde, grosso modo, à REVISTA MUSICAL e ao *VAUDEVILLE*.

Veja também ESQUETE, SÁTIRA e TEATRO DE REVISTA.

BURLETA – A fim de burlar o monopólio de exibição de obras dramáticas, os teatros não licenciados da França e da Inglaterra, em meados do século XVIII, intercalavam em qualquer peça um mínimo de cinco canções, o que fazia dessa peça automaticamente uma burleta. Oscar Brockett (*History of the Theatre*, p. 333) diz que, "importada para a Inglaterra em meados do século XVIII como um tipo de ópera cômica, tinha se tornado um rótulo tão ambíguo que se passou a aceitar como *burletta* qualquer peça que tivesse não mais que três atos, cada qual incluindo ao menos cinco canções". Essa prática explica, pelo menos em parte, as atrocidades cometidas no período em adaptações de clássicos, inclusive Shakespeare. No século XX, o termo passa a designar uma comédia entremeada de números musicais. No Brasil, os melhores exemplos do gênero são as burletas de Arthur Azevedo (1855-1908), notadamente *O mambembe* (1896) e *A capital federal* (1897).

Veja também REVISTA MUSICAL, TEATRO DE REVISTA e *ZIEGFELD FOLLIES*.

C

CACO – Gíria. Pequena improvisação verbal feita pelo ator durante o espetáculo. O caco pode visar ao efeito cômico ou simplesmente a superar uma falha de memória. Um exemplo divertido dessa segunda modalidade é o contado por Paulo Autran (1922-2007) na entrevista concedida a Simon Khoury, publicada em *Atrás da Máscara* (vol. 2, p. 169): "Aconteceu na época do TBC em que aos sábados a peça era realizada três vezes, eram três sessões. Trabalhavam Ziembinski e Cacilda Becker. Quando chegava na terceira sessão, o Ziembinski, coitado, exausto, muitas vezes misturava português com polonês, quando não cochilava! A personagem que a Cacilda fazia, depois de se preparar toda, chega perto do marido e diz que vai dar um passeio. O Ziembinski, então, chama o empregado, papel feito pelo Josef Guerreiro, e deveria dizer: 'Atrele os cavalos que madame vai sair!' Em vez disso, ele falou: 'Atrele os cachorros que madame vai sair!' Na mesma hora o Josef Guerreiro respondeu: 'Madame vai de trenó?'"
Veja também, por afinidade, APARTE, *BURLA*, IMPROVISAÇÃO e *LAZZO* e, por contraste, BRANCO.

CAIXA CÊNICA – Na arquitetura teatral, nome dado à parte do edifício destinada à representação do ESPETÁCULO. A caixa cênica é dividida em duas áreas: a cena propriamente dita, que é a parte visível para o público, e a parte não visível, separada por CORTINAS, CENÁRIOS, ROTUNDA e PERNAS. Na área não visível, também chamada de COXIAS ou bastidores, tem lugar toda a operação de apoio à realização do espetáculo: a contrarregragem, a ação do MAQUINISTA e o tráfego entre a CENA e o CAMARIM. No sentido vertical, a caixa cênica inclui o URDIMENTO e o PORÃO. Quanto

maior e mais bem equipada for a caixa cênica, maiores e melhores serão as possibilidades artísticas do teatro.
Veja também BAMBOLINA e BASTIDOR.

CAIXA PRETA – No PALCO À ITALIANA, o espaço formado pelo conjunto das BAMBOLINAS, ROTUNDA e PERNAS de cor negra. Qualquer sala pintada de preto. A caixa preta, por ser o espaço mais próximo possível da neutralidade, oferece condições ideais de ILUMINAÇÃO e cenografia.

CALHA – Dispositivo para a mudança de CENÁRIO usado nos palcos de toda a Europa até aproximadamente o final do século XIX. Consistia numa ranhura no chão do PALCO por onde corria o TRAINEL. A calha era aberta no sentido longitudinal, na altura do BASTIDOR, e o trainel, apoiado num carro sobre rodas, era movimentado do PORÃO. Um complexo sistema de cordas e roldanas permitia a mudança simultânea de diversos trainéis numa única operação manual.
Veja também CAIXA CÊNICA.

CAMAREIRA – Pessoa encarregada da manutenção do CAMARIM, da preservação e do armazenamento das peças do GUARDA-ROUPA durante todas as fases de PRODUÇÃO de um ESPETÁCULO.

CAMARIM – Parte da CAIXA CÊNICA onde os atores se vestem e permanecem até a hora de atuar. Um bom camarim deve ser dotado de espelhos e ILUMINAÇÃO apropriada para MAQUIAGEM, além de espaços amplos para a guarda de FIGURINOS e ADEREÇOS. Deve possuir água corrente, bem como mobiliário adequado para o conforto do ator, que ali permanece, obrigatoriamente, por várias horas do dia.

CAMAROTE – Na arquitetura teatral, pequeno compartimento em torno da PLATEIA, onde grupos de pessoas assistem ao espetáculo separados dos demais por grades ou muretas. Trata-se de local originalmente destinado ao abrigo das famílias mais destacadas da sociedade. Hoje, em geral,

seus lugares são vendidos separadamente. Os camarotes constituíram, e ainda constituem, expressão de poder econômico e prestígio social, seja pelo preço mais elevado dos ingressos, seja pela posição de destaque de seus ocupantes em relação aos demais frequentadores do teatro. Nos teatros oficiais construídos entre os séculos XVIII e XX, o camarote central era destinado ao chefe de Estado.
Veja também BALCÃO e GALERIA.

CANASTRÃO – Termo pejorativo que indica o ATOR cuja interpretação carece de verdade interior e sentimento, ou seja, é construída na base de truques, com inflexões e gesticulações de efeito, gerando um comportamento cênico artificial.

CANHÃO SEGUIDOR – Equipamento de ILUMINAÇÃO cênica que permite acompanhar o deslocamento do ator no palco. Embora existam vários modelos, dependendo do fabricante, o canhão seguidor é em geral de dimensão maior que outro REFLETOR, possuindo aproximadamente um metro e meio de comprimento e peso em torno de 45 quilos.
Veja também ELIPSOIDAL, FRESNEL, LÂMPADA PAR, PLANO CONVEXO ou PC e *SET-LIGHT*.

CANTATA – No século XVII, o termo *cantata* se referia a qualquer obra musical composta para ser cantada, em oposição aos termos *sonata* e *toccata*, que designavam as obras a serem tocadas por instrumentos. Já no século XVIII, *cantata* passou a designar uma forma musical com característica semidramática, consistindo numa série de árias baseadas em dois temas contrastantes, executadas por solistas e CORO, com acompanhamento de orquestra de cordas. Essas *cantatas* podem ter caráter religioso ou secular. Deste último grupo são famosas as *cantatas* de François Couperin (1668-1733), Georg Phillip Telemann (1681-1767), Georg Friedrich Haendel (1685-1733), Domenico Scarlatti (1685-1757) e Giovanni Battista Pergolesi (1710-1736). O maior nome entre os compositores de *cantatas* religiosas é Johann Sebastian Bach (1685-1750), que escreveu cerca de trezentas obras no gênero. Nos séculos XIX e XX o termo foi usado, indiscriminadamente, em lugar de ORATÓRIO ou mesmo de ÓPERA.

CAPA Y ESPADA – GÊNERO de peça que proliferou na Espanha durante o período do SÉCULO DE OURO. O nome foi atribuído em face de os personagens se disfarçarem com capas e ao final solucionarem os problemas da peça com o uso de espadas. No drama de *capa y espada* predominavam o TEMA e as situações quase sem relevo para a CARACTERIZAÇÃO das personagens. O tema era submetido à moral através do princípio da JUSTIÇA POÉTICA. As ideias eram dominadas pelo sentimento do PUNDONOR, ou seja, do que é apropriado aos preceitos morais da sociedade, com a inevitável punição aos maus e recompensa aos bons. No século XIX, provavelmente devido ao DRAMA ROMÂNTICO ser ambientado num tempo passado, o termo voltou a ser usado, dessa vez significando uma peça de aventura romântica na qual amores impossíveis eram resolvidos na base de disputas corporais.
Veja também DECORO e *GRACIOSO*.

CARACTERIZAÇÃO – O termo, em teatro, possui pelo menos duas acepções distintas. Primeiro, em DRAMATURGIA, significa a amplitude e a consistência da dimensão humana que pode ter um PERSONAGEM. Nesse sentido, uma boa caracterização depende da habilidade do dramaturgo de retratar com fidelidade histórica e propriedade emocional, social e intelectual um ser humano fictício. A segunda acepção refere-se à caracterização através dos recursos de linguagem cênica, MAQUIAGEM, INDUMENTÁRIA, ADEREÇOS e, principalmente, comportamento e atitudes, que conferem ao ATOR as características de idade, raça e tipo semelhantes às do personagem.

CARICATURA – Em teatro, recurso utilizado tanto na literatura quanto no trabalho do ator, consistindo no exagero de algum traço da PERSONAGEM a fim de distorcer e, consequentemente, provocar o riso. O recurso propicia, ainda, o reconhecimento imediato por parte do espectador,

que associa a caricatura a alguma qualidade ou a algum defeito frequentes no grupo social retratado ou em alguém de destaque nesse grupo. Um modo caricatural de escrever ou representar uma personagem é o que constitui a base da PERSONAGEM-TIPO.
Veja também COMÉDIA, *COMMEDIA DELL'ARTE*, *FABULA ATELLANA* e FARSA.

CARPINTARIA TEATRAL – Expressão, hoje em desuso, referente ao grau de dificuldade e à qualidade da estrutura narrativa de uma peça de teatro.
Veja também AÇÃO, CLÍMAX, COMPLICAÇÃO, CONFLITO, CRISE, NÓ e RESOLUÇÃO.

CARPINTEIRO – Em linguagem teatral, aquele que constrói as peças de madeira de um CENÁRIO.

CARPINTEIRO-CHEFE – Veja MAQUINISTA.

CARRO DE THESPIS – A tradição fala que Thespis, o líder de um CORO ditirâmbico, em torno de 560 a.C., viajou por toda a Grécia carregando seus pertences numa carroça em cujo piso era improvisado um PALCO. Quando finalmente chegou a Atenas, Thespis foi o primeiro a ganhar o prêmio no recém-criado concurso trágico (534 a.C.). O nome de Thespis tornou-se sinônimo da arte do teatro em expressões como "a arte de Thespis".
Veja também DITIRAMBO, GRANDE DIONISÍACA e TEATRO GREGO.

CATARSE – Termo empregado por Aristóteles (384-322 a.C.) para definir a finalidade última da TRAGÉDIA: a purgação ou purificação das emoções de TERROR E COMPAIXÃO (*Poética*, VI). A complexidade de determinar um significado preciso para tal conceito está relacionada a problemas de tradução e a problemas de interpretação. Catársis, do grego *kátharsis*, pode significar tanto "purgação", no sentido médico de limpeza do corpo, como "purificação", no sentido religioso de limpeza do espírito. Dessa ambiguidade de sentidos nasceu a eterna polêmica em torno do

assunto. Francis Fergusson (1904-1986), entretanto, diz que Aristóteles usa o termo analogicamente, uma vez que ele não falava nem de medicina nem de religião. E, utilizando as definições dadas por James Joyce (1882-1941) em *Retrato de um artista quando jovem*, Fergusson se refere à compaixão como o sentimento diante do que quer que seja grave e constante, que une o sujeito ao sofrimento humano; e a terror, como o sentimento diante do que quer que seja grave e constante, que une o sujeito à causa secreta desse sofrimento ("The Poetics and the Modern Reader" in *Aristotle's Poetics*, p. 34). Fergusson diz, ainda, que a catarse só ocorre quando essas duas emoções acontecem simultaneamente, já que, separadamente, compaixão é algo apenas sentimental e terror, um mero agente provocador do suspense. Juntas, porém, atuam no sentido de purificação ou purgação.
Veja também CATÁSTROFE, *HARMATÍA*, PERIPÉCIA, RECONHECIMENTO e TRAGÉDIA.

CATÁSTROFE – Termo correspondente ao grego *páthos*. Segundo Aristóteles (384-322 a.C.), uma das três partes constitutivas da tragédia; as outras são a PERIPÉCIA (*peripéteia*) e o RECONHECIMENTO (*anagnorisis*). Aristóteles definiu a catástrofe como o acontecimento que causa piedade e terror, ou seja, como algo que é "devido a uma ação que provoca a morte ou o sofrimento" (*Poética*, XI). A catástrofe é também conhecida como acontecimento patético.
Veja também CATARSE, PERIPÉCIA, RECONHECIMENTO e TRAGÉDIA.

CAVEA – Palavra latina para designar o AUDITÓRIO do antigo TEATRO ROMANO. A *cavea*, construída em forma de leque, em aclive, era dividida, horizontal e verticalmente, por uma série de corredores que permitiam o tráfego e a movimentação do público.
Veja também *PULPITUM* e *SCAENA FRONS*.

CENA – O termo em teatro possui pelo menos duas acepções diferentes. Na arquitetura teatral, designa a parte principal do PALCO, ou seja, o espaço utilizado para a representação. No

PALCO À ITALIANA, por exemplo, a cena é delimitada, na parte inferior, pela BOCA DE CENA; em cada lateral, pelos BASTIDORES ou PERNAS; e, ao fundo, pela ROTUNDA. Em palcos menos convencionais, sua área pode ser indicada por qualquer elemento visual, pela ILUMINAÇÃO ou, simplesmente, pelo deslocamento do ATOR. A segunda acepção pertence aos domínios da dramaturgia e se refere às etapas em que se subdivide a AÇÃO de uma peça. Nesse sentido, o conceito de cena tem variado ao longo do tempo, seja quanto à duração, delimitação, motivação, seja em relação à nomenclatura, por isso o termo também é conhecido como EPISÓDIO, JORNADA, CENA FRANCESA, entre outros. De qualquer forma, permanece um significado subjacente a todas essas diversificações, que é o da divisão da narrativa dramática em partes.
Veja também, no sentido arquitetônico, ANFITEATRO e ARENA e, no sentido dramatúrgico, CONFLITO e DRAMA.

CENA FRANCESA – Critério de delimitação das cenas de uma peça de teatro adotado na França. Trata-se de uma convenção editorial que não leva em consideração as unidades narrativas do texto, mas sim as entradas e saídas de cena das personagens.
Veja também AÇÃO, CENA e EPISÓDIO.

CENA SIMULTÂNEA – Expressão utilizada para definir o tipo de organização cenográfica que caracterizou o TEATRO MEDIEVAL. Nesse tipo de CENA, os diversos cenários são dispostos simultaneamente à vista do público. Essa concepção se opõe à da CENA SUCESSIVA.
Veja também, por afinidade, CENÁRIO, MANSÃO e PALCO e, por oposição, PALCO À ITALIANA.

CENA SUCESSIVA – Conceito oposto ao de CENA SIMULTÂNEA. A cena sucessiva refere-se à organização cenográfica em que os diversos cenários são apresentados ao público um após o outro numa sequência sucessiva.
Veja também CENÁRIO, PALCO e PALCO À ITALIANA.

CENÁRIO – Na encenação teatral, a caracterização do espaço cênico, ou seja, o arranjo dado à cena através de linguagem visual, pictórica e arquitetural. O conceito de cenário tem variado de acordo com a estrutura do PALCO e as convenções do espetáculo em diferentes épocas. No TEATRO GREGO e no TEATRO ROMANO, por exemplo, o conceito de cenário era quase irrelevante, sendo o frontispício da *SKENÉ* a ambientação permanente para a representação de todos os textos. No TEATRO MEDIEVAL, em função do sistema de palcos móveis, geralmente construídos sobre carretas, os cenários passaram a ser elaborados com materiais perecíveis, tais como tecido e madeira, atendendo às especificidades requeridas pela peça encenada. No TEATRO ELISABETANO, passou a vigorar novamente a ideia do palco como uma estrutura fixa, ou seja, uma construção de madeira que servia de suporte para os vários ambientes caracterizados por elementos cênicos portáteis. Em 1545, é publicado o tratado *L'Architettura*, de Sebastiano Serlio (1475-1554), cujo segundo volume tratava da questão da perspectiva teatral com instruções práticas para a pintura de diferentes tipos de TELÃO. Desse momento em diante, nunca mais foi abandonada a ideia de decorar e caracterizar o espaço ficcional do drama. O rigor histórico, contudo, foi introduzido gradualmente, primeiro por William Capon (1772-1827), a partir de uma pesquisa sobre os períodos em que se passavam as peças de Shakespeare. A difusão de tal procedimento, porém, só teve início em 1874, quando a companhia do duque de Saxe-Meiningen, sob a direção de Ludwig Chroneg (1837-1889), excursionou pela Europa, influenciando os principais líderes do naturalismo, André Antoine (1858-1943), Constantin Stanislavski (1863-1938) e Otto Brahm (1856-1912). A partir do advento da luz elétrica, que por si só reformulou os princípios da representação figurativa em cena, surgem as teorias cenográficas de Edward Gordon Craig (1872-1966) e Adolph Appia (1862-1928), envolvendo princípios de uma representação baseada em formas abstratas, com o predomínio dos elementos cor e luz na criação da atmosfera cênica.

Veja também CENA SIMULTÂNEA, CENA SUCESSIVA, TEATRO AMBIENTAL, TEATRO POBRE, TEATRO RENASCENTISTA e TEATRO TOTAL.

CENARISTA – Veja CENÓGRAFO.

CENOGRAFIA – A arte e a ciência da criação do CENÁRIO.

CENÓGRAFO – Aquele que cria, projeta e supervisiona a execução do CENÁRIO.
Veja também CENOTÉCNICO e MAQUINISTA.

CENOTÉCNICA – A arte e a técnica de construção e funcionamento do CENÁRIO.

CENOTÉCNICO – Literalmente, o técnico em cenografia. Aquele que coordena a construção do CENÁRIO segundo as plantas e maquetes fornecidas pelo CENÓGRAFO.
Veja também MAQUINISTA.

CENTRO – No Brasil do século XIX, nome dado à PERSONAGEM masculina de meia-idade, em torno da qual giravam alguns dos principais acontecimentos do MELODRAMA e da COMÉDIA DE COSTUMES.
Veja também CÔMICO, DAMA-CARICATA, DAMA-CENTRO, DAMA-GALÃ, GALÃ, INGÊNUA, LACAIA e TIRANO.

CENTRO ALTO/CENTRO BAIXO – Designação dada à parte central do PALCO À ITALIANA. Os termos "baixa" e "alta" derivam da inclinação ascendente no sentido frente-fundo dos palcos construídos até o século XIX, o que enfatizava a impressão de perspectiva.
Veja também BAIXA/ALTA, DIREITA ALTA/DIREITA BAIXA e ESQUERDA ALTA/ESQUERDA BAIXA.

CHANCHADA – Literalmente, gíria portenha que significa "porcaria". No teatro e no cinema brasileiros, o termo passou a designar um tipo de COMÉDIA em que predominam os recursos fáceis, o riso sem sutileza e o efeito cômico na base do esforço físico e da confusão generalizada. Pode-se dizer

que se trata de um tipo de FARSA grosseiro que se afastou da humanidade das personagens e situações em virtude do exagero na CARICATURA.
Veja também COMÉDIA PASTELÃO.

CHEFE DO MOVIMENTO – Veja MAQUINISTA.

CHITON – Antigo traje grego usado também no teatro. Consistia numa veste em forma de túnica drapeada, curta ou longa, usada solta ou presa à cintura. O *chiton* foi originalmente um traje masculino. Por volta do século V a.C., por influência jônica, foi adotado pelas mulheres, provavelmente por ser mais leve do que o *péplos* e com maiores possibilidades de arranjo.
Veja também *CHLAMYS* e *PÉPLOS*.

CHLAMYS – Antigo traje grego também usado no teatro. Tratava-se de uma capa de lã usada diretamente sobre a pele ou sobre o *chiton* curto. O *chlamys* foi uma veste tipicamente masculina.
Veja também *CHITON* e *PÉPLOS*.

CHRONICLE PLAY – Veja DRAMA HISTÓRICO.

CICLORAMA – Fundo curvo, geralmente pintado de cor clara, azul ou branco, sobre o qual são projetadas tonalidades de luz que possibilitam a criação de efeitos de céu ou de infinito. O ciclorama pode ser fixo ou móvel e ocupa toda a área do fundo do PALCO em substituição à ROTUNDA.
Veja também CAIXA CÊNICA, CENA e CENÁRIO.

CÍNICO – Veja TIRANO.

CIRCO – Originalmente, grande anfiteatro onde os romanos promoviam corridas de bigas e lutas de gladiadores. Hoje, local para apresentação de espetáculos de atrações: acrobatas, palhaços, malabaristas, contorcionistas, animais adestrados etc. Os artistas de circo, em geral, organizam-se em companhias itinerantes e apresentam-se em locais provisórios, que são formados por picadeiro e arquibancadas cobertos por uma grande lona.

CÍRCULOS DE ATENÇÃO – Recurso do MÉTODO DE STANISLAVSKI para a determinação do foco de atenção da personagem. Tal recurso consiste na ampliação ou redução do foco de atenção do ATOR, variando desde a visão global do ambiente até algum detalhe da roupa ou do local próximo de onde ele está. A capacidade de concentração da atenção num detalhe ou no todo, ou, em outras palavras, a capacidade de ampliação e redução do campo de visão, pode ser manobrada pelo ator com a finalidade de estimular suas próprias sensações. A manipulação adequada dos círculos de atenção, por sua vez, facilita os processos de contato e comunicação entre atores ou entre atores e ambiente. Stanislavski (1863-1938) costumava chamar a atenção para a importância da comunicação em CENA com o seguinte exemplo: "Quem realmente representa o papel de um rei são os cortesãos de sua corte. Um homem que anda com a cabeça orgulhosamente erguida e ninguém, na sua passagem, lhe presta a mínima atenção pode ser simplesmente um imbecil presunçoso; mas se, na sua passagem, todo mundo se inclinar em reverência, ele pode ser um rei" (transcrito por Eugênio Kusnet (1898-1975) em *Ator e método*, p. 51).
Veja também CIRCUNSTÂNCIAS PROPOSTAS, LÓGICA DA AÇÃO e MÉTODO DAS AÇÕES FÍSICAS.

CIRCUNSTÂNCIAS PROPOSTAS – Expressão usada por Constantin Stanislavski (1863-1938) para designar as circunstâncias que cercam a AÇÃO da PERSONAGEM e que são determinantes de seu comportamento. Essas circunstâncias estão em parte contidas na peça, mencionadas por outras personagens, ou mesmo inseridas numa RUBRICA. As que não fazem parte do texto devem ser supridas pela imaginação do ator, sempre de acordo com a LÓGICA DA AÇÃO. Integram as circunstâncias propostas todos os dados referentes à condição social, psicológica, física e emocional da personagem, bem como as relativas a tempo, espaço e CONFLITO que envolvem a situação dramática na qual ela está inserida.

Veja também CÍRCULOS DE ATENÇÃO, LÓGICA DA AÇÃO e MÉTODO DAS AÇÕES FÍSICAS.

CLAQUE – Indivíduo ou grupo, geralmente pago, cuja tarefa é aplaudir ou vaiar determinado artista ou espetáculo. A prática da claque teve origem no TEATRO ROMANO, quando as companhias contratadas para os *LUDI ROMANI* recebiam pagamento extra em função das demonstrações de agrado ao público. O termo deriva do francês *claquer*, "bater", significando que as demonstrações de desagrado eram feitas com batidas dos pés no chão.

CLASSICISMO – Movimento artístico e literário que dominou a arte e o DRAMA europeus do final do século XV até pelo menos o final do século XVIII. Surgido na Itália sob a influência do humanismo, o classicismo teve em Giulio Cesare Scaligero (1484-1558) e Ludovico Castelvetro (1505-1571) seus principais líderes e teóricos, embora tenha sido na França que atingiu seu apogeu. O classicismo pretendia criar na Europa renascentista uma obra dramática comparável à da Grécia e da Roma antigas. Para alcançar tal fim, interpretando a maioria das vezes equivocadamente as obras críticas de Aristóteles (384-322 a.C.) e Horácio (65-8 a.C.), os classicistas formularam regras que rapidamente se transformaram em dogmas absolutos da arte de escrever para o teatro. Na expectativa de estarem imitando os modelos clássicos, julgaram poder criar uma obra que refletisse os ideais de ordem, lógica, equilíbrio, contenção, refinamento, bom gosto e DECORO. Com a fundação da Academia Francesa, em 1629, esses ideais adquiriram respaldo legal. Dentre os cânones do classicismo destacam-se: 1) é vedado o uso na TRAGÉDIA de qualquer trivialidade, frivolidade ou efeito cômico; 2) a tragédia passa a lidar exclusivamente com personagens de alta condição social e moral e a COMÉDIA, com os de baixa; 3) a linguagem da tragédia deve ser elevada, enquanto a da comédia, coloquial; 4) a LEI DAS TRÊS UNIDADES, tempo, lugar e ação, deve ser religiosamente respeitada, no interesse da VEROSSIMILHANÇA; 5) todas as peças devem ser escritas em cinco atos, cada um deles composto de quatro a sete cenas. Cada ato deve concluir com a solução de uma etapa da AÇÃO ou com a introdução de uma nova INTRIGA; 6) a tragédia deve, obrigatoriamente, abrigar um herói de comportamento nobre que é levado à infelicidade pela ação de uma paixão incontrolável; 7) a tragédia deve ser útil na medida em que advoga preceitos morais e mostra a destruição do vício. Essa demanda por JUSTIÇA POÉTICA ilustra a preocupação didática do movimento.

Apesar de restritivo, o receituário do classicismo não impediu o surgimento, na França, de pelo menos dois grandes tragediógrafos, Pierre Corneille (1606-1684) e Jean Racine (1639-1699), e de um grande comediógrafo, Molière (1622-1673). No fim do século XVII, o classicismo cedeu lugar aos movimentos de oposição à ordem clássica: o maneirismo e o Barroco. Digno de nota, ainda, é o fato de os termos clássico e classicismo serem usados às vezes para indicar, especificamente, a obra artística e literária da Grécia e da Roma antigas, ficando os termos neoclássico e neoclassicismo reservados aos seguidores daqueles modelos, independente de época e lugar.

Veja também BARROCO, HUMANISMO e ILUMINISMO e, por contraste, NATURALISMO, REALISMO, ROMANTISMO e VERDADE POÉTICA.

CLICHÊ – Gíria. Do francês *cliché*, que significa banalidade, lugar-comum. Em linguagem teatral, diz-se do trabalho do ATOR que se utiliza de efeitos previamente conhecidos para representar sentimentos ou emoções. Interpretação baseada em recursos externos sem a devida motivação, sem verdade, resultando numa representação afetada e artificial.

Veja também CANASTRÃO.

CLÍMAX – Em termos gerais, o ponto máximo de tensão de um fenômeno qualquer. Em DRAMATURGIA, o acontecimento que vem modificar uma situação dramática em decorrência da tensão entre os antagonistas ter atingido seu ponto máximo. Uma peça de teatro, pois, consiste numa sucessão de clímaxes, ou seja, numa sequência de acontecimentos

que se modificam sucessivamente. A gradação ascendente do interesse dramático conduz ao clímax principal da peça, que é o ponto em que o impasse causado pelo CONFLITO é solucionado. O clímax, também referido como CRISE, é um divisor de águas entre a AÇÃO ASCENDENTE e a AÇÃO DESCENDENTE.
Veja também COMPLICAÇÃO, DESENLACE e RESOLUÇÃO.

CLOSET DRAMA – Veja DRAMA DE GABINETE.

CLOWN – Personagem de comédia encontrado em algumas dramaturgias, especialmente no TEATRO ELISABETANO. Ingênuo e irreverente, o *clown* tem humor, simplicidade e sabedoria popular, com o que alimenta uma situação cômica geralmente construída de acasos, coincidências e repetições. Shakespeare (1564-1616) escreveu alguns bons papéis de *clown*, como Bottom, de *Sonho de uma noite de verão* (1595-1596). Os antecessores do *clown* podem ser encontrados na comédia greco-romana e na *COMMEDIA DELL'ARTE*. Modernamente, o *clown* inspirou grandes comediantes do cinema – Charles Chaplin, Buster Keaton, os Irmãos Marx, Jacques Tati –, servindo de base para uma série de estudos teóricos e de formação de atores no século XX – Jacques Lecoq, Thomas Leabhart e Philippe Gaulier, entre outros.
Veja também BUFÃO e *FOOL*.

COBRIR – Gíria. Diz-se do ATOR que se coloca em CENA na frente de outro, ou seja, entre o colega e o público, "cobrindo" a visão do espectador. Tal procedimento, se proposital, é considerado antiético e, nas grandes companhias, passível de punição. O mesmo que "tapar".

COLOMBINA – Personagem encontrado em algumas dramaturgias. Na ARLEQUINADA, a Colombina era a ingênua filha de Pantaleão, apaixonada por ARLEQUIM. Na *COMMEDIA DELL'ARTE*, pertencia à categoria dos criados, ou *ZANNI*. O primeiro traje típico da personagem incluía um vestido branco, avental verde e um pequeno chapéu colocado de lado. Depois de 1695, ela aparece com o traje com

que nós a conhecemos hoje, com a saia de bailarina de tule branco e uma guirlanda de flores no cabelo. A Colombina pode ser considerada uma antecessora da *SOUBRETTE*. Na dramaturgia brasileira, foi utilizada no poema dramático *As máscaras* (1937), de Menotti del Picchia (1892-1988).
Veja também *IL CAPITANO*, *IL DOTTORE*, FARSA, *PANTALLONE*, PERSONAGEM-TIPO e POLICHINELO.

COMEDIA – Termo usado no teatro espanhol renascentista para designar qualquer peça de teatro que não fosse um AUTO SACRAMENTAL. A tradição da dramaturgia espanhola, ao contrário de outras europeias, não fazia distinção entre TRAGÉDIA e COMÉDIA, daí o termo ser usado como sinônimo de peça de teatro. As *comedias* podiam ser de dois tipos, as *comedias de tramoyas* ou de *ruidos*, que eram aquelas cuja comicidade se concentrava em torno de equívocos e coincidências, mais próximas da FARSA; e as *comedias de ingenio*, que eram as que apresentavam uma intriga mais consistente. As *comedias de CAPA Y ESPADA* podem ser classificadas como parte destas últimas.
Veja também, por afinidade, SÉCULO DE OURO e TEATRO RENASCENTISTA.

COMÉDIA – Uma das formas principais do DRAMA que enfatiza a crítica e a correção através da deformação e do ridículo. O efeito principal da comédia é provocar o riso. Historicamente, as raízes da comédia se perdem em períodos pré-documentados. A indicação mais precisa ainda é a dada por Aristóteles (384-322 a.C.): a comédia resulta de cantos fálicos entoados em honra ao deus Dionisos (*Poética*, IV). Na tradição do teatro ocidental, as primeiras manifestações rotuladas de comédias são as peças de Aristófanes (448?-380? a.C.), pertencentes à chamada COMÉDIA ANTIGA, de cunho satírico político-social. O gênero esteve representado em todos os períodos da história do teatro, alcançando momentos de culminância no TEATRO ROMANO, com Plauto (254?-184? a.C.); no TEATRO RENASCENTISTA, com Gil Vicente (1465?-1539?) e Maquiavel (1469-1527); no TEATRO ELISABETANO, com Ben Jonson (1572-1637); e no CLASSICISMO francês, com Molière (1622-1673). Ao longo dos tempos, o termo foi sendo adjetivado em função de alguma característica formal ou temática, criando expressões indicativas de diferentes gêneros dramáticos.

Veja também COMÉDIA CORTESÃ, COMÉDIA DE COSTUMES, COMÉDIA DE HUMORES, COMÉDIA MEDIANA, COMÉDIA MUSICAL, COMÉDIA NOVA, COMÉDIA PASTELÃO, COMÉDIA REALISTA, COMÉDIA ROMÂNTICA, COMÉDIA SENTIMENTAL, *COMÉDIE-BALLET*, *COMÉDIE LARMOYANTE*, *COMMEDIA DELL'ARTE* e *COMMEDIA ERUDITA*.

COMÉDIA ANTIGA – O mais antigo dos três tipos de COMÉDIA existentes no TEATRO GREGO; os outros eram a COMÉDIA MEDIANA e a COMÉDIA NOVA. Aristóteles (384-322 a.C.) refere-se à comédia antiga como um GÊNERO derivado dos ritos da fertilidade, consistindo estes em procissões em que eram conduzidos enormes falos. Nessas procissões, dominavam improvisações, cantos, danças, mascaradas, folia e ataques irreverentes aos transeuntes, bem como aos costumes e aos poderosos das cidades. A comédia foi incorporada aos concursos dionisíacos em 486 a.C., ou seja, aproximadamente cinquenta anos após a TRAGÉDIA. Antes desse período, sua história é baseada quase exclusivamente em conjecturas. Em sua apresentação nos festivais, a comédia continha a seguinte estrutura: um PRÓLOGO composto por uma ou várias cenas; o *PÁRODOS*, ou entrada do CORO; o *AGON*, ou debate; a *PARÁBASIS*, que consistia numa longa ode coral sem vínculo com o teor da comédia, na qual o autor dirigia-se diretamente à plateia para discorrer sobre temas puramente pessoais; e o *KOMOS* ou a saída do coro. As únicas obras conservadas da Comédia Antiga são onze peças de Aristófanes (448?-380? a.C.), através das quais podemos avaliar as características do gênero: uma mistura de fantasia, crítica, obscenidades, paródia e invectiva pessoal, social e política. Outros autores mencionados como participantes do gênero são Ameipsias, Cratino e Êupolis. Na Comédia Antiga, o coro era composto por 24 figuras, e a MÁSCARA consistia num dos principais elementos de linguagem cênica. Convenciona-se o fim da comédia antiga em 404 a.C., quando Atenas foi vencida na Guerra do Peloponeso e, consequentemente, foram abolidas as sátiras políticas e sociais.

COMÉDIA CORTESÃ – Tipo de COMÉDIA escrita para a corte, especialmente na Inglaterra, no período dos reinados de Elizabeth I e Jaime I. O principal autor do gênero foi John Lyly (1554?-1606), que desenvolveu um estilo elegante, quando não afetado. Esse estilo ficou conhecido como EUFUÍSMO, nome derivado de um romance do próprio Lyly, *Euphues* (1578). A comédia cortesã diferiu da comédia popular no refinamento da linguagem e nas seguidas referências à cultura clássica. Os temas versavam principalmente sobre mitologia, e o desenvolvimento da ação dependia quase exclusivamente do discurso. A encenação dessas peças, porém, envolvia um grande aparato cênico, inclusive com a participação de música e dança. A comédia cortesã, passado seu período de relevo, pouca ou nenhuma influência exerceu sobre a dramaturgia inglesa posterior.
Veja também PASTORAL e TEATRO ELISABETANO.

COMÉDIA DA RESTAURAÇÃO – Veja COMÉDIA DE COSTUMES.

COMÉDIA DE COSTUMES – Em geral, qualquer COMÉDIA que ridicularize os modos, os costumes e a aparência de um determinado grupo social. Especificamente, um tipo de comédia muito em voga na França e na Inglaterra do século XVII, cuja visão satírica da sociedade era feita através de uma linguagem brilhante, inteligente e espirituosa. A crítica aponta *As preciosas ridículas*, de Molière (1622-1673), estreada em 1658, como um ponto culminante do gênero. As comédias de Menandro (342?-291 a.C.), contudo, constituem sua expressão mais antiga. Na França, a comédia de costumes fixou-se na caracterização de tipos e vícios sociais, como definido pelo próprio Molière: "A correção dos absurdos sociais deve ser, em todos os tempos, a verdadeira matéria da comédia" (transcrito de *The Oxford Companion to the Theatre*, p.170). Na Inglaterra, a comédia de costumes, também chamada Comédia da Restauração, adquiriu características diferentes das do modelo francês, retratando um comportamento muito mais artificial e, sobretudo, os excessos sexuais da classe dominante. Tratava-se, na verdade, de um divertimento para a aristocracia com muito pouco em comum com a sociedade em geral. No Brasil, o principal representante da comédia de costumes é Luís Carlos de Martins Penna (1815-1848), que escreveu sob a influência do modelo francês. Martins Penna, no dizer do crítico Sábato Magaldi, foi "o fundador de nossa comédia de costumes, filão rico e responsável pela maioria das obras felizes que realmente contam na literatura teatral brasileira" (*Panorama do teatro brasileiro*, p. 40).

COMÉDIA DE HUMORES – Tipo de COMÉDIA que floresceu na Inglaterra no século XVII, baseado nos modelos clássicos e influenciado por uma antiga teoria médica que caracterizava a saúde psicológica do indivíduo como o resultado do equilíbrio de quatro líquidos produzidos pelo corpo humano ou, conforme os termos da teoria, de quatro elementos naturais ou "humores": a bílis negra, a bílis amarela, o sangue e a fleuma. Segundo tal teoria, quando um desses elementos dominava o organismo, a pessoa tornava-se doente e, automaticamente, passava a se comportar de uma forma peculiar. Esse modelo de comédia caracterizou-se pela criação de tipos fortes, cada um deles relacionado a algum vício ou a alguma virtude, o que determinava o comportamento da personagem em qualquer situação dramática. O grande representante do gênero é Ben Jonson (1572-1637), cuja obra-prima, *Volpone* (1606-1607), trata da farsa montada pela personagem-título, que se faz passar por moribundo para desmascarar os pretendentes à sua fortuna. Estes são Voltore, Corbaccio e Corvino, representando, respectivamente, um abutre, uma gralha e um corvo, ou seja, três aves de rapina. O próprio Volpone representa a esperteza da raposa e, em

toda a trama, é ajudado por seu criado Mosca, que pode estar em qualquer lugar sem ser percebido.
Veja também TEATRO ELISABETANO.

COMÉDIA LACRIMEJANTE – Veja *COMÉDIE LARMOYANTE*.

COMÉDIA MEDIANA – Um dos três tipos de COMÉDIA existentes no TEATRO GREGO; os outros eram a COMÉDIA ANTIGA e a COMÉDIA NOVA. Trata-se de uma forma indefinida, de transição, consistindo, na verdade, num enfraquecimento da sátira da Comédia Antiga. Parte da crítica aponta como representativas da Comédia Mediana as duas últimas peças de Aristófanes (448?-380? a.C.), *Mulheres no parlamento* e *Plutus*, nas quais o autor atenua sua mordacidade característica, além de não enfocar nenhum aspecto referente à sexualidade. A temática da Comédia Mediana passa gradativamente de mitológica a social, desembocando na crítica aos costumes que identifica a Comédia Nova. A existência da Comédia Mediana se deve à derrota da democracia ateniense sob o jugo de Alexandre da Macedônia, que interrompe a trajetória da sátira política, característica da Comédia Antiga.

COMÉDIA MUSICAL – Tipo de peça musicada que surge na Inglaterra no fim do século XX, mas que atinge sua plenitude nos Estados Unidos a partir do início do século XX. Embora uma série de gêneros antecedentes tivesse utilizado a música como elemento de linguagem, a comédia musical americana distingue-se pela ênfase dada à narrativa dramática, muito mais elaborada que nas formas anteriores, pelo entrosamento da linguagem falada com a cantada e pelo altíssimo nível de suas produções. O primeiro grande musical americano foi *Show Boat* (1928), de autoria de Jerome Kern (1885-1945) e Oscar Hammerstein (1895-1960). A este se seguiu uma infinidade de outros, dentre os quais se destacam *Oklahoma!* (1943), de Rogers e Hammerstein; *My Fair Lady* (1956), de Alan Jay Lerner e Frederick Loewe; e *Hello, Dolly* (1964), de Jerry Herman, que foi interpretado por uma legião de estrelas, entre as quais Carol Channing, Ginger Rogers, Ethel Merman, Betty Grable, Mary Martin, Pearl Bayley e, no Brasil, por Bibi Ferreira. Produzidos mais recentemente, podem ser citados ainda como exemplos de bons espetáculos musicais *Jesus Cristo Superstar*, de Tim Rice e Andrew Webber, *Dancin'*, de Bob Fosse, *The Lion King*, de Elton John e Tim Rice, e *The Producers*, de Mel Brooks.

Veja também BURLETA, DRAMA MUSICAL, *EXTRAVAGANZA*, *COMÉDIE-BALLET*, *MUSIC HALL*, ÓPERA, ÓPERA-BALADA, ÓPERA CÔMICA, OPERETA, REVISTA MUSICAL e *VAUDEVILLE*.

COMÉDIA NOVA – Um dos três tipos de COMÉDIA existentes no TEATRO GREGO; os outros eram a COMÉDIA ANTIGA e a COMÉDIA MEDIANA. O GÊNERO passou a vigorar com a queda da democracia, entre 336 e 150 a.C., quando a Grécia foi conquistada por Alexandre da Macedônia. Nosso conhecimento da Comédia Nova deriva principalmente do testemunho de críticos e teóricos, uma vez que uma única obra de Menandro (342?-291 a.C.) sobreviveu. Contudo, uma série de peças do TEATRO ROMANO de autoria de Plauto e Terêncio são adaptações de Menandro e Filêmon, os dois autores da Comédia Nova mais destacados. Essas adaptações servem igualmente de base para uma avaliação crítica sobre o que foi o gênero. A temática da Comédia Nova girava em torno de problemas sentimentais de jovens casais enamorados e dos tipos e costumes que cercavam essa situação básica. Comparativamente, o gênero aproxima-se mais do MELODRAMA ou da COMÉDIA DE COSTUMES do que da sátira política da Comédia Antiga. O coro atuava como elemento apenas decorativo nos entreatos sem qualquer vinculação com a ação desenvolvida. O número de cenas era fixado em cinco, provável origem da divisão em cinco atos pretendida por Horácio na sua *Ars Poetica* (24-20 a.C.).

COMÉDIA PASTELÃO – Tipo de COMÉDIA caracterizado pelas cenas movimentadas em que correrias, perseguições e pancadaria são as marcas mais visíveis. O nome deriva da cena em que um personagem furioso atira uma torta ou pastelão na cara de outro. Muito produzido durante o período do cinema mudo, esse tipo de comédia adquiriu grande notoriedade na primeira metade do século XX.

COMÉDIA REALISTA – Termo genérico que designa qualquer tipo de COMÉDIA cujo tratamento seja realista, quer dizer, que apresente personagens e costumes facilmente identificáveis no dia a dia do espectador. Trata-se de um termo abrangente que engloba outros gêneros como a COMÉDIA DE HUMORES ou a COMÉDIA DE COSTUMES. A expressão tem sido usada em oposição à COMÉDIA ROMÂNTICA.

COMÉDIA RISÍVEL – Veja *LAUGHING COMEDY*.

COMÉDIA ROMÂNTICA – Termo genérico usado em oposição à COMÉDIA REALISTA. Trata-se de um tipo de COMÉDIA que enfoca problemas sentimentais através de personagens e situações idealizadas, não realistas. O clássico exemplo de comédia romântica é *Sonho de uma noite de verão* (1595-1596), de William Shakespeare (1564-1606).

COMÉDIA SENTIMENTAL – Tipo de COMÉDIA que floresceu na Inglaterra no século XVIII. Trata-se de um GÊNERO que apela exclusivamente para o sentimentalismo do espectador, através de concentração do foco narrativo na virtude do HERÓI, única arma capaz de triunfar sobre a injustiça e o vício. A comédia sentimental foi uma reação à COMÉDIA DE COSTUMES do período da Restauração, que satirizava impiedosamente a afetação da classe dominante inglesa, além de pôr a nu seus excessos sexuais. O gênero ganha aprovação da classe média londrina a partir da publicação, em 1698, do ensaio intitulado *Panorama da imoralidade e da profanação do palco inglês*, de autoria do reverendo Jeremy Collier (1650-1726). No final do século, com a renovação dada à comédia de costumes por Oliver Goldsmith (1730-1774) e Richard Sheridan (1751-1816), a popularidade da comédia sentimental decai, sem, contudo, deixar sequelas na dramaturgia inglesa posterior, salvo, talvez, no MELODRAMA, muito afeito ao sentimentalismo piegas. A comédia sentimental corresponde à *COMÉDIE LARMOYANTE* francesa.

COMEDIANTE – O mesmo que ATOR/ATRIZ. O ator ou a atriz especializados em COMÉDIA.

COMÉDIE-BALLET – Tipo de entretenimento cortesão que floresceu na França durante o reinado de Luís XIV. Consistia na apresentação de poesia, música e dança e, usualmente, contava no elenco com a participação do rei e da corte. Molière (1622-1673) deu relevo literário ao GÊNERO. A *comédie-ballet* deixa de existir graças à atuação de Jean-Baptiste Lully (1632-1687), o compositor que obteve o monopólio musical em Paris e que tratou de preservar a pureza da música, ameaçada, a seu ver, pelas palavras do DRAMA.

COMÉDIE FRANÇAISE – A mais tradicional companhia de teatro da França, criada em 1680 durante o reinado de Luís XIV, que ordenou a fusão da *CONFRÉRIE DE LA PASSION*, detentora do monopólio das representações teatrais em Paris, com o grupo de Molière, que ocupava o Théâtre du Marais. Após a morte do grande comediógrafo, a *Comédie* passou a ser chamada também de Casa de Molière.
Veja também TEATRO RENASCENTISTA.

COMÉDIE LARMOYANTE – Expressão francesa usada sempre no original cuja tradução seria comédia lacrimejante ou lacrimosa. Trata-se de um tipo de COMÉDIA surgido na França no século XVIII que se caracterizou por não visar ao riso, como convém a uma comédia, mas ao choro, como resultado dos sofrimentos de que era vítima o HERÓI, um injustiçado, apesar da virtude a toda prova. A *comédie larmoyante* foi, na verdade, uma degenerescência da comédia de Pierre Marivaux (1688-1763), que introduziu no teatro francês a temática da descoberta e dos efeitos do amor. A diferença entre ambas, contudo, está na qualidade literária da segunda, cuja sutileza e humor criados pelos múltiplos níveis de linguagem chegaram a cunhar um termo, *MARI-*

VAUDAGE. O principal expoente da *comédie larmoyante* foi Pierre de la Chaussée (1692-1754), cuja obra *La Fausse Antipatie* (1733) é considerada a mais significativa do gênero. A *comédie larmoyante* teve, contudo, um papel histórico ao inspirar Denis Diderot (1713-1784) na idealização do seu DRAMA BURGUÊS. A *comédie larmoyante* corresponde à COMÉDIA SENTIMENTAL inglesa do mesmo período.

CÔMICO – No Brasil do século XIX, nome dado à PERSONAGEM masculina da COMÉDIA DE COSTUMES responsável pelos efeitos cômicos da trama. Corresponde ao feminino DAMA-CARICATA.
Veja também CENTRO, DAMA-CENTRO, DAMA-GALÃ, GALÃ, INGÊNUA, LACAIA e TIRANO.

COMMEDIA A SOGGETTO – Veja *COMMEDIA DELL'ARTE*.

COMMEDIA ALL'IMPROVISO – Veja *COMMEDIA DELL'ARTE*.

COMMEDIA DELL'ARTE – Na Renascença italiana, *commedia dell'arte*, *commedia all'improviso* e *commedia a soggetto* foram termos usados praticamente como sinônimos do tipo de teatro profissional que se opunha à *COMMEDIA ERUDITA*, apresentada por amadores nas cortes e academias. Arte essencialmente performática, com pouco ou nenhum valor literário, a *commedia dell'arte* não possui raízes conhecidas. Muitas teorias procuram restabelecer suas origens, desde a que aponta a *FABULA ATELLANA* como uma possível fonte, até a que diz ter sido a *commedia* uma manifestação que evoluiu da FARSA do final da Idade Média. O provável é que várias tenham sido as origens, assim como é indiscutível que antes de 1600 esse tipo de teatro já tivesse se espalhado por toda a Europa, permanecendo ativo e popular até cerca de 1750. A *commedia dell'arte* possui duas características narrativas básicas: a organização em torno da PERSONAGEM-TIPO, e a AÇÃO parcialmente improvisada. A improvisação variava de acordo com os *SCENARIOS*, espécie de roteiros anteriormente determinados, mas a impressão

criada era a de improvisação absoluta, espontânea, com desempenhos de grande virtuosismo por parte do ATOR. As principais personagens eram divididas em duas categorias: patrões e criados, ou *ZANNI*. Dentre os patrões destacam-se *IL CAPITANO*, *PANTALLONE* e *IL DOTTORE*. Os criados compreendiam ARLEQUIM, sem dúvida a figura mais popular, POLICHINELO e COLOMBINA. As companhias de *commedia dell'arte* eram itinerantes, e sua constituição, durante muito tempo, obedeceu ao esquema familiar, embora contasse também com atores contratados. O ator de *commedia dell'arte* era também, via de regra, acrobata, malabarista, dançarino e músico, especializando-se numa determinada personagem às vezes por toda a vida. O sistema de viagens compreendia a chegada à cidade, a obtenção de permissão para apresentação do espetáculo e o aluguel de uma sala espaçosa para instalar-se. Contudo, a adaptabilidade sempre foi uma constante na vida desses grupos, que muitas vezes fizeram espetáculos ao ar livre sobre um praticável qualquer, sem cenários, cortinas ou qualquer outro elemento cênico. Companhias de *commedia dell'arte* se fizeram célebres em toda a Europa, tais como *I Accesi*, *I Gelosi*, *I Confidenti* e *I Fedeli*. A *commedia dell'arte*, por sua vivacidade, picardia e estilo narrativo, influenciou o que de melhor foi feito em termos de teatro e drama na Europa entre os séculos XVI e XVIII. Quando o gênero entrava em declínio, apelando para a vulgaridade e licenciosidade, alguns comediógrafos italianos tentaram preservá-lo através da criação de textos nos quais as situações tradicionais e as personagens fossem recriadas. Entretanto, o espírito de um movimento performático, não literário, não podia ser preservado completamente, muito embora Carlo Goldoni (1707-1793) tenha criado algumas excelentes peças baseadas na *commedia dell'arte*.
Veja também TEATRO RENASCENTISTA.

COMMEDIA ERUDITA – Na Itália do período renascentista, o termo foi usado para indicar a comédia literária em oposição à *COMMEDIA DELL'ARTE*, que não possuía texto definido. A *commedia erudita* era em geral baseada

nos modelos clássicos, principalmente nas obras de Plauto e Terêncio, e teve em Ludovico Ariosto (1474-1533) e Pietro Aretino (1492-1556) dois de seus mais destacados autores. A obra-prima do gênero, porém, é *A mandrágora* (1520), de Nicolau Maquiavel (1469-1527).
Veja também COMÉDIA CORTESÃ, COMÉDIA DE COSTUMES, COMÉDIA DE HUMORES e COMÉDIA SENTIMENTAL.

COMODIM – Uma das três possibilidades de fechamento da BOCA DE CENA; as outras são o PANO DE BOCA e o VELÁRIO. O comodim é geralmente liso, possui movimento vertical e é usado para mudanças rápidas de CENÁRIO. Também chamado cortina alemã ou cortina de manobra. Esse tipo de CORTINA só é encontrado nos grandes teatros construídos entre os séculos XVII e XIX e, mesmo nesses, acha-se hoje em dia quase totalmente em desuso.
Veja também CAIXA CÊNICA, CENA e URDIMENTO.

COMPARSARIA – Nome dado ao conjunto de atores que tomam parte no espetáculo em aparições esporádicas ou cenas de multidão.
Veja também FIGURANTE/FIGURAÇÃO e PONTA.

COMPLICAÇÃO – Em termos de DRAMATURGIA, a parte da narrativa que envolve todos os acontecimentos ocorridos na peça desde a deflagração do CONFLITO até o momento da CRISE. A complicação é organizada num sistema de forças em oposição, cujo desenvolvimento tende a se tornar cada vez mais intrincado até atingir o CLÍMAX e desembocar na RESOLUÇÃO.
Veja também CATÁSTROFE, DESENLACE e RECONHE-CIMENTO.

CONFIDENTE – PERSONAGEM convencional que aparece em dramaturgias de diversos períodos. Trata-se, em geral, de um amigo do PROTAGONISTA cuja função é ouvir confidências que este lhe faz. Tais confidências, por sua vez, irão esclarecer o público sobre fatos indispensáveis à compreensão da peça. Como diz Décio de Almeida Prado,

"o confidente é o desdobramento do herói, o *alter ego*, o empregado ou o amigo perfeito perante o qual deixamos cair nossas defesas, confessando inclusive o inconfessável" (*A personagem de ficção*, p. 89). O confidente é um recurso de valor literário duvidoso, já que é uma personagem com pouca ou nenhuma relação com a AÇÃO da peça. Alguns críticos apontam Horácio, personagem de Shakespeare em *Hamlet* (1600-1601), como uma boa utilização do confidente, mas essa classificação não encontra unanimidade junto à crítica.
Veja também MENSAGEIRO, NARRADOR e *RAISONNEUR*.

CONFLITO – Em termos de DRAMATURGIA, um dos elementos básicos da AÇÃO dramática. A importância do conflito reside no fato de ser a partir dele, ou em decorrência dele, que ocorre a progressão da narrativa dramática, ou seja, o desenvolvimento de forças em oposição representadas pelo PROTAGONISTA e pelo ANTAGONISTA. A natureza do conflito depende da natureza dos contendores, prevalecendo três alternativas básicas: o conflito entre dois homens, representantes de duas forças ou duas ideias; o conflito entre um homem e ele mesmo, o que configura o conflito íntimo, do tipo razão x emoção; e o conflito do homem com deus e/ou a natureza. Considerando serem as motivações pessoais das personagens metáforas de causas sociais, políticas e filosóficas, Patrice Pavis diz que "todo conflito dramático descansa [...] sobre uma contradição entre dois grupos, duas classes sociais ou duas ideologias que se encontram em conflito em um determinado momento histórico" (*Diccionario del Teatro*, p. 94).
Veja também COMPLICAÇÃO, CLÍMAX, CRISE, DESENLACE, NÓ e RESOLUÇÃO.

CONFRÉRIE DE LA PASSION – Associação criada na França em 1402 com a finalidade de produzir espetáculos teatrais de peças religiosas. Em 1518, a confraria foi beneficiada com o monopólio da representação teatral em Paris, o que veio a provocar sérias controvérsias com o emergente

teatro profissional. Suspensa a autorização para realização de teatro religioso em 1548, a confraria manteve, contudo, o monopólio das representações, alugando o teatro do Hôtel de Bourgogne, de sua propriedade, para grupos e companhias itinerantes estrangeiros. Esse monopólio foi mantido até 1675, poucos anos antes da fundação da *COMÉDIE FRANÇAISE* (1680).
Veja também TEATRO MEDIEVAL.

CONGADA – AUTO popular brasileiro de origem africana encontrado em várias partes do país, de Norte a Sul. Consiste na dramatização de episódios relacionados com o casamento e a coroação da rainha Njinga Nbandi, de Angola, popularmente conhecida como rainha Ginga, com o rei do Congo. Também chamada de congo ou congado.

CONSTRUTIVISMO – Estilo de cenografia e de encenação desenvolvido por Vsévolod Meyerhold (1874-1940?) a partir dos anos 20, visando a introduzir no palco as qualidades mecânicas da máquina e a precisão matemática da engenharia. Influenciado pelo conceito de TEATRO TOTAL de Gordon Craig (1872-1966), Meyerhold defendia a criação do encenador como um ato total, e essa posição fazia com que o texto das peças que encenava fosse reduzido a mero pretexto para a criação não verbal. Na formulação do construtivismo, Meyerhold foi auxiliado pelas artistas plásticas Lyubov Popova e Varvara Stepanova, que idealizaram a cenografia de, respectivamente, *O magnífico cornudo*, de Fernand Crommelynck, e *A morte de Tarelkin*, de Alexander Sukhovo-Kobylin. Três princípios básicos fundamentavam o construtivismo: a construção do cenário em três dimensões, o ritmo visual determinado por efeitos que não resultassem da cor ou do relevo e a inclusão no cenário unicamente das partes necessárias ao trabalho do ator (citado por Aldomar Conrado em *O teatro de Meyerhold*, p. 142-143). Rejeitando, assim, o decorativo em favor de estruturas utilitárias, o construtivismo objetivava um efeito final abstrato, uma espécie de "atmosfera" que contagiasse o espectador, embora o mantivesse sempre consciente de estar diante de uma

representação. O apogeu do construtivismo deu-se em 1926, com a encenação de *O inspetor geral*, de Nicolai Gogol. Em 1936, com a decretação do REALISMO SOCIALISTA como proposta estética oficial do governo soviético, o construtivismo caiu em desgraça, resultando até mesmo na prisão de Meyerhold em 1938.
Veja também BIOMECÂNICA.

CONTAMINATIO – No antigo TEATRO ROMANO, a prática de fundir num único texto o material dramático de duas ou mais comédias gregas.
Veja também COMÉDIA ANTIGA, COMÉDIA MEDIANA, COMÉDIA NOVA e TEATRO GREGO.

CONTINUIDADE DA AÇÃO – Expressão forjada por Constantin Stanislavski (1863-1938) para indicar a progressão dramática da peça, o encadeamento das ações e reações dos personagens, desde o surgimento do CONFLITO até a solução final.
Veja também AÇÃO ANTERIOR, AÇÃO CONTÍNUA e AÇÃO POSTERIOR.

CONTRARREGRA – Aquele que administra o PALCO durante a realização de ensaios e espetáculos. É o encarregado da colocação das peças móveis do CENÁRIO, acessórios e demais elementos cênicos. Supervisiona as entradas em cena dos atores, bem como a movimentação dos maquinistas. Responsável, juntamente com a CAMAREIRA, pelo GUARDA-ROUPA, durante e após o encerramento do espetáculo, e pelas campainhas internas que indicam o início e os intervalos da função.

CONTRACENAÇÃO – O ato de dialogar cenicamente, ou seja, a convivência emocional e intelectual de duas ou mais personagens em função da situação dramática. A contracenação resulta de contato e comunicação entre atores e constitui um aspecto decisivo da boa interpretação, uma vez que dela decorre o ritmo do espetáculo. A respeito da contracenação, que ele denominava "comunhão", escreveu Stanislavski: "Quando o espectador presencia uma dessas trocas emocionais e intelectuais, é como se testemunhasse uma conversa. Participa em silêncio da troca de sentimentos e se deixa emocionar com as experiências dos dois. Mas só enquanto esse intercâmbio prossegue entre os atores é que os espectadores no teatro podem compreender e indiretamente participar do que passa em cena. Se os atores realmente querem prender a atenção de um grande público, devem esforçar-se ao máximo para manter, uns com os outros, uma incessante troca de sentimentos, pensamentos e ações, e o material interior para essa troca deve ser suficientemente interessante para cativar os espectadores" (*A preparação do ator*, p. 197).

Veja também MÉTODO DAS AÇÕES FÍSICAS, MÉTODO DE STANISLAVSKI e PERSONAGEM.

CONTRAPESO – No palco à italiana, o sistema mais difundido de movimentação de CENÁRIO. Com ele, movem-se todas as peças que podem ser sustentadas pelo URDIMENTO. Trata-se, como o próprio termo indica, de um sistema que contrabalança o peso das peças a serem erguidas com pesos um pouco inferiores colocados na extremidade oposta da MANOBRA. A força empregada pelo operário, ou pelo motor, será apenas a da diferença entre o peso e o contrapeso.

Veja também PALCO À ITALIANA, VARA e VARANDA.

CONTROVÉRSIA DO CID – Famosa polêmica literária ocorrida na França entre 1636 e 1638 gerada pela popularidade alcançada pela peça *O Cid* (1636), de Pierre Corneille (1606-1684), que contrariava os preceitos formais do CLASSICISMO, principalmente a LEI DAS TRÊS UNIDADES e o DECORO. Os principais participantes da polêmica foram, de um lado, o autor da peça, e do outro, primeiro, o crítico Georges de Scudéry (1601-1667), através do ensaio *Observações sobre O Cid* (1637); e, depois, a própria Academia Francesa, representada pelo crítico Jean Chapelain (1595-1674), autor das *Opiniões da Academia Francesa* (1638). A questão serviu para reforçar a posição da Academia, uma instituição criada em 1629 pelo então primeiro-ministro, cardeal Richelieu, para servir de apoio à sua tarefa de mentor da atividade literária na França. A defesa de Corneille está contida na *Carta apologética*, publicada em 1637, embora uma argumentação mais ampla tenha sido incluída no texto dos três *Discursos*, datados de 1660.

COPYRIGHT – Palavra inglesa universalmente adotada para referir-se ao direito de publicar ou traduzir uma obra artística ou científica. No teatro, proteção legal ao detentor dos direitos de representação ou publicação de uma peça. Em muitos países, o *copyright* prevalece por um prazo de cinquenta anos após a morte do autor.
Veja também *À VALOIR* e DIREITO AUTORAL.

COREGA – Na Grécia antiga, cidadão rico que financiava parte do espetáculo teatral, as vestimentas do CORO e os honorários do *CORUS DIDASCALUS*, o diretor do coro. Ser *corega* de um espetáculo ganhador do grande prêmio dava prestígio ao cidadão, que ganhava uma coroa de louros e uma soma em dinheiro para compensar os gastos feitos, e seu nome era imortalizado nos arquivos da cidade.
Veja também ARCONTE, GRANDE DIONISÍACA e TEATRO GREGO.

COREOGRAFIA – Literalmente, a representação gráfica da dança, especialmente da manifestação convencionalmente chamada BALÉ. Trata-se da criação e organização dos movimentos expressivos, passos e figuras que resultam na própria dança, em como ela é apresentada no PALCO. No teatro, em estilos e épocas diferentes, a coreografia tem sido utilizada como recurso complementar da linguagem cênica.
Veja também *COMÉDIE-BALLET* e CORPO DE BAILE.

COREUTA – Cada participante de um CORO sob a liderança de um CORIFEU.
Veja também *CORUS DIDASCALUS* e TEATRO GREGO.

CORIFEU – O líder do CORO no TEATRO GREGO. O corifeu era uma espécie de porta-voz do povo, este representado pelo coro, como acontece na *Antígona*, de Sófocles.

Supõe-se que a parte do corifeu na TRAGÉDIA fosse falada, em contraste com a do coro, que seria cantada.
Veja também *CORUS DIDASCALUS* e DITIRAMBO.

CORINGA – Veja SISTEMA CORINGA.

CORO – Grupo de cantores ou recitantes que atua em espetáculos de TEATRO ou de ÓPERA. A principal característica do coro é falar ou cantar de forma conjugada, geralmente em uníssono. Na tradição do teatro ocidental, o coro aparece pela primeira vez no TEATRO GREGO, originário das festas comunais, báquicas ou dionisíacas. O coro no teatro representa, em suas origens, o sentimento coletivo que deu início à manifestação teatral na Grécia. É o que afirma a historiadora Margot Berthold ao escrever que "o teatro é uma obra de arte da sociedade, da comunidade. Nunca, em nenhum outro lugar, isso foi tão verdadeiro quanto na Grécia. [...] A multidão congregada do *théatron* não era apenas espectadora, mas, em sentido literal, participante" (*História Social del Teatro*, p. 118). Por outro lado, o coro representa também uma herança das raízes literárias do DRAMA, do DITIRAMBO e do poema épico. Como diz Anatol Rosenfeld, "no coro, por mais que se lhe atribuam funções dramáticas, prepondera certo cunho fortemente expressivo (lírico) e épico (narrativo). Através do coro parece manifestar-se, de algum modo, o 'autor', interrompendo o diálogo dos personagens e a ação dramática, já que em geral não lhe cabem funções ativas, mas apenas contemplativas, de comentários e reflexão" (*O teatro épico*, p. 30). Assim, por mais que Aristóteles (384-322 a.C.) recomendasse a associação do coro à ação da peça (*Poética*, XVIII), a evolução da narrativa dramática no sentido de uma progressão de causa e efeito fez com que o papel do coro se restringisse a uma mera decoração para, em seguida, desaparecer. No século XX, é justamente com o TEATRO ÉPICO que o coro é resgatado, passando a constituir um importante elemento de linguagem cênica. No teatro oriental de diversas culturas e épocas, o coro permaneceu sempre um elemento vital de linguagem de espetáculo.

Veja também *COREGA*, *CORUS DIDASCALUS*, COREUTA, CORIFEU.

CORPO DE BAILE – O conjunto dos bailarinos de uma determinada PRODUÇÃO ou de um determinado TEATRO. Juntamente com o CORO e a orquestra, o corpo de baile integra os corpos estáveis de uma casa de espetáculos, normalmente das grandes casas de ópera. Esses conjuntos, em geral, são subsidiados pelo poder público.

CORPUS CHRISTI PLAYS – Nome dado na Inglaterra aos mistérios medievais. Os mais antigos e literariamente valiosos documentos do período são os ciclos das cidades de Chester, York e Wakefield, e ainda o intitulado *N-town*, uma vez que, supõe-se, era representado em várias cidades. Tais ciclos continuaram sendo representados até o final do século XVI, apesar da oposição do governo, que se tornara protestante nos reinados de Henrique VIII, Eduardo VI e Elisabeth I.
Veja também AUTO SACRAMENTAL, DRAMA LITÚRGICO, MISTÉRIO e TEATRO MEDIEVAL.

CORRALES – Veja PÁTIO.

CORTINA – Termo genérico para qualquer tipo de fechamento da BOCA DE CENA. Trata-se, em geral, de uma grande peça de tecido, franzida ou pregueada, dividida em duas partes, que abre e fecha em movimentos laterais, presa por rolamentos que correm em trilhos e acionada por cordas atadas desde o centro de cada parte até a extremidade externa superior, em movimentos diagonais ascendentes. A função da cortina é revelar o CENÁRIO somente no início da FUNÇÃO, evitando desgastar o interesse criado pela ambientação. Embora tenha sido usada no TEATRO ROMANO, a cortina tornou-se habitual nos teatros da Europa a partir do século XVI. O termo é usado também como gíria na frase "uma boa cortina", hoje em desuso, significando um bom momento da situação dramática, propício para encerrar a cena ou o ato. Trata-se, evidentemente, de expressão usada no tempo em que após cada ato ou cena a cortina era obrigatoriamente fechada.
Veja também *AULEUM* e PANO DE BOCA.

CORTINA ALEMÃ – Veja COMODIM.

CORTINA DE BOCA – Veja PANO DE BOCA.

CORTINA DE FERRO – Nos grandes teatros, cortina feita de placas de amianto, destinada a isolar o PALCO da PLATEIA em casos de incêndio, limpeza ou obras para reforma.

CORTINA DE MANOBRA – Veja COMODIM.

CORTINA RÁPIDA – Expressão usada para indicar um movimento rápido de fechamento da CORTINA ao fim do ATO ou da CENA, objetivando-se com isso um determinado efeito dramático. Diz-se também "pano rápido".

CORUS DIDASCALUS – No TEATRO GREGO, o líder do CORO na TRAGÉDIA. O mesmo que CORIFEU.
Veja também COREUTA.

COTURNOS – Calçados de solado alto, de aproximadamente vinte a trinta centímetros de altura, supostamente usados pelo ATOR trágico no TEATRO GREGO. A função desse tipo de calçado era elevar a estatura da personagem, projetando a figura, o que se fazia necessário diante das enormes dimensões dos teatros.
Veja também MÁSCARA e *THÉATRON*.

COUP DE THÉÂTRE – Expressão francesa, usada exclusivamente no original, referente à mudança súbita ocorrida no decurso da AÇÃO de uma peça de teatro, particularmente no DRAMA ROMÂNTICO e no MELODRAMA.
Veja também CATÁSTROFE, PERIPÉCIA e RECONHECIMENTO.

COXIAS – Parte da CAIXA CÊNICA localizada nas laterais e ao fundo do PALCO, destinada ao trânsito dos atores nas entradas e saídas de CENA, bem como do CONTRARREGRA e dos MAQUINISTAS nas operações de mudança de CENÁRIO. Termo também conhecido como "bastidores" na expressão "atrás dos bastidores".
Veja também BASTIDOR, CENA e PALCO.

CRIAÇÃO COLETIVA – Expressão surgida nos anos 60 do século passado para indicar um sistema de criação do espetáculo que pretende substituir o tradicional esquema dramaturgo-diretor-ator por uma participação igualitária dos componentes do grupo. Para Patrice Pavis, "esta forma de criação [...] se vincula a um clima sociológico que estimula a criatividade do indivíduo no seio do grupo, para superar a chamada tirania do autor, do texto e do diretor, que pretendiam concentrar todos os poderes e tomar todas as decisões estéticas e ideológicas. [...] Politicamente, esta predisposição do grupo caminha a par com a reivindicação de uma arte criada por e para as massas, com uma democracia direta e uma maneira autogestionável de produção" (*Diccionario del Teatro*, p. 105).

CRISE – Em termos gerais, manifestação violenta e repentina de ruptura de equilíbrio. Em DRAMATURGIA, o ponto do desenvolvimento narrativo em que a COMPLICAÇÃO atinge seu grau máximo de tensão, cedendo lugar à RESOLUÇÃO.
Veja também CLÍMAX e CONFLITO.

CRÍTICA – Discussão em torno do fato estético objetivando sua análise e interpretação. No sentido lato, a crítica é tão antiga quanto a obra de arte, embora, no início, tenha se confundido com a crônica, ou seja, tenha se limitado, pura e simplesmente, a uma função descritiva. Posteriormente, a discussão passou a considerar os princípios orientadores do pensamento crítico derivados das filosofias de Platão (427?-347? a.C.) e Aristóteles (384-322 a.C.). A partir desse momento, a crítica exerceu também a função interpretativa, isto é, passou a conferir valor à obra, conforme sua essência e finalidade. Segundo Massaud Moisés, referindo-se à literatura de um modo geral, a crítica "tem por meta a fundação de uma escala de valores entre as obras que compõem a literatura de um povo" (*Dicionário de termos literários*, p. 130). Os polos norteadores do pensamento crítico são, ainda hoje, o platônico, ou "prescritivo", que considera as relações exteriores à obra, éticas ou morais; e o aristotélico, ou "descritivo", que determina princípios fundamentais a partir da observação dos fenômenos, de suas partes e de sua organização. Assim, grosso modo, pode-se dizer que Platão parte das ideias para chegar à obra, enquanto Aristóteles parte da obra para chegar às ideias. O ato de julgar criticamente, ao longo do tempo, tem ainda se definido de acordo com sua própria finalidade e meios, derivando daí diversas abordagens críticas. Entre outras, destacam-se a CRÍTICA ANALÍTICA, a CRÍTICA ESTRUTURALISTA, a CRÍTICA FORMALISTA, a CRÍTICA HISTÓRICA, a CRÍTICA MÍTICA e a CRÍTICA TEXTUAL. Dentre as mais notáveis obras críticas do drama e do espetáculo teatral, merecem destaque *A república* (373? a.C.), de Platão; *Poética* (335? a.C.), de Aristóteles; *Ars Poetica* (24-20 a.C.), de Horácio; *poética* (1561), de Giulio Cesare Scaligero; *Discursos sobre as unidades* (1657), de Pierre Corneille; *Ensaio sobre a poesia dramática* (1668), de John Dryden; *Arte poética* (1674), de Nicolas Boileau-Despréaux; o prefácio à edição das obras completas de William Shakespeare (1765), de Samuel Johnson; *Dramaturgia de Hamburgo* (1768), de G. E. Lessing; *Estética* (1818-1829), de Friedrich Hegel; o prefácio de *Cromwell* (1827), de Victor Hugo; *A obra de arte do futuro* (1849), de Richard Wagner; *O nascimento da tragédia* (1871), de Friedrich Nietzsche; *Riso* (1900), de Henri Bergson; *O teatro e seu duplo* (1938), de Antonin Artaud; *Pequeno organon para o teatro* (1948), de Bertolt Brecht; *O teatro do absurdo* (1961), de Martin Esslin; e o conjunto da obra de Peter Brook, *The Empty Space* (1968), traduzido para o português como *O teatro e seu espaço*; *O ponto de mudança* (1989) e *A porta aberta* (1993).

CRÍTICA ANALÍTICA – Tipo de CRÍTICA que estuda o fenômeno artístico como um todo autônomo, buscando sentido e significado na natureza e na estrutura da própria obra de arte. A mais importante obra crítica pertencente a esta escola ainda é a *Poética* (335? a.C.), de Aristóteles (384-322 a.C.).

A crítica analítica é também chamada "crítica descritiva" ou "crítica aristotélica".

CRÍTICA ARISTOTÉLICA – Veja CRÍTICA ANALÍTICA.

CRÍTICA DESCRITIVA – Veja CRÍTICA ANALÍTICA.

CRÍTICA ESTRUTURALISTA – Tipo de CRÍTICA muito em voga a partir do final da década de 60, graças principalmente à obra de Roland Barthes (1915-1980), *Le degré zéro de l'écriture* (1953), *Mythologies* (1956), *Sur Racine* (1963) e *Essais Critiques* (1964). De difícil conceituação, pode-se dizer que a crítica estruturalista distingue-se das demais por situar a literatura no contexto geral da Semiologia, a ciência dos signos. Identificando a obra literária pelo uso simbólico da linguagem, o estruturalismo interessa-se mais pelas diferentes maneiras de combinar as partes do texto, ou estruturas literárias, do que pelo seu valor intrínseco, em termos de sentido e significado.

CRÍTICA FORMALISTA – Tipo de CRÍTICA que se define pela análise da obra em relação ao GÊNERO literário a que pertence.

CRÍTICA HISTÓRICA – Tipo de CRÍTICA que analisa a obra de arte a partir do contexto histórico em que ela foi criada, abrangendo desde o panorama sociopolítico da época até os fatos da vida pessoal do autor.

CRÍTICA MÍTICA – Tipo de CRÍTICA que interpreta a obra de arte em função dos ARQUÉTIPOS que ela contém.

CRÍTICA PLATÔNICA – Veja CRÍTICA PRESCRITIVA.

CRÍTICA PRESCRITIVA – Termo empregado para definir a CRÍTICA influenciada pelo pensamento de Platão (427?-347? a.C.). Esse tipo de crítica leva predominantemente em consideração os valores éticos, morais e utilitários da obra de arte. Toda a crítica teatral da Renascença, determinante dos padrões estéticos do CLASSICISMO e do NEOCLASSICISMO, foi influenciada por essa postura crítica a partir da divulgação, em 1535, da *Ars Poetica*, de Horácio (65-8 a.C.).

CRÍTICA SEMIOLÓGICA – Veja CRÍTICA ESTRUTURALISTA.

CRÍTICA TEXTUAL – Tipo de CRÍTICA que se define pelo estudo feito em torno de várias cópias ou edições de um mesmo texto, visando a estabelecer um exemplar tão próximo quanto possível do original.

D

DADAÍSMO – Movimento artístico também conhecido por "dadá", lançado em Zurique, em 1916, por Tristan Tzara (1896-1963), Max Ernst (1891-1976), Oscar Kokoschka (1886-1980), Hans Arp (1886-1966) e outros intelectuais e artistas. O dadaísmo caracterizou-se como um movimento anarquista, niilista, semelhante a outros do pós-guerra, de atitude intelectual terrorista, uma vez que pretendia a destruição completa de todos os meios de expressão convencionais. Fortemente influenciados pelas então recentes teorias de Freud sobre o papel do inconsciente e revoltados com o racionalismo do século XX, que conduzira ao absurdo de uma guerra mundial, os dadaístas postularam uma arte que resultasse inteiramente nova e espontânea, criada a partir de uma operação do irracional, como o som produzido pela criança no seu primeiro balbucio, "dá-dá", origem do nome do movimento. Uma ilustração da filosofia dadá é o epigrama de Tzara, "o pensamento nasce na boca". Após a guerra, o movimento transferiu-se para Paris, ali encontrando em André Breton (1896-1966), o principal líder do SURREALISMO, um adepto entusiasmado. A primeira obra dadá publicada foi *La Première Aventure Céleste de M. Antipyrine*, de Tzara, uma reunião de palavras formando frases sem qualquer sentido lógico. A primeira obra dramática apresentada foi *Sphinx und Strohmann*, do pintor Oscar Kokoschka, em 1917; mas *Le Coeur à Gas*, de Tzara, apresentada em 1921, é tida como a melhor peça. A importância do dadaísmo no teatro residiu principalmente na rebeldia da encenação, como nos descreve Georges Hugnet: "Uma voz vinda de baixo de um grande chapéu em forma de pão de açúcar recitava poemas de Hans Arp. Hülsenbeck berrava seus poemas cada vez mais alto, enquanto Tzara batia incessantemente o mesmo ritmo num tambor" (transcrito por Kenneth Macgowan,

Golden Ages of the Theatre, p. 241). O dadaísmo teve vida curta, mas exerceu grande influência histórica por ter sido o precursor de praticamente tudo mais que foi produzido no século, desde o SURREALISMO e o EXPRESSIONISMO até o TEATRO DA CRUELDADE de Artaud e o TEATRO DO ABSURDO de Samuel Beckett e Jean Genet.

DAMA-CARICATA – No Brasil do século XIX, nome dado à PERSONAGEM-TIPO feminina de meia-idade, de natureza cômica, muito comum na COMÉDIA DE COSTUMES. Também chamada simplesmente de "caricata".
Veja também CENTRO, CÔMICO, DAMA-CENTRO, DAMA-GALÃ, GALÃ, INGÊNUA, LACAIA e TIRANO.

DAMA-CENTRO – No século XIX, nome dado no Brasil à PERSONAGEM feminina de meia-idade em torno da qual muitas vezes giravam os principais acontecimentos de uma COMÉDIA DE COSTUMES. Por ser prático na época as atrizes fazerem os mesmos papéis durante anos e anos, o termo era empregado também para designar a especialização da atriz que interpretava o papel.
Veja também CENTRO, CÔMICO, DAMA-CARICATA, DAMA-GALÃ, GALÃ, INGÊNUA, LACAIA e TIRANO.

DAMA-GALÃ – PERSONAGEM-TIPO. No Brasil do século XIX, nome dado a um tipo de PERSONAGEM feminina, bonita e sedutora que no MELODRAMA e na COMÉDIA DE COSTUMES envolvia-se amorosamente com o GALÃ.
Veja também CENTRO, CÔMICO, DAMA-CARICATA, DAMA-CENTRO, INGÊNUA, LACAIA e TIRANO.

DANÇA-TEATRO – Dança-Teatro ou Teatro-Dança, movimento marcante na história da dança do século XX por associar elementos cênico-dramáticos, cinematográficos e de artes plásticas à tradicional estética da dança. Iniciado por Rudolf Laban (1879-1958) nos anos 20 a partir de improvisações em torno do tema Tanz-Ton-Wort (Dança-Tom-Palavra), o movimento alcança seu apogeu quando Pina Bausch (1940-2009) assume a liderança do Wuppertal

Ballet em 1973, criando espetáculos de grande impacto visual e auditivo. Como comenta a professora Ciane Fernandes (*A dança-teatro de Pina Bausch: redançando a história corporal*), a coreografia de Pina Bausch incorpora e altera o balé em sua forma e conteúdo, usando movimentos técnicos e cotidianos. "Seu trabalho [...] utiliza as experiências de vida dos dançarinos, mas distingue-se por não recusar a técnica clássica, usando-a de forma crítica", enquanto o de Laban era fundamentado no princípio do "pensamento em movimento". O método de Bausch baseia-se na associação de teatro e dança, mas sem criar uma totalidade corpo-mente. Nos trabalhos desta última, as palavras e os gestos são repetidos até que os significados emocionais se dissolvam e adquiram sentido abstrato de movimento no espaço.

DAR CENA – Diz-se do movimento de afastar o ATOR do centro do PALCO para que outro o ocupe. O termo, hoje em desuso, opõe-se a TOMAR CENA.
Veja também COBRIR.

DECORO – Literariamente falando, trata-se da adequação do assunto ao estilo. Aristóteles (384-322 a.C.) aborda o decoro como um princípio em que ordem e proporção são elementos essenciais à beleza. Horácio (65-8 a.C.), por sua vez, submete a harmonia e a unidade da obra de arte à adequação do assunto à linguagem. Assim, diz ele que "mesmo a comédia não quer os seus assuntos expostos em versos de tragédia e igualmente a ceia de Tiestes não se enquadra na narração em metro vulgar" (transcrito por José Oliveira Barata, *Estética teatral, antologia de textos*, p. 53). No CLASSICISMO, porém, o termo passou a incluir preceitos morais e ideológicos. Nesse sentido, o decoro trata da adequação do assunto e da linguagem ao que é conveniente a um determinado grupo social. Ou, como diz J. Scherer, "o decoro [...] requer que a obra teatral não ofenda o gosto, as ideias morais ou, se preferirem, os preconceitos do público" (transcrito por Patrice Pavis, *Diccionario del Teatro*, p. 118).
Veja também VEROSSIMILHAÇA e JUSTIÇA POÉTICA.

DEIXA – Qualquer indicação visual ou sonora que permite ao ATOR identificar o momento de entrar, falar ou agir em CENA. O tipo mais comum de deixa são as últimas palavras de cada FALA do DIÁLOGO. Ao memorizar as falas de seu personagem, o ator deve memorizar igualmente as deixas, ou seja, as palavras finais do personagem com quem contracena. Usa-se o mesmo código para indicar os movimentos de luz, e de som ou as mudanças de CENÁRIO.

DÉNOUEMENT – Palavra francesa empregada em DRAMATURGIA para indicar o ponto crucial de uma situação dramática, ou seja, o ponto de tensão extrema que dá lugar à RESOLUÇÃO do problema de uma peça. A palavra tem sido usada, igualmente, como sinônimo de CATÁSTROFE ou DESENLACE.

DESENLACE – Em DRAMATURGIA, o termo tem sido usado como sinônimo de RESOLUÇÃO, ou seja, a parte da PEÇA em que o impasse causado pelas forças em oposição é solucionado. Aristóteles (384-322 a.C.) refere-se ao desenlace como uma decorrência do NÓ: "Dou o nome de nó à parte da tragédia que vai desde o início até ao ponto a partir do qual se produz a mudança para uma sorte ditosa ou desditosa; e chamo desenlace a parte que vai desde o princípio desta mudança até o final da peça" (*Poética*, XVIII).
Veja também CATÁSTROFE, CLÍMAX, CRISE, *DÉNOUEMENT* e RECONHECIMENTO.

DESENVOLVIMENTO – Veja COMPLICAÇÃO.

DESFECHO – Veja RESOLUÇÃO.

DETERMINISMO AMBIENTAL – Expressão relacionada diretamente com o NATURALISMO de Émile Zola (1840-1902) e André Antoine (1858-1943). Trata-se de um princípio de abordagem do personagem baseado na premissa de que o homem é, essencialmente, um produto do meio. Em *O naturalismo no palco*, obra de 1880, Zola diz que, "ao contrário de um homem idealizado, eu gostaria de ver um homem real, colocado em seu próprio ambiente, analisado

de acordo com as circunstâncias físicas e sociais que fizeram dele o que ele é" (transcrito por Bernard Dukore, *Dramatic Theory and Criticism*, p. 715). Por outro lado, em termos de encenação, Antoine refere-se ao ambiente como o elemento que determina os movimentos dos personagens. O princípio do determinismo ambiental desenvolveu-se a partir da influência da ciência sobre a filosofia, literatura e arte em geral, sobretudo de obras como as de Charles Darwin (1809-1882), Karl Marx (1818-1883) e Sigmund Freud (1856-1939), bem como do positivismo de Augusto Comte (1798-1857). Quanto à atitude do dramaturgo em relação a seu personagem, Zola propunha que esta fosse uma atitude igualmente científica, idêntica à do médico e seu paciente. Através dessa metáfora, Zola deixava caracterizado o indivíduo como uma vítima do determinismo ambiental e da doença social.
Veja também QUARTA PAREDE, REALISMO e *TRANCHE DE VIE*.

DEUS EX MACHINA – Expressão latina que significa "o deus que desce na máquina". O conceito, todavia, nos foi legado pelo TEATRO GREGO. Refere-se à RESOLUÇÃO que não deriva da própria AÇÃO da peça, ou seja, que não foi ditada pela VEROSSIMILHANÇA, conforme preconiza Aristóteles na *Poética* (IX). Assim, o termo se refere a soluções arbitrárias, a maioria delas irracionais, como as que, originalmente, eram determinadas por aparições divinas, cuja missão era salvar a personagem de alguma dificuldade tida como humanamente impossível. Esse tipo de recurso, se não é tido como criterioso ou adequado no tratamento da TRAGÉDIA, pode tornar-se excelente na COMÉDIA. Na dramaturgia brasileira, vale a pena lembrar sua utilização por Ariano Suassuna no *Auto da Compadecida*, num sentido que, embora cômico, situa-se bem próximo ao usado pelos gregos: o da interferência divina como elemento de solução do impasse. Bertolt Brecht (1898-1956) utilizou-se do recurso com humor irônico em *A ópera dos três vinténs* (1928), reafirmando, com isso, que qualquer realidade pode ser alterada pela interferência de forças externas a ela. O

grande exemplo de uso do *deus ex machina* na tragédia grega encontra-se na *Medeia*, de Eurípides.
Veja também VERDADE POÉTICA e JUSTIÇA POÉTICA.

DEUTERAGONISTA – De acordo com Aristóteles (384-322 a.C.), o segundo ator, introduzido por Ésquilo (525-456 a.C.). Tratava-se da ampliação dos recursos narrativos do DRAMA, até então limitados ao DIÁLOGO estabelecido entre o PROTAGONISTA e o CORO. A criação desse segundo ator, considerando o uso de MÁSCARAS, permitia a existência de um maior número de personagens, além de possibilitar o confronto tanto de personagem e coro quanto de duas personagens.
Veja também TRITAGONISTA.

DIÁLOGO – Processo de comunicação verbal entre duas ou mais pessoas. No DRAMA, um dos dois processos básicos de comunicação e expressão das personagens – o outro é o comportamento. Segundo Décio de Almeida Prado, "o teatro propriamente dito só nasceu ao se estabelecer o diálogo" (*A personagem de ficção*, p. 86). Trata-se, aqui, de uma afirmação relacionada à progressão da ação dramática, que prescinde da figura do NARRADOR. É, pois, graças ao diálogo que a ação dramática caminha, ao mesmo tempo em que se torna compreensível através da exposição das vontades e dos objetivos que a constituem. O termo é também empregado para designar um tipo de PEÇA do padre José de Anchieta (1533-1597), como no *Auto* ou *Diálogo da crisma* (1578).
Veja também ÉPICO e LÍRICO e, por contraste, *DIDASCALIA* e RUBRICA.

DIANOIA – Palavra grega que significa pensamento. Associada ao *ÉTHOS* (escolha), a *dianoia* constitui a base da AÇÃO. Para Augusto Boal (1931-2009), trata-se do "pensamento que determina o ato" (*Teatro do oprimido*, p. 37). Segundo Aristóteles (384-322 a.C.), a *dianoia* era uma das seis partes qualitativas da TRAGÉDIA; as outras eram o ENREDO, a PERSONAGEM, a DICÇÃO, o ESPETÁCULO e a MELOPEIA (*Poética*, VI).

DICÇÃO – Em termos gerais, a maneira de dizer as palavras, visando especialmente à clareza de seus significados. No DRAMA, segundo Aristóteles (384-322 a.C.), uma das seis partes da TRAGÉDIA; as outras são o ENREDO, a PERSONAGEM, a *DIANOIA*, o ESPETÁCULO e a MELOPEIA (*Poética*, VI).

DIDASCALIA – Termo usado na Grécia antiga com mais de um significado: para identificar os arquivos que continham os nomes dos autores e das obras e as datas de estreia das peças; para indicar aquele que ensinava a escrita do DRAMA; e como referência às recomendações do autor sobre como os intérpretes deviam atuar.
Veja também RUBRICA e TEATRO GREGO.

DIONISÍACA RURAL – Festivais anuais do antigo TEATRO GREGO, realizados em dezembro, quando representações dramáticas eram apresentadas por trupes de atores ambulantes. Em função desses festivais, muitos locais permanentes foram erguidos em território grego e nas colônias. Alguns teóricos afirmam que esses festivais ocorriam em dias diferentes para que parte do público pudesse usufruir de mais de um deles. As obras representadas eram provavelmente as peças estreadas na GRANDE DIONISÍACA, ocorrida em março/abril.
Veja também DIONISOS e LENAIA.

DIONISOS – De acordo com a mitologia grega, Dionisos, também chamado Baco, era o deus do vinho e da embriaguez, do arrebatamento e do delírio místico, o espírito selvagem do contraste, da contradição, da bem-aventurança e do horror. Fonte da sensualidade e da crueldade, da vida procriadora e da destruição letal, Dionisos era filho de uma mortal, Sêmele, e de Zeus. Levada pelo ciúme, Hera, a esposa de Zeus, sugere a Sêmele que peça ao deus que se mostre a ela em todo o seu esplendor. Embora relutante, Zeus, para satisfazer a amante, concorda em aparecer na forma divina e, quando o faz,

Sêmele, grávida, é imediatamente consumida pelas chamas provocadas pela intensidade da luz. O feto, porém, é protegido por uma rede de folhas de parreira surgida do solo no momento do parto. Zeus, reconhecendo o caráter milagroso daquele nascimento, recolhe o feto e o deposita na panturrilha, onde é gerado. Assim, Dionisos tem duplo nascimento, da mãe e do pai, e por isso ganha o título de Ditirambo, nome dado aos cantos em forma de responsórios entoados em sua homenagem. Para evitar o ciúme de Hera, o menino é vestido com roupas femininas e levado para fora da Grécia, para Nisa, que uns situam na Ásia e outros na África, na Etiópia. Ali, ele é entregue às Ninfas que, para evitar que Hera o reconhecesse, fazem-no usar um disfarce de bode. Quando cresce, Dionisos descobre a uva e aprende a fazer o vinho. Bebendo-o sem moderação, fica doente. Mas a "doença" cura-se rapidamente e o vinho é novamente tomado e mais uma vez a doença se manifesta para ser novamente curada e assim por diante... até hoje. Dionisos e seu séquito vagam pelo Egito, Frígia, Síria e Índia antes de voltarem à Grécia, quando então foram introduzidos os rituais dionisíacos, ou seja, as bacanais, festas em que o povo inteiro, sobretudo as mulheres, era tomado por um delírio místico e percorria os campos dançando e cantando. O séquito de Dionisos era composto por bacantes, sátiros, centauros e silenos. Estes últimos eram seres de grande inteligência conhecedores do futuro, mas que só falavam a verdade quando estavam sob o efeito do vinho. As procissões em honra a Dionisos eram tumultuadas e nas festas havia representações com máscaras, o que deu origem à comédia e à tragédia.
Veja também COMÉDIA, DITIRAMBO, DUALIDADE APOLO-DIONISOS, GRANDE DIONISÍACA, TEATRO GREGO e TRAGÉDIA.

DIREÇÃO – Produto da criação do DIRETOR que resulta no ESPETÁCULO teatral.

DIREITA BAIXA/DIREITA ALTA – Designação dada às partes do PALCO À ITALIANA situadas à direita do ator. Os termos "baixa" e "alta" derivam da inclinação ascendente

no sentido frente-fundo dos palcos construídos até o século XX, o que enfatizava a impressão de perspectiva.
Veja também BAIXA/ALTA e ESQUERDA BAIXA/ESQUERDA ALTA.

DIREITO AUTORAL – Quantia paga ao detentor dos direitos de representação ou publicação de uma peça de teatro. No Brasil, a cobrança do direito autoral é feita através da Sociedade Brasileira de Autores Teatrais (SBAT).
Veja também *À VALOIR* e *COPYRIGHT*.

DIRETOR – Aquele que cria o ESPETÁCULO teatral. O principal responsável pela parte artística da PRODUÇÃO de um espetáculo. Compete ao diretor a definição do elenco, a condução dos ensaios, a coordenação do trabalho dos demais artistas e técnicos e, acima de tudo, a formulação da proposta intelectual do espetáculo e a definição do estilo a ser adotado. Até meados do século XX, as atividades do diretor foram exercidas pelo DRAMATURGO, pelo ENSAIADOR, pelo PRODUTOR, ou mesmo pelo ATOR principal. A figura do diretor como elemento hegemônico no processo de criação teatral surge quando a linguagem cênica, fortalecida com o advento da luz elétrica, encontra-se suficientemente amadurecida para expressar por si só a carga de subjetividade requerida pela narrativa dramática. Richard Wagner (1813-1883), o duque de Saxe-Meiningen (1826-1914), André Antoine (1858-1943) e Constantin Stanislavski (1863-1938) são provavelmente os primeiros a assumirem as responsabilidades dessa nova função e os primeiros pesquisadores da nova linguagem. Segundo Helen Krich Chinoy, "misturando diversas artes numa imagem única e orgânica, ele (o diretor) deu forma ao complexo teatro moderno, exatamente como o poeta, com as palavras, havia moldado o ideal teatral do século XVIII. O aparecimento do diretor fez surgir uma nova época para o teatro" ("The Emergence of the Director", *Directors on Directing*, p. 3).
Veja também CONSTRUTIVISMO, NATURALISMO, TEATRO ÉPICO, TEATRO DA CRUELDADE, TEATRO INVISÍVEL, TEATRO POBRE e TEATRO TOTAL.

DIRETOR DE CENA – É o administrador da CAIXA CÊNICA. Redige e assina a TABELA DE SERVIÇO, determina horários, controla o livro-ponto, administra o pessoal artístico e técnico. Hoje em dia, somente são encontrados diretores de cena em casas de ÓPERA, grandes teatros ou companhias estáveis. Suas funções, em instituições de pequeno e médio porte, são executadas pelo assistente de direção ou pelo CONTRARREGRA.

DISCOVERY SPACE – Veja *TIRING HOUSE*.

DISFARCE – Forma semidramática que antecedeu à MASCARADA inglesa. Consistia num desfile de cortesãos diante do rei usando trajes e máscaras extravagantes. A cerimônia incluía música, dança, oferta de presentes e culminava com uma festa.
Veja também *COMÉDIE-BALLET*.

DISPOSITIVO CÊNICO – Expressão que surge na década de 60, usada em substituição ao termo CENÁRIO. O dispositivo cênico é uma decorrência da utilização de salas alternativas para a encenação de espetáculos – salas que não possuem um PALCO convencional e que exigem a reorganização e caracterização do espaço. Essa caracterização é geralmente simbólica, raramente descritiva ou fac-similar, e muitas vezes integra o próprio espectador ao ambiente cênico. O CONSTRUTIVISMO de Vsévolod Meyerhold (1874-1940?) e Alexander Taïrov (1885-1950) pode ser apontado como o primeiro movimento teatral a requerer um dispositivo cênico.
Veja também TEATRO POBRE e TEATRO DO OPRIMIDO.

DISTANCIAMENTO – Termo usado para designar o conceito central da teoria do TEATRO ÉPICO formulado por Bertolt Brecht (1898-1956). O termo original em alemão é *Verfremdungseffekt*, cuja tradução aproximada é "estranhamento". Em inglês usa-se a expressão *alienation effect*, derivada do vocábulo *alien*, que significa forasteiro, estranho. O distanciamento consiste numa revisão de fatos ou atitudes dos quais, de tão familiarizado, o espectador já

perdeu qualquer perspectiva crítica. Nas palavras do próprio Brecht (1967, p. 148), "trata-se [...] de uma técnica [...] que permite retratar acontecimentos humanos e sociais, de maneira a serem considerados insólitos, necessitando de explicação, e não tidos como gratuitos ou meramente naturais. A finalidade deste efeito é fornecer ao espectador, situado de um ponto de vista social, a possibilidade de exercer uma crítica construtiva" (*Teatro dialético*, p. 148). O efeito do distanciamento é obtido através do uso de uma série de recursos de linguagem cênica, principalmente por meio de uma técnica de interpretação em que, segundo Brecht, o ator deve confrontar-se com a AÇÃO da personagem como se esta fosse passível de ser modificada. Essa ação deve resultar necessariamente num GESTUS social, que o autor explica como sendo a expressão física da emoção da personagem derivada das relações sociais que determinam tal emoção. Embora prioritariamente centrado no trabalho do ator, o distanciamento deve ser complementado com recursos narrativos audiovisuais, como cartazes, canções, cortinas e outros efeitos de linguagem cênica.
Veja também ENREDO EPISÓDICO.

DITIRAMBO – Forma pré-dramática pertencente ao TEATRO GREGO. Consistia em poesia lírica escrita para ser cantada por um CORO de cinquenta membros em cerimônias em homenagem ao deus DIONISOS. Com o tempo, o líder desse coro ganhou destaque e autonomia, transformando-se num solista ou, mais especificamente, no PROTAGONISTA, e o DIÁLOGO que se estabeleceu entre ele e os demais integrantes do coro parece ter sido, segundo diversos teóricos, entre os quais Aristóteles (384-322 a.C.), uma das fontes da TRAGÉDIA.
Veja também CORIFEU.

DOCENUS – PERSONAGEM da *FABULA ATELLANA*. Trata-se do tipo glutão e parasita. O nome da personagem provavelmente deriva de *dorsum*, dorso, numa sugestão a uma possível corcunda.
Veja também *BUCCO, MACCUS, PAPPUS*.

DRAMA – Designação genérica para peças de teatro. Historicamente, segundo a tradição ocidental, o drama tem origem na Grécia, no século V a.C. A forma dramática caracteriza-se pela ênfase dada ao objeto da narração, sem uso, pelo menos aparente, de um NARRADOR. O elemento propulsor da narrativa dramática é o CONFLITO, ou seja, o enfrentamento direto dos agentes da AÇÃO. A evolução desse conflito processa-se através de um sistema de causa e efeito em que o acontecimento A gera o B, o B gera o C, este o D e assim por diante. A duração do drama, ou sua MAGNITUDE, impõe uma grande concentração e intensidade ao desenrolar dos acontecimentos, sem perda de tempo em CARACTERIZAÇÃO ou narrativas explicativas. Essas informações, bem como os climas e a expressividade da obra, ficam por conta do trabalho dos atores e de outros recursos de linguagem cênica, que constituem o fundamento da obra teatral. A narrativa dramática pode ser apresentada continuamente, sem interrupções, como na TRAGÉDIA, ou com divisões em ATO ou CENA. Considerando que a ação do drama envolve o choque entre personagens, o vocábulo passou a ser usado de forma generalizada para definir qualquer situação que seja conflitante, literária ou não. A arte e a ciência de escrever drama são chamadas de DRAMATURGIA e o autor de drama, DRAMATURGO. A palavra drama é também empregada para designar um GÊNERO literário surgido na França, no século XVIII, que consistia na fusão dos gêneros maiores, COMÉDIA e tragédia. Seu maior defensor foi Denis Diderot (1713-1784), que, em *Discursos sobre a poesia dramática* (1758), advogou a necessidade de que as peças apresentassem personagens e problemas que fossem contemporâneos, para que interessassem diretamente ao espectador comum. Essas peças, ainda segundo Diderot, seriam chamadas de drama sério ou DRAMA BURGUÊS. Mais tarde, já em plena efervescência do ROMANTISMO, surge o conceito de DRAMA ROMÂNTICO, postulado por Victor Hugo (1802-1885) no prefácio de *Cromwell* (1827). Aqui, novamente o termo tem o significado de gênero híbrido. Mais modernamente, o termo drama passou a ser usado

em oposição à comédia, significando uma peça que aborda de forma séria um assunto igualmente sério.
Veja também DRAMÁTICO, ÉPICO, IMITAÇÃO e LÍRICO.

DRAMA BURGUÊS – Termo usado no final do século XVIII para designar o drama sério postulado por Denis Diderot (1713-1784). Trata-se de um tipo de peça que mostra o homem como um ser essencialmente bom, atribuindo seus erros às condições e pressões sociais. O GÊNERO é uma extensão da *COMÉDIE LARMOYANTE* praticada por Pierre de La Chaussée (1692-1754), conservando o tom quase sempre sentimental. O drama burguês não chegou a criar qualquer obra literária mais significativa, mas sua importância histórica é enorme pela influência exercida em autores como Pierre Beaumarchais (1732-1799), Gottold Ephraim Lessing (1729-1781), Johann Wolfgang von Goethe (1749-1832), Friedrich Schiller (1759-1805) e Alexandre Dumas Filho (1824-1895).
Veja também COMÉDIA SENTIMENTAL e *MARIVAUDAGE*.

DRAMA DE GABINETE – Termo genérico para designar qualquer DRAMA que não se destina à representação no palco, mas sim à leitura em salões literários. Alguns exemplos de dramas de gabinete são as peças de Sêneca (4? a.C.-65 d.C.) e alguns dramas escritos por poetas românticos, como *Manfredo* (1817), de George Byron (1788-1824), e *Os Cenci* (1818), de Percy Shelley (1792-1822).

DRAMA-DOCUMENTÁRIO – Tipo de DRAMA originado na Alemanha nos anos 50 do século passado. O drama-documentário consiste na dramatização de eventos sociais e políticos, principalmente os que envolvem questões de culpa e responsabilidade, retirados do noticiário dos jornais e de outras fontes documentais. Seus principais expoentes são Peter Weiss (1916-1982), Heinar Kipphardt (1922-1982) e Rolf Hochhuth, e a peça mais famosa é *O vigário* (1964), de Hochhuth, que imputa ao papa Pio XII responsabilidade pelo extermínio de judeus na Alemanha.

A mais importante realização do GÊNERO, contudo, foi *US* (1966), um espetáculo sobre a guerra do Vietnã criado e dirigido por Peter Brook.
Veja também *LIVING NEWSPAPER*.

DRAMA HISTÓRICO – Em termos gerais, qualquer peça cujo argumento seja baseado na história de uma nação. Especificamente, as peças escritas no período renascentista baseadas na crônica da monarquia inglesa. O GÊNERO foi amplamente difundido sob o reinado de Elisabeth I (1558-1603). Seu sucesso foi devido principalmente à derrota da Invencível Armada, que reacendeu os anseios patrióticos do povo inglês. A crítica considera *Edward II*, de Christopher Marlowe (1564-1593), o primeiro drama histórico de qualidade. A este se seguiram os dramas históricos de William Shakespeare (1564-1616), entre eles *Ricardo III* (1592-93) e *Henrique V* (1598-99), considerados obras-primas no gênero.
Veja também TEATRO ELISABETANO.

DRAMA LITÚRGICO – A mais antiga forma dramática religiosa do TEATRO MEDIEVAL. O drama litúrgico difere das outras formas dramatúrgicas por dois aspectos: primeiro, pelo caráter devocional, isto é, por só ser representado como parte do serviço religioso; e segundo, por ser totalmente cantado, com acompanhamento de diversos instrumentos. A provável origem do drama litúrgico situa-se entre os séculos IX e X. O mais antigo documento conhecido é o *QUEM QUAERITIS*, um *TROPO* do século IX encontrado na abadia dos beneditinos em Saint Gallen, na Suíça. A partir desse diálogo rudimentar, supõe-se, evoluiu o teatro religioso medieval.
Veja também MILAGRE, MISTÉRIO e MORALIDADE.

DRAMA MODERNO – Convenciona-se determinar o início do drama moderno em torno de 1890, quando *Pilares da sociedade*, de Henrik Ibsen (1828-1906), começou a ser representada com incrível sucesso por toda a Europa. Com essa peça, iniciou-se o REALISMO na obra de Ibsen, caracterizado, do ponto de vista formal, pela adesão aos princípios da *PIÈCE BIEN FAÎTE* em oposição à artificialidade do MELODRAMA do século XIX, e, do ponto de vista temático, pelo estudo do homem na sociedade, numa sucessão de enfoques que variavam desde a busca do eu profundo num contexto social conflituado até a missão social que é destinada ao indivíduo. A influência de Ibsen foi enorme nas obras de grandes autores contemporâneos ou que o sucederam em curto espaço de tempo, como August Strindberg (1849-1912), Gerhart Hauptmann (1862-1946) e Bernard Shaw (1856-1950), entre outros.

Veja também DETERMINISMO AMBIENTAL, NATURALISMO, QUARTA PAREDE e *TRANCHE DE VIE*.

DRAMA MUSICAL – Termo cunhado por Richard Wagner (1813-1883) para definir um novo tipo de ÓPERA, cuja temática se mantivesse afastada da ficção e da história e próxima da mitologia, para ele a única forma de expressão cultural que se mantinha inalterada através dos tempos. A proposta de Wagner é, evidentemente, muito mais musical que dramática, embora na sua teoria a música fosse um meio de expressão do DRAMA. A voz humana, para Wagner, era o principal reflexo das emoções do homem, e a função do cantor na ópera wagneriana era mais de instrumento que de solista, como na ópera italiana. Wagner insistia para que o compositor da música fosse também o libretista e o encenador, sendo esta, em sua opinião, a única forma de salvaguardar a integridade da obra de arte. Sua teoria encontra-se exposta em três ensaios: *Arte e revolução* (1849), no qual ele afirma que a arte é a mais pura expressão de alegria de um povo, *A obra de arte do futuro* (1850), em que ele preconiza a fusão de linguagens e gêneros, e *Ópera e drama* (1851), no qual ele discute sua concepção de drama musical. Os dramas musicais eram estruturados em torno de temas ou *leitmotivs*, cada um representando um personagem, um objeto, uma emoção ou um conceito. Apesar de sua íntima vinculação com a música, Wagner tem sido considerado também um precursor da moderna linguagem da encenação, sobretudo no que se refere à teatralidade em contraposição

ao fac-símile do REALISMO. Sua contribuição ao teatro estende-se, ainda, à questão das relações entre público e espetáculo, objeto de suas investigações como encenador e também como colaborador do arquiteto Gottfried Semper (1803-1879) no projeto de construção do *Festpielhaus*, de Bayreuth (1876).
Veja também BAYREUTH e TEATRO TOTAL.

DRAMA ROMÂNTICO – Em termos gerais, qualquer tipo de DRAMA que se caracterize pela liberdade de expressão em contraposição ao rigor formal do CLASSICISMO. Especificamente, um tipo de drama que floresceu no final do século XVIII e durante o século XIX, primeiro na Alemanha e depois em toda a Europa e Américas, influenciado originalmente pela obra de William Shakespeare (1564-1616). Essa influência decorreu da tradução de suas obras para o alemão, feita por August Von Schlegel (1767-1845) e Ludwig Tieck (1773-1853). A influência foi tamanha que Shakespeare é personagem de um drama de Tieck, *O príncipe Zerbino* (1798), no qual o Poeta é descrito pelo Príncipe com as seguintes palavras: "Espírito selvagem, sublime, que estudou apenas a Natureza, que se abandona por completo à sua paixão e inspiração, e depois vai em frente e escreve – bom e mau, sublime e ordinário, tudo desordenadamente" (transcrito por Margot Berthold em *História mundial do teatro*, p. 430). Os maiores representantes do drama romântico na literatura alemã foram Johann Von Goethe (1749-1832) e Friedrich Schiller (1759-1805). Na França, a estreia de *Hernani* (1830), de Victor Hugo (1802-1885), provocou uma espetacular polêmica teatral conhecida como a BATALHA DO HERNANI, tendo de um lado os defensores do CLASSICISMO e do outro a jovem intelectualidade francesa adepta do ROMANTISMO. Na Rússia, o grande nome do drama romântico foi Aleksandro Puchkin (1799-1837), autor do *Boris Godunov* (1819). Henrik Ibsen (1828-1906), o pai do REALISMO no teatro, escreveu seu primeiro drama, *Catalina* (1850), influenciado pelo drama romântico.
Veja também *STURM UND DRANG*.

DRAMA SATÍRICO – No TEATRO GREGO, tipo de peça burlesca que era apresentada após a TRILOGIA trágica. Sua gênese é obscura, embora a tradição atribua sua criação a Pratinus. Foi, contudo, Arion quem deu relevo literário ao GÊNERO. Nos dramas satíricos, um personagem central, geralmente um dos heróis trágicos vistos na trilogia precedente, era caricaturado numa situação ridícula qualquer. O comentário crítico era feito por um CORO vestido de sátiros, os personagens mitológicos meio-homem, meio-cavalo que formavam a corte de DIONISOS. Os dramas satíricos eram escritos pelo mesmo autor da trilogia como parte integrante do concurso trágico. A linguagem verbal desses dramas era, em geral, licenciosa, e a gestual, verdadeiramente obscena. A popularidade do drama satírico decaiu na segunda metade do século V, quando o gênero passou a ser substituído pela TRAGICOMÉDIA. Atribui-se ao drama satírico a função de aliviar as tensões emocionais causadas pela representação das tragédias. A encenação de uma peça leve após a de maior peso dramático tornou-se uma prática em alguns períodos da história do teatro ocidental até pelo menos o século XIX. No Brasil, as comédias de Martins Pena (1815-1848), por exemplo, eram quase todas escritas em um ato para serem "encenadas muitas vezes como complemento de um espetáculo 'sério', para desanuviar a atmosfera do dramalhão", conforme comenta Sábato Magaldi (*Panorama do teatro brasileiro*, p. 50).
Veja também TETRALOGIA.

DRAMALHÃO – Termo pejorativo referente aos excessos emocionais cometidos no DRAMA ROMÂNTICO e no MELODRAMA.

DRAMÁTICO – A qualidade do DRAMA. Em termos literários, uma das três categorias maiores na classificação aristotélica das obras – as demais são o LÍRICO e o ÉPICO. O GÊNERO dramático caracteriza-se pela ênfase no objeto da narrativa sem a interferência de um NARRADOR. O tempo do drama é sempre o presente, na medida em que a AÇÃO dramática ocorre sempre diante do espectador como se estivesse acontecendo pela primeira vez. A forma de linguagem é o DIÁLOGO, e o movimento da narrativa se processa a partir do CONFLITO.

DRAMATIS PERSONAE – Expressão latina que significa personagens do drama. Trata-se da lista de personagens de uma determinada peça antecedente ao diálogo impresso muito usada em edições antigas. Até o século XIX, no alto de tais listas, usualmente constava a expressão *dramatis personae*. Hoje em dia, a expressão latina vem sendo substituída por formas mais simples no idioma da própria edição.

DRAMATISTA – Veja DRAMATURGO.

DRAMATURGIA – A arte, ciência e técnica de escrever peças de teatro. O termo refere-se também aos métodos e modelos utilizados em diferentes períodos da história, bem como aos estilos individuais de composição dramática. Assim, podemos falar numa dramaturgia expressionista ou épica, ou numa dramaturgia ibseniana ou shakespeariana. Para Patrice Pavis, a dramaturgia consiste na articulação do estético com o ideológico, ou seja, a dramaturgia "procura sempre explicar um critério formal por uma exigência de conteúdo e, reciprocamente, mostra como certo conteúdo encontra sua forma de expressão específica" (*Diccionario del Teatro*, p. 157).

DRAMATURGISTA – Tradução da palavra alemã *Dramaturg*. Originalmente, o termo designa certo tipo de conselheiro literário das companhias estáveis de teatro. A função do *Dramaturg* inclui a seleção de peças para serem produzidas, a tradução e adaptação desses textos, muitas vezes num trabalho conjunto com os autores, além da produção de literatura, artigos e ensaios para esclarecimento dos elencos e publicação em programas. É raro encontrar-se esse tipo de profissional em outras partes do mundo, muito embora nas duas últimas décadas do século XX tenham sido feitas tentativas na Inglaterra, nos Estados Unidos e mesmo no Brasil. Em língua inglesa o *Dramaturg* é chamado *literary manager*. No Brasil, tem sido usado o termo dramaturgista.

DRAMATURGO – Aquele que escreve o DRAMA. Até meados do século XIX, o dramaturgo e o DIRETOR fundiam-se numa figura só. Essa fusão derivava da hegemonia que a literatura dramática mantinha no processo de criação teatral. Quando, finalmente, a linguagem cênica viu-se fortalecida o suficiente para expressar por si só a subjetividade do CONFLITO dramático, o PALCO deixou de submeter-se inteiramente à literatura e nesse momento as duas figuras, diretor e dramaturgo, se separaram, passando cada um deles a ser responsável pela manipulação de uma linguagem diferente e específica.

DRESS CIRCLE – Veja BALCÃO.

DUALIDADE APOLO-DIONISOS – Expressão usada por Friedrich Nietzsche (1844-1900), na obra *O nascimento da tragédia* (1871), para se referir à teoria que atribui o nascimento e o desenvolvimento da arte em geral, e da TRAGÉDIA em particular, à fusão das tendências opostas representadas na mitologia grega por esses dois deuses. Essas tendências são a intoxicação ou o instinto animal, representados por Dionisos, e a racionalidade, representada por Apolo. Segundo Nietzsche, a comunhão dessas duas tendências antagônicas e inseparáveis é o que gerou a possibilidade da obra maior, ao mesmo tempo dionisíaca e apolínea, que foi a tragédia grega.
Veja também TEATRO GREGO.

E

EKKIKLEMA – Recurso cenográfico usado no antigo *TEATRO GREGO*. Literalmente, significa "sobre rodas", o que faz supor tratar-se de um praticável móvel que entrava e saía de cena com objetos ou personagens.
Veja também *EPISKÉNION*, *SKENÉ* e *THÉATRON*.

ELENCO – O conjunto dos atores de determinada produção de teatro, rádio, cinema ou televisão.

ELETRICISTA – Operário especializado responsável pela adequação do equipamento elétrico às exigências estéticas da encenação. Cabe ao eletricista a AFINAÇÃO da luz, a colocação de gelatinas e a montagem da mesa de comando. É ele também o responsável pela manutenção dos equipamentos e aparelhos elétricos do teatro.
Veja também ILUMINAÇÃO, LUZ DE SERVIÇO, MESA DE LUZ e OPERADOR.

ELIPSOIDAL – Equipamento de ILUMINAÇÃO cênica em que a lâmpada permanece imóvel enquanto as lentes se movem. O movimento de aproximação e afastamento das lentes estabelece as bordas da luz, definidas ou difusas. Este tipo de REFLETOR costuma ser utilizado para focos, projeções ou luzes que necessitam de delimitação precisa.
Veja também CANHÃO SEGUIDOR, FRESNEL, LÂMPADA PAR, PLANO CONVEXO ou PC e *SET-LIGHT*.

ENREDO – Segundo Aristóteles (384-322 a.C.), a mais importante das seis partes da TRAGÉDIA – as outras são a PERSONAGEM, a DICÇÃO, a *DIANOIA*, a MELOPEIA e o ESPETÁCULO. Trata-se da sequência dos acontecimentos ou da "organização dos fatos", segundo a *Poética* (cap. VI). Para Aristóteles, a tragédia não se destinava à IMITAÇÃO de pessoas ou personagens, mas à de suas ações. O enredo

de uma peça é justamente a organização dessas ações. Para E.M.Forster (1879-1970), "No drama, toda felicidade e miséria humanas tomam a forma de ação. Caso contrário, sua existência mantém-se ignorada, sendo essa a grande diferença entre o drama e a novelística". E, para Eric Bentley, "Se o drama é uma arte de situações extremas, o enredo é o meio pelo qual o dramaturgo nos leva a penetrar nessas situações e (se assim o desejar) a sair novamente delas" (*A experiência viva do teatro*, p. 30).
Veja também AÇÃO, COMPLICAÇÃO, CONFLITO, INTRIGA e POÉTICA.

ENREDO EPISÓDICO – Tipo de narrativa dramática que se caracteriza por apresentar cenas isoladas, independentes, embora persista uma interligação temática, histórica ou filosófica que atue como pano de fundo. Esse tipo de narrativa tem sido muito utilizado no TEATRO ÉPICO. Um exemplo de peça estruturada com um enredo episódico é *Terror e miséria do III Reich*, de Bertolt Brecht (1898-1956).
Veja também AÇÃO, COMPLICAÇÃO, CONFLITO, ENREDO e INTRIGA.

ENSAIADOR – O responsável pelo ENSAIO. Antes do advento do DIRETOR, a encenação de uma peça era responsabilidade do ensaiador, segundo os critérios e convenções da época.

ENSAIO – Cada um dos encontros realizados pela equipe de técnicos e artistas de uma produção teatral durante a fase de preparação do espetáculo. Nos ensaios, atores e técnicos treinam e experimentam seus respectivos instrumentos no sentido de se encontrar uma forma definitiva que integrará o resultado final da representação. O ensaio é orientado pelo DIRETOR, coordenado pelo DIRETOR DE CENA e assistido pelo CONTRARREGRA. Existem várias modalidades de ensaio, as mais comuns são o ENSAIO DE MESA, o ensaio de MARCAÇÃO, o ensaio corrido, o ensaio técnico e o ensaio geral, cada qual procurando atender a uma etapa da organização e elaboração do espetáculo.

ENSAIO DE MESA – Tipo de ENSAIO em que os atores leem o texto e debatem, sob a orientação do DIRETOR, aspectos da evolução dramática e do ENREDO e as situações, os objetivos e as características dos personagens, além de temas e significados emocionais e intelectuais propostos. Também fazem parte dos ensaios de mesa esclarecimentos sobre os demais recursos de linguagem cênica. Esta etapa é fundamental para estruturar o processo de encenação de uma peça.

ENTONAÇÃO – Tonalidade dada às palavras e frases pela voz a fim de expressar o sentido e a emoção sugeridos pelo texto.
Veja também ACENTO, ARTICULAÇÃO, INFLEXÃO e PROSÓDIA.

ENTREATO – Termo genérico para designar qualquer tipo de entretenimento encenado entre os atos ou as partes de uma peça maior. Os entreatos podem tomar a forma de peças curtas, esquetes e números musicais, circenses ou de PANTOMIMA, embora em épocas e lugares diferentes tenham chegado a serem definidos como gêneros dramáticos específicos.
Veja também ENTREMEZ, ESQUETE, INTERLÚDIO e *INTERMEZZO*.

ENTREMEZ – Em termos gerais, diversos tipos de diversão encenados durante os banquetes da Idade Média. Especificamente, tipo de peça curta surgida no século XVI, na Espanha para ser representada nos intervalos de uma peça maior. A tradição do TEATRO RENASCENTISTA espanhol não foi atingida pelos rigores formais dos modelos clássicos como aconteceu na Itália e na França. Assim, na dramaturgia espanhola do período, não existe grande diferença entre os gêneros da COMÉDIA e da TRAGÉDIA, e o que não era AUTO SACRAMENTAL era catalogado como *COMEDIA*. O entremez, geralmente cômico, foi representado indiferentemente nos intervalos de peças religiosas ou seculares. O maior autor do gênero foi Miguel de Cervantes (1547-1616), que escreveu oito entremezes: *O juiz dos divórcios, O viúvo rufião, A eleição dos alcaides de Daganzo, A guarda*

cuidadosa, O retábulo das maravilhas, A cova de Salamanca, O velho ciumento e *O biscainho fingido*.
Veja também *GÉNERO CHICO*.

ÉPICO – Em termos literários, uma das três categorias maiores na classificação aristotélica das obras – as demais são o LÍRICO e o DRAMÁTICO. O GÊNERO épico caracteriza-se pela relação sujeito-objeto, ou seja, pela presença obrigatória de um NARRADOR que "não exprime os próprios estados de alma, mas narra os de outros seres" (Anatol Rosenfeld, *O teatro épico*, p. 14). Em teatro, como adjetivo, compõe a expressão TEATRO ÉPICO, usada por Erwin Piscator (1893-1966) e Bertolt Brecht (1898-1956) para designar um tipo de teatro oposto ao TEATRO ARISTOTÉLICO.

EPIDAURUS – O mais antigo e um dos mais belos exemplos da arquitetura teatral grega. Localizado na cidade de mesmo nome, foi construído no século IV a.C. e teve no seu projeto original a *ORKÉSTRA* em forma circular. Hoje, devidamente restaurado, tem sido usado regularmente num festival anual de verão coordenado pelo Teatro Nacional da Grécia. O auditório comporta 14 mil pessoas e se notabiliza pela acústica perfeita.
Veja também TEATRO GREGO.

EPÍLOGO – Em termos gerais, a conclusão de qualquer obra literária. No DRAMA, cena final levada a efeito após o encerramento da AÇÃO. A função do epílogo tem variado de época para época, destacando-se, entre outras, a de sugerir interpretações acerca da temática da peça ou a de apresentar as despedidas do autor. O epílogo foi um recurso muito utilizado no TEATRO RENASCENTISTA, tanto na COMÉDIA como na TRAGÉDIA, e essa moda estendeu-se até pelo menos o século XVIII. No século XX, devido à influência do TEATRO ÉPICO, o epílogo passou a ser usado como um reforço anti-ilusionista e, ao mesmo tempo, como um ponto de ligação entre a ficção e o espectador.
Veja também CENA, EPISÓDIO, ÊXODO e PRÓLOGO.

EPISKÉNION – O frontispício superior do antigo TEATRO GREGO, localizado ao fundo do *PROSKÉNION*. Exibia, originalmente, três a cinco portas que, após o século II a.C., foram transformadas numa sequência de vãos ou nichos que recebeu o nome de *THYROMATA*. O *episkénion* surgiu no período helenístico em decorrência das reformas introduzidas na *SKENÉ* quando esta, construída com pedras, tornara-se permanente.

EPISÓDIO – Em termos gerais, um fato importante ligado a outro ao qual pertence. Em DRAMA, um segmento da narrativa que contém certa unidade. Na TRAGÉDIA grega, o termo foi usado para indicar uma parte completa da AÇÃO localizada entre dois ESTÁSIMOS. No DRAMA MODERNO, indica uma etapa da narrativa. No TEATRO ÉPICO, uma parte com autonomia temática. O termo é utilizado também com frequência como sinônimo de CENA.

ESCADAS DE JESSNER – Expressão vinculada ao EXPRESSIONISMO alemão. Refere-se ao uso de escadas e cortinas como elementos essenciais do CENÁRIO. A raiz da expressão está na concepção cênica do diretor e cenógrafo Leopold Jessner (1878-1945) para uma encenação de *Guilherme Tell*, de Schiller, representada diante de uma grande escadaria. Tal fato provocou a ira e o escândalo por parte do público, que esperava ver as tradicionais florestas pintadas. O uso de escadarias por Jessner inspirou uma série de outros cenógrafos, o que deu lugar a uma espécie de estilo de cenografia muito em voga nos anos 20 do século passado.

ESCORA – Nome genérico para todo tipo de sustentação de peças de CENÁRIO. Entre outros modelos de escora, estão o ESQUADRO ou mão francesa e a cantoneira.

ESPECTADOR – Em termos gerais, aquele que vê, testemunha. Em TEATRO, aquele que assiste ao espetáculo, aquele diante de quem o ATOR representa. O homem-ator que imita o comportamento dos outros homens revela, através da atuação, as características culturais, comportamentais e emocionais do grupo. O espectador é parte integrante da cerimônia do espetáculo.

ESPECTADOR IDEAL – Termo usado por August Von Schlegel (1767-1845) para definir a função do CORO na TRAGÉDIA grega como a do mediador entre a ficção e a realidade, ou seja, entre a PERSONAGEM e o ESPECTADOR. Essa mediação consiste na interpretação dos principais pontos do discurso dramático e na expressão das principais emoções suscitadas pelo evento trágico. Schlegel, que foi o tradutor das peças de Shakespeare para o alemão, na sua obra intitulada *Conferências sobre arte dramática e literatura* (1809), diz que "seja o que for que ele represente em cada peça em particular, o coro é, antes de tudo, a expressão do bom senso do povo e dos sentimentos de toda a raça humana. Numa palavra, o coro é o espectador ideal" (p. 505).

ESPETÁCULO – Segundo Aristóteles (384-322 a.C.), uma das seis partes essenciais da TRAGÉDIA – as outras são o ENREDO, a PERSONAGEM, a *DIANOIA*, a DICÇÃO e a MELOPEIA (*Poética*, VI). Por espetáculo Aristóteles referia-se aos recursos visuais da linguagem cênica, razão pela qual, num tratado de teoria literária como é a *Poética*, esse elemento seja relegado a um plano secundário. Hoje em dia, o termo é usado para indicar qualquer representação teatral.

ESQUADRO – Peça de madeira ou metal em forma de L que serve para sustentação de partes do CENÁRIO. É fixado no chão do PALCO com pregos ou simplesmente com pesos. Veja também ESCORA.

ESQUERDA BAIXA/ESQUERDA ALTA – Designação dada às partes do PALCO À ITALIANA situadas à esquerda do ator. Os termos baixa e alta derivam da inclinação ascendente no sentido frente-fundo dos palcos construídos até o século XIX, o que enfatizava a impressão de perspectiva. Veja também BAIXA/ALTA e DIREITA BAIXA/DIREITA ALTA.

ESQUETE – Do inglês *sketch*, que significa literalmente esboço, rascunho. Cena de caráter geralmente cômico de curta duração. Originalmente, o esquete era parte do espetáculo de variedades ou da REVISTA MUSICAL. Hoje em dia, o termo tem sido usado para indicar uma peça em um ato. Veja também TEATRO DE REVISTA.

ESTÁSIMO – Cada uma das passagens líricas ou odes que eram cantadas e dançadas pelo CORO no TEATRO GREGO. Na estrutura da TRAGÉDIA, por exemplo, o primeiro estásimo ocorria logo após o *PÁRODOS*, ou seja, a entrada do coro, e os subsequentes, após cada EPISÓDIO.

ESTROFE – No DRAMA grego, a primeira parte das odes corais, seguida pela ANTÍSTROFE. A palavra, hoje, significa cada uma das partes de um poema, ou "um conjunto de versos, solidários pelo ritmo e inseparáveis pelo pensamento" (Amorim de Carvalho, citado por Massaud Moisés no *Dicionário de termos literários*, p. 207).

ESTRUTURA DRAMÁTICA – Expressão usada para indicar a organização das partes numa narrativa dramática. A estrutura dramática é, pois, uma convenção narrativa passível de modificações em função de determinantes estéticas e/ou históricas. Dessa forma, fala-se numa estrutura dramática aristotélica ou brechtiana, naturalista ou expressionista, e assim por diante. As diferentes estruturas dramáticas encontram em cada GÊNERO um representante legítimo, sendo os mais importantes a TRAGÉDIA, a COMÉDIA, a FARSA, o DRAMA e o MELODRAMA.
Veja também AÇÃO, COMPLICAÇÃO, CONFLITO e RESOLUÇÃO.

ÉTHOS – Palavra grega que significa ato, AÇÃO, escolha. O *éthos* atua sempre em combinação com a *DIANOIA*, ou pensamento. Juntos, esses dois elementos constituem a ação da personagem. Segundo Augusto Boal (1931-2009), o *éthos* pode ser definido como "o conjunto de faculdades, paixões e hábitos" que determinam a ação da personagem (*Teatro do oprimido*, p. 37).

EUFUÍSMO – Termo inspirado no título de um romance de John Lyly (1554?-1606), *Euphues* (1578). Trata-se de um estilo de prosa calcado na elegância das expressões muito em voga na DRAMATURGIA inglesa do século XVII. Hoje em dia, o termo se refere a algo afetado ou ridículo, literariamente falando.

ÊXODO – Segundo Aristóteles (384-322 a.C.), uma das cinco partes da TRAGÉDIA, as outras sendo o PRÓLOGO, o EPISÓDIO, o *PÁRODOS* e o ESTÁSIMO (*Poética*, XII). O êxodo corresponde à saída do CORO.

EXPOSIÇÃO – A parte do DRAMA na qual o autor oferece ao espectador as informações anteriores ao início da peça necessárias para a compreensão da obra. Essas informações podem ser incluídas no texto através de vários artifícios narrativos, como o PRÓLOGO, o *FLASHBACK* e o CONFIDENTE, ou simplesmente diluídas na situação dramática, o que exige extrema habilidade por parte do autor. Esse último tipo de exposição é a que Goethe se referia ao dizer que "o melhor assunto dramático é aquele em que a exposição já é parte do desenvolvimento" (transcrito por Patrice Pavis, *Diccionario del Teatro*, p. 205). A exposição tem sido vista, muitas vezes, como um mal necessário, por não pertencer intrinsecamente à AÇÃO, mas sim antecedê-la.
Veja também AÇÃO ANTERIOR, AÇÃO CONTÍNUA e AÇÃO POSTERIOR.

EXPRESSIONISMO – Em termos gerais, uma maneira de perceber e sentir o mundo presente em todas as épocas. Em particular, um movimento artístico que ocorreu no DRAMA MODERNO no início do século XX como uma reação ao REALISMO. Os adeptos do expressionismo procuraram dramatizar não a realidade objetiva, mas a subjetividade dos eventos, geralmente através da ótica de uma figura central. O expressionismo assegurava que a realidade aparente não representava a verdade como ela é conhecida pela mente consciente. Assim, a verdade é algo subjetivo para os expressionistas.

Algumas características do expressionismo no drama são a distorção da realidade objetiva, a fragmentação da narrativa com superposição de cenas num processo quase cinematográfico, a mudança de identidade de personagens e o caráter simbólico de coisas e pessoas. Essencialmente, o expressionismo pode ser definido como a intensificação do subjetivismo através da externalização dos sentimentos íntimos do autor.

Embora no teatro tenha sido um movimento originalmente alemão, suas raízes podem ser localizadas em algumas peças de August Strindberg (1849-1912). Os principais dramaturgos expressionistas foram Georg Kaiser (1878-1945), Ernest Toller (1893-1939), Oscar Kokoschka (1886-1980), Eugene O'Neill (1888-1953) e Elmer Rice (1892-1967). As primeiras peças de Bertolt Brecht (1898-1956) são fortemente influenciadas pelo expressionismo. No Brasil, Nelson Rodrigues (1912-1980) é o grande nome vinculado ao movimento.

A maior contribuição do expressionismo ao teatro, porém, não está nos domínios da literatura dramática, mas sim nos da encenação. Uma maneira expressionista de encenar uma peça cria geralmente uma atmosfera de sonho ou pesadelo, com sombras, luz irreal e distorções visuais. Os cenários evitam a reprodução do detalhe da realidade, concentrando-se no uso de formas bizarras. O estilo de representação é deliberadamente exagerado, com atores imitando marionetes, o que dá ao espetáculo um tom burlesco.

Dentre os diretores que se detiveram numa forma expressionista de encenação, merecem ser citados Max Reinhardt (1873-1943), Leopold Jessner (1878-1945), Vsévolod Meyerhold (1874-1940?), Evguenii Vakhtangov (1883-1922) e, mais recentemente, Jean-Louis Barrault (1910-1994), Jean Marie Serreau (1915-1973), Jorge Lavelli (1932), além de, no cinema, Luis Buñuel (1900-1983) e Ingmar Bergman (1918-2007). No Brasil, Zbigniew Ziembinski (1908-1978) foi o diretor responsável pela introdução do expressionismo no teatro brasileiro, através da encenação de *Vestido de noiva*, de Nelson Rodrigues, em 1943.

EXTRAVAGANZA – Tipo de teatro musicado de aparência brilhante e GUARDA-ROUPA luxuoso que floresceu na Inglaterra em meados do século XIX. Diferia do BURLESCO pela ausência de um ponto de vista satírico e pela qualidade de humor sem grosseria. Qualquer história mitológica, folclórica ou conto de fadas que fosse bem conhecido pela plateia podia servir de pano de fundo para o desfile de danças e canções, todas espirituosas e bem-humoradas. A *extravaganza* tem sido vista como uma manifestação precursora da COMÉDIA MUSICAL.

F

FÁBULA – Palavra de origem latina cujo significado é narração. Acompanhada de diferentes adjetivos, qualifica os diversos gêneros dramáticos que existiram no TEATRO ROMANO. O termo foi empregado em traduções da *Poética* de Aristóteles (384-322 a.C.) como correspondente a MITO. Nesse sentido, significa INTRIGA ou ENREDO. No teatro do século XX, a palavra foi retomada pelos formalistas russos, que a usaram como equivalente a história. Para eles, a fábula era "um conjunto de motivos em sua sequência cronológica e de causa e efeito" (citado por Massaud Moisés em *Dicionário de termos literários*, p. 227). Em literatura, trata-se de uma narrativa, em geral de pequena dimensão, que serve como ilustração de uma lição de cunho moral.
Veja também *FABULA ATELLANA*, *FABULA PALLIATA*, *FABULA PRAETEXTA* e *FABULA TOGATA*.

FABULA ATELLANA – GÊNERO dramático existente no TEATRO ROMANO. Tratava-se de uma forma popular de FARSA também cantada e dançada. A origem do nome está na cidade de Atella, perto de Nápoles, onde provavelmente foi criada. Sua popularidade já era grande antes de 240 a.C., data que marca o início do período de influência da literatura grega em Roma. A *fabula atellana* era estruturada a partir de um PERSONAGEM-TIPO, sendo alguns dos exemplos mais famosos *BUCCO*, *MACCUS*, *PAPPUS* e *DOCENUS*, todos tipos grosseiros, glutões e gabolas, portadores de palavreado chulo e indecente, uma das possíveis razões do sucesso popular do gênero. A CARACTERIZAÇÃO desses personagens era feita através de MÁSCARA. A AÇÃO oferecia ocasião para disfarces e equívocos, origem da INTRIGA da peça. Aliás, tais recursos recebiam em latim o nome de *tricae atellanae*, que é a origem da palavra intriga. Os escritores

Lucius Pomponius e Quintus Novius deram forma literária ao gênero, originalmente escrito em dialeto osco. Apenas alguns poucos fragmentos dessas fábulas chegaram até nós. Os personagens, contudo, deram origem, mais tarde, aos da *COMMEDIA DELL'ARTE*.

FABULA CREPIDATA – Veja *FABULA PALLIATA*.

FABULA PALLIATA – GÊNERO dramático encontrado no TEATRO ROMANO. Tratava-se de traduções e adaptações da COMÉDIA NOVA grega, embora conservando a ambientação na Grécia. O nome deriva do uso do *pallium*, um tipo muito comum de manto grego. Esse gênero é também conhecido como *fabula crepidata*, provavelmente pelo uso da *crepida*, um tipo de sapato que acompanhava o *pallium*. Os únicos exemplares de *fabula palliata* que se conhece são comédias de Plauto (254?-184? a.C.) e de Terêncio (190?-159 a.C.).

FABULA PRAETEXTA – GÊNERO dramático surgido no TEATRO ROMANO provavelmente no fim do século III a.C. Tratava-se de peça de conteúdo sério inspirada em fato histórico recente com ambientação em Roma. O termo deriva do uso da *toga praetexta*, um tipo de traje característico dos juízes. O único exemplar sobrevivente é *Otávia*, de autor desconhecido.

FABULA RICINIATA – Termo latino para designar a MÍMICA.

FABULA SALTICA – Termo latino para designar a PANTOMIMA.

FABULA TOGATA – GÊNERO dramático do TEATRO ROMANO. Consistia na COMÉDIA com ambientação em Roma. Seu surgimento é posterior ao período áureo da *FABULA PALLIATA*, e é provável que tenha sido em decorrência da necessidade do público de ver discutidos no PALCO problemas e situações locais. Os temas desse tipo de comédia concentravam-se em torno das classes menos favorecidas, tanto urbanas quanto rurais. A SÁTIRA social foi uma constante. O tom era farsesco e a linguagem, em geral, indecente.

O nome deriva do uso da toga, traje típico romano. Nenhum exemplar da *fabula togata* chegou até nós.

FALA – Em termos gerais, o que resulta do ato de falar. Em teatro, a parte do DIÁLOGO de cada PERSONAGEM. Usa-se em expressões como "dar a fala", "cortar a fala", "agora é a tua fala" e assim por diante.

FALHA TRÁGICA – Expressão usada pela CRÍTICA do século XIX como correspondente ao conceito grego de *HARMATÍA*. A interpretação – hoje completamente superada – atribuía a CATÁSTROFE na TRAGÉDIA a alguma falha no caráter do herói ou ainda a alguma "enfermidade do espírito" provocada pelos deuses, cujo desfecho conduzia obrigatoriamente ao crime. O termo acha-se hoje em desuso.

FANDANGO – Tipo de AUTO popular nordestino conhecido desde o século XIX. Trata-se de uma série de episódios narrados por marinheiros que cantam e dançam ao som de instrumentos de corda. No Ceará, costuma ser incluída a cena da "chegança", ou seja, do ataque dos mouros ao navio, da luta que se trava, da derrota e, finalmente, da conversão destes ao cristianismo. Esta manifestação folclórica, também chamada de marujada, é um desdobramento da famosa narrativa portuguesa, a NAU CATARINETA. No Sul do Brasil, por influência dos países de língua espanhola, fandango quer dizer, simplesmente, baile, festa com dança de pares.

FANTOCHE – Um dos mais famosos tipos de boneco entre os vários usados no PALCO, cuja montagem é feita numa espécie de luva. Essa luva é calçada na mão do MANIPULADOR, que dá movimento ao boneco. O fantoche tem tamanho e gestos limitados às dimensões e possibilidades gestuais do operador. Contudo, dada a extrema leveza e facilidade de transporte, adquiriu grande prestígio entre os especialistas. A construção do fantoche é relativamente simples: cabeça e mãos são feitas geralmente de material resistente, madeira ou *papier maché*, e unidas entre si por uma roupa folgada de tecido aberta atrás, por onde é introduzida a mão do manipulador da seguinte maneira: dedo

indicador na cabeça e polegar e dedo médio nas mãos. O manipulador, colocado atrás de tela ou cortina, levanta a mão acima da cabeça e movimenta o boneco. Personagens famosos têm sido criados especialmente para fantoche, como o *GUIGNOL*, na França.
Veja também BONECO DE VARA, *JÔRURI* e MARIONETE.

FARSA – GÊNERO dramático encontrado em diversos momentos da história do teatro. Caracteriza-se pela situação cômica exagerada baseada principalmente em equívocos e quiproquós em detrimento da CARACTERIZAÇÃO dos personagens, linguagem espirituosa ou outro tipo qualquer de apelo intelectual. O riso provocado pela farsa deve ser amplo e direto, sem sutilezas ou meios-tons, e resultar do andamento veloz e do ritmo vivaz com que se movem os personagens através da AÇÃO, o que empresta uma aparência de naturalidade à mais improvável das situações. A mais remota manifestação farsesca foi provavelmente a encontrada na *FABULA ATELLANA*. Depois, no último período do TEATRO MEDIEVAL e no primeiro do TEATRO RENASCENTISTA, a forma ressurgiu sob diversas denominações: *SOTTIE*, na França; *SHROVETIDE*, na Alemanha; INTERLÚDIO, na Inglaterra; entre outras. O mais notável exemplo de farsa medieval é *O advogado Pathelin*, de autor anônimo, escrita em torno de 1470. Molière (1622-1673) foi ator e autor de farsas, influenciado pela melhor tradição da *COMMEDIA DELL'ARTE*. Na passagem dos séculos XIX e XX, porém, o gênero atingiu sua maioridade artística nas obras de Brandon Thomas (1856-1914), autor de *A tia de Carlitos* (1892), considerada o melhor exemplo de farsa do teatro inglês; e nas dos franceses Eugene Labiche (1815-1888) e Georges Feydeau (1862-1921), este último, sem dúvida, o autor das maiores obras-primas do gênero: *O peru* (1898), *A dama do Maxim's* (1899), *Com a pulga atrás da orelha* (1907) e *Dê-lhe o purgante!* (1910). No cinema americano dos anos 20 e 30, a farsa encontrou um grande veículo, tendo em Charles Chaplin, Buster Keaton, Harold Lloyd e irmãos Marx seus mais legítimos representantes. Mais tarde, a tradição da farsa no cinema se consolidou nas obras de Jerry Lewis, Gene Wilder, Jacques Tati e Woody Allen, criadores e intérpretes dos mais categorizados. A farsa, dado o acelerado da ação, requer com frequência um grande esforço físico, além de utilizar largamente a comicidade visual. Alguns dos recursos narrativos mais comuns são o acaso, a surpresa, a confusão de identidades, os encontros e as descobertas acidentais e as coincidências e as revelações súbitas. Quanto ao estilo de representação, trata-se de um dos que exigem mais virtuosismo por parte do ATOR, pois requerem, antes de tudo, que este dê credibilidade ao que é inverossímil, além de graça e elegância no tratamento de situações que, fora do estilo, poderiam resultar rudes e grosseiras. A dificuldade da farsa, seja na DRAMATURGIA seja na interpretação, resulta de sua localização no estreito espaço entre a COMÉDIA, o BURLESCO e a CHANCHADA. A farsa, nesse sentido, vai além da comédia na caricatura dos personagens e das situações, mas mantém uma vinculação com a humanidade desses mesmos elementos, o que não é mais encontrado no burlesco ou na chanchada.

Veja também *BOULEVARD*, BURLETA, *LAUGHING COMEDY*, *SHROVETIDE* e *VAUDEVILLE*.

FATIA DA VIDA – Veja *TRANCHE DE VIE*.

FÉ CÊNICA – Expressão criada por Constantin Stanislavski (1863-1938) para designar a capacidade do ATOR de acreditar na ficção a ponto de convencer o espectador de que aquela ficção constitui uma realidade para o PERSONAGEM. A aparência de verdade que o ator imprime aos gestos e movimentos ensaiados e às falas decoradas, tornando crível a sua interpretação. Para Stanislavski, fé cênica é o "estado psicofísico que nos possibilita a aceitação espontânea de uma situação e de objetivos alheios como se fossem nossos" (citado por Eugenio Kusnet, *Ator e método*, p. 11).

Veja também MÉTODO DAS AÇÕES FÍSICAS e MÉTODO DE STANISLAVSKI.

FIGURANTE/FIGURAÇÃO – Aquele que participa de cenas de multidão preenchendo espaços na composição, criando climas ou compondo a ambientação. O conjunto de figurantes de um espetáculo teatral ou de ÓPERA é também chamado de figuração.
Veja também COMPARSARIA e PONTA.

FIGURINISTA – Aquele que cria, projeta e supervisiona a execução do FIGURINO ou INDUMENTÁRIA.

FIGURINO – Nome dado a cada uma das peças ou ao conjunto dos trajes de uma determinada produção teatral. O mesmo que INDUMENTÁRIA e, no sentido coletivo, GUARDA-ROUPA.

FLASHBACK – Artifício de narrativa dramática que consiste na apresentação de acontecimentos pertencentes ao passado dos personagens. O objetivo do *flashback* é tornar conhecida a AÇÃO ANTERIOR, ou seja, informar sobre acontecimentos ocorridos antes do início da peça. Um bom exemplo de *flashback* é o utilizado na peça *A morte do caixeiro viajante* (1949), de Arthur Miller (1915-2005). O *flashback* constitui uma modalidade de EXPOSIÇÃO.
Veja também AÇÃO, CONFIDENTE, CORO e PRÓLOGO.

FOOL – Personagem característico do TEATRO ELISABETANO. Seu nome contrasta com suas principais qualidades intelectuais, uma vez tratar-se de personagem invariavelmente inteligente e sagaz. Sua função em geral é a de observador e comentador da AÇÃO da peça. A melhor criação do tipo possivelmente é o Bobo, personagem de *Rei Lear* (1605-1606), de William Shakespeare (1564-1616), uma espécie de *alter ego* do rei, cuja voz soa como a razão que se contrapõe à demência do monarca.

FORMALISMO – Em CRÍTICA literária, movimento fundado na Rússia em 1917 que, com a revolução, transferiu-se para a Tchecoslováquia. O formalismo foi um movimento centrado na análise da obra sem qualquer enfoque que não fosse "descrever a arquitetura do texto em termos técnicos, segundo um método imanente" (Massaud Moisés, *Dicionário de termos literários*, p. 127). Provavelmente devido ao caráter tecnicista do movimento, para os soviéticos, formalismo passou a ser um termo pejorativo aplicado a toda manifestação artística e literária que tendesse à estilização ou abstração e que, com isso, relegasse o significado social a plano menos explícito. Com o advento do REALISMO SOCIALISTA, no início da década de 30, o CONSTRUTIVISMO de Vsévolod Meyerhold (1874-1940?) foi acusado de formalista, o que valeu a prisão de seu criador.

FOSSO DA ORQUESTRA – Na arquitetura teatral, o espaço localizado na frente e abaixo do PROSCÊNIO, entre o PALCO e a PLATEIA. Como o próprio nome indica, trata-se de um espaço destinado a acomodar a orquestra em espetáculos de ÓPERA ou em outros com acompanhamento musical. O fosso foi um recurso idealizado por Richard Wagner (1813-1883) juntamente com o arquiteto Gottfried Semper (1803-1879) a fim de que a orquestra, por um lado, não desviasse o foco de atenção da CENA e, por outro, não abafasse a potência vocal dos cantores. O primeiro teatro a possuir um fosso de orquestra foi o BAYREUTH, construído em 1876. É também chamado de vão wagneriano.
Veja também BOCA DE CENA e PROSCÊNIO.

FOYER – Palavra francesa bastante utilizada no Brasil. Indica a parte do edifício teatral onde os espectadores se reúnem antes do início do espetáculo e durante os entreatos.

FRESNEL – Equipamento de ILUMINAÇÃO cênica. Caracteriza-se pela lente com sulcos concêntricos, o que possibilita uma grande abertura de foco numa curta distância. O limite do facho de luz é obtido com o uso de bandeiras, também chamadas *bandoors*, o que permite o recorte e o tamanho do foco. O nome do equipamento deriva de seu criador, o físico francês Augustin Jean Fresnel (1788-1827).
Veja também CANHÃO SEGUIDOR, GELATINA, GOBO, LÂMPADA PAR, PLANO CONVEXO ou PC, REFLETOR e *SET-LIGHT*.

FUGA – Em CENOGRAFIA, o espaço destinado à passagem dos atores para saídas e entradas em CENA. Uma fuga caracteriza-se por não ser visível aos olhos do público.

FUNÇÃO – Gíria. Usada em lugar de sessão, récita ou representação teatral, em expressões tais como "começar a função" ou "terminar a função".

FUTURISMO – Movimento artístico surgido na Itália, na primeira década do século XX, que teve Filippo Tommaso Marinetti (1876-1944) como seu principal líder e teórico. Sua importância para o DRAMA e o ESPETÁCULO foi bem menor do que para a pintura, escultura e poesia, muito embora alguns experimentos com linguagem tenham sido apontados como inovadores. O foco da atividade teatral futurista na Itália foi o Teatro Sperimentale Degli Independenti, fundado em 1922 por Anton Giulio Bragaglia. A obra dramática de Marinetti foi publicada em 1920 sob o título de *Elettricità Sessuale*, que é o nome de uma de suas peças, escrita em 1909. Também de 1909 é o primeiro escrito teórico de Marinetti sobre o movimento, publicado no *Le Figaro*. O Manifesto Futurista só apareceu em 1921. Caracterizado por um anárquico individualismo, o futurismo, com o tempo, passou a ser identificado com o fascismo e acabou sendo apontado como "uma revolta de direita contra uma decadência de direita" (*The Oxford Companion to the Theatre*, p. 310). As maiores contribuições do movimento ao teatro foram a introdução de tecnologia moderna como linguagem cênica e a tentativa de interação de atores e espectadores.

G

GABINETE – Tipo de CENÁRIO que reproduz o interior de uma casa. O cenário de gabinete é estruturado em trainéis, o que permite, com certo número de módulos, a construção de diferentes ambientes. O gabinete inclui, obrigatoriamente, as paredes cegas, as paredes com aberturas e o teto.
Veja também TRAINEL.

GALÃ – Do francês *galant*. Ator de boa aparência que geralmente representa personagens corajosos e bem-intencionados. Nesse sentido, o termo é usado indistintamente em teatro, cinema e televisão. No Brasil do século XIX, um dos personagens arquetípicos da COMÉDIA DE COSTUMES e do MELODRAMA, par amoroso da INGÊNUA ou da DAMA-GALÃ.
Veja também CENTRO, CÔMICO, DAMA-CARICATA, DAMA-CENTRO, LACAIA e TIRANO.

GALERIA – Na arquitetura teatral, a parte mais alta da PLATEIA, localizada acima do BALCÃO. Destinada às classes menos favorecidas economicamente, em geral não possui lugares marcados. Originalmente, era o lugar para onde iam os empregados e escravos. No século XIX, nos grandes teatros de ÓPERA, o público típico das galerias era formado por estudantes, que, por seu entusiasmo e irreverência próprios da juventude, tornaram o espaço caracteristicamente ruidoso, chegando às vezes a determinar, através de vaias ou aplausos, o sucesso ou fracasso de um espetáculo.
Veja também CAMAROTE e PALCO À ITALIANA.

GAMBIARRA – Sequência de luzes coloridas enfileiradas numa calha suspensa acima do PALCO no URDIMENTO. Trata-se, hoje em dia, de um recurso pouco usado, em vista da ILUMINAÇÃO por foco produzida pelo REFLETOR.

Emprega-se o termo, contudo, para designar uma VARA de refletores colocada acima do palco.

GELATINA – Folha de material transparente flexível – poliéster, policarbonato ou outro – que é colocada junto à lente do REFLETOR para produzir efeitos de cor nos focos de luz. Veja também GOBO.

GÊNERO – Termo usado em teoria da literatura para classificar, sob um mesmo título, obras que possuam traços e características semelhantes. Os primeiros gêneros dramáticos formalmente definidos foram a TRAGÉDIA e a COMÉDIA, sendo todos os demais, direta ou indiretamente, deles derivados. As mais antigas investigações teóricas acerca de uma classificação dos gêneros foram as feitas por Platão (427?-347? a.C.) e Aristóteles (384-322 a.C.), que constituem, ainda hoje, obras obrigatórias em qualquer discussão sobre a matéria. Com o ROMANTISMO, passou a vigorar a teoria dos "gêneros híbridos", ou seja, a que sustenta a possibilidade de mistura do cômico com o trágico, em contraposição ao princípio clássico dos "gêneros puros", defensor da teoria de que o trágico e o cômico jamais se misturam numa mesma obra. Anatol Rosenfeld (1912-1973), em *O teatro épico*, aponta para a questão dos significados substantivo e adjetivo dos gêneros literários, o que permite falar-se num "drama épico" ou numa "poesia dramática". Dentro do gênero dramático, igualmente, a adjetivação de um gênero anteriormente definido tem proporcionado uma nova classificação genérica, como, por exemplo, o DRAMA HISTÓRICO, a COMÉDIA SENTIMENTAL ou a ÓPERA CÔMICA. Além dos já citados, tragédia e comédia, os principais gêneros dramáticos são a FARSA, o DRAMA e o MELODRAMA.

GÉNERO CHICO – Expressão genérica usada na Espanha para indicar peças cômicas de curta duração, sejam elas *SAINETES* ou *ZARZUELAS*. O tom geral do *género chico* é ostensivamente caricatural, com predominância do uso da música. O *género chico* teve seu período áureo no século XIX, embora ainda sobreviva no interior da Espanha.

GESTUS – Palavra latina que significa gesto, atitude. Essa palavra tem sido usada em diversas teorias do DRAMA e do ESPETÁCULO teatral em épocas diferentes e com sentidos diferentes. Ephraim Lessing (1729-1781), por exemplo, utilizou-a na expressão *gestus* individual, referindo-se ao gesto ou atitude que caracteriza a personagem. Vsévolod Meyerhold (1874-1940?), no seu sistema de treinamento de atores intitulado BIOMECÂNICA, usou a palavra no sentido de pose, postura estática que servia para ilustrar a atitude fundamental da personagem. Já Bertolt Brecht (1898-1956) se serviu do termo para denominar a atitude social de uma personagem em relação a outra, ou seja, para definir o componente social que resulta da interação das personagens. Nesse sentido, o *gestus* brechtiano é o que resulta das relações de poder, qualificável segundo a atitude dos participantes: servilismo, igualdade, exploração, revolta etc. Para Brecht, o *gestus* social pode resultar de uma AÇÃO ou de uma PERSONAGEM. A apresentação desse *gestus*, por outro lado, pode ser feita através de qualquer elemento da linguagem cênica, bastando para isso que este seja a expressão de uma relação social. Uma canção, uma palavra, uma atitude, um acessório cênico podem, cada um deles, constituir-se num elemento "géstico", ou seja, em *gestus*.
Veja também DISTANCIAMENTO, TEATRO DIALÉTICO e TEATRO ÉPICO.

GOBO – Recurso de ILUMINAÇÃO cênica. O nome vem do inglês *Go Before Optics*, ou seja, o que vai antes da lente. É usado para projeção de imagens, formas geométricas ou logomarcas, inclusive com movimentos circulares. Pode ser feito de alumínio, vidro ou qualquer outro material resistente a altas temperaturas. É possível adaptá-lo em qualquer tipo de REFLETOR.
Veja também GELATINA.

GRACIOSO – Personagem característico do teatro espanhol do SÉCULO DE OURO. Dotado de invulgar bom senso, que extrai de uma sólida sabedoria popular, o *gracioso* opõe ao comportamento idealizado do HERÓI sua atitude sempre

terra a terra. A mais famosa figura de *gracioso* que se conhece é Sancho Pança, muito embora a obra – *Dom Quixote*, de Miguel de Cervantes – não pertença ao GÊNERO dramático. Na COMÉDIA, foi Lope de Veja (1562-1635) quem deu autonomia à personagem, vinculando-o diretamente à AÇÃO da peça.
Veja também TEATRO RENASCENTISTA.

GRAND GUIGNOL – Veja *GUIGNOL*.

GRAND OPÉRA – No fim do século XVIII e durante o século XIX, nome dado à ÓPERA de temática séria para diferenciá-la da ÓPERA CÔMICA.

GRANDE DIONISÍACA – O mais antigo e possivelmente o maior festival realizado em honra ao deus DIONISOS, principal causa do desenvolvimento da TRAGÉDIA e da COMÉDIA. Realizado entre março e abril, era o ponto alto da atividade turístico-comercial de Atenas. Seu período áureo foi o século VI a.C., quando o tirano Psístrato promoveu uma grande reforma administrativa, ampliando sua duração para seis dias, com mais de doze TETRALOGIAS sendo representadas.
Veja também DIONISÍACA RURAL, *LENAIA* e TEATRO GREGO.

GROSSURA – Em CENOGRAFIA, a ilusão de espessura de uma parede ou porta.

GROTESCO – Em termos gerais, um recurso de narrativa literária que consiste no uso de figuras fantásticas e monstruosas, de formas distorcidas da natureza, plantas ou animais, e de imagens lúgubres, macabras, relacionadas com a morte. Em literatura dramática, especificamente, o termo foi usado por Victor Hugo (1802-1885) no prefácio de *Cromwell* (1827), ao postular para o DRAMA ROMÂNTICO a convivência do feio com o belo, do grotesco com o sublime. Modernamente, o termo tem sido empregado como sinônimo de bizarro ou ridículo.

GROUNDLINGS – No TEATRO ELISABETANO, os espectadores que permaneciam de pé no pátio, junto ao palco, geralmente pessoas de menor poder aquisitivo, inclusive batedores de carteiras e prostitutas.

GUARDA-ROUPA – Termo genérico dado ao conjunto de trajes de uma determinada produção teatral.
Veja também INDUMENTÁRIA.

GUIGNOL – Originalmente, espetáculo de FANTOCHES que existiu em Lyon, na França, no final do século XVIII. Nessa manifestação, provavelmente influenciada por POLICHINELO, Guignol e seu amigo Gnaton dedicavam-se a enfrentar situações de oposição ao autoritarismo dos governantes. No final do século XIX, porém, surge em Paris uma manifestação com o mesmo nome, mas completamente diferente, representada por atores e circunscrita a uma temática sensacionalista que envolvia casos de horror, crimes, violência, sangue, raptos, assassinatos, fantasmas, suicídios, entre outras possibilidades do macabro e do violento. O objetivo era cômico, ou seja, explorar o prazer que o susto e o medo podem suscitar. O maior centro de criação e difusão do *guignol* foi o Théâtre du Grand Guignol, fundado em Paris, em 1897, por Oscar Méténier (1859-1913). Na sua época, o *guignol* gozou de grande prestígio popular, embora sua produção não exigisse qualquer requinte. Na França, o termo significa também uma pequena cabine existente nas COXIAS, destinada a mudanças de roupa quando não há tempo de o ATOR deslocar-se até o CAMARIM.

H

HANSWURT – Personagem da comédia popular austríaca, criação de Josef Anton Stranitzky (1676-1726). Trata-se do camponês simples e astuto de Salzburgo que vem instalar-se em Viena. Suas características externas são a jaqueta vermelha curta, calças amarelas, chapéu pontudo verde e gola branca. Seu texto é permeado por piadas escatológicas que servem de base para um humor grosseiro.

HAPPENING – Manifestação parateatral que floresceu no final dos anos 50 do século XX, na Europa e nos Estados Unidos, sob a liderança de Jean-Jacques Lebel (1936), Allan Kaprow (1927-2006) e outros. As raízes do *happening* estão nos movimentos de contestação radical da primeira metade do século, principalmente no DADAÍSMO e no SURREALISMO. A estrutura do *happening* envolve, obrigatoriamente, a participação ativa e física do espectador. A ação artística depende exclusivamente da inventividade do criador, já que não há restrições ou limites. Projeções, música, efeitos sonoros, cores, luzes, texturas, volumes, organizações do espaço, ritmos, tudo, enfim, pode servir de estímulo num *happening*. Originalmente, a meta era sacudir as estruturas superadas em que se encontravam as artes, por demais condicionadas aos esquemas comerciais, fossem quais fossem, bilheteria, produção, editoras, galerias, *marchands* etc. O primeiro passo foi permitir que na arte ocorresse a "contaminação do casual", no dizer de Lebel, obtida, principalmente, pela mudança de posição do espectador, que passou de observador a celebrante. A realidade celebrada, por sua vez, deixa de ser ficção para ser a realidade do próprio espectador. O *happening* pode ser visto como uma forma contemporânea de RITUAL.

HARMATÍA – Conceito grego que significa "erro de julgamento" ou "erro por ignorância". Na TRAGÉDIA, segundo Aristóteles (384-322 a.C.), trata-se do erro de julgamento cometido pela personagem ao estabelecer sua AÇÃO (*Poética*, XIII). Esse erro deriva da ignorância da personagem acerca de algum detalhe importante na sequência dos acontecimentos anteriores. O RECONHECIMENTO do erro, consequentemente, provoca a PERIPÉCIA e gera a CATÁSTROFE. A *harmatía* foi chamada por teóricos e críticos, por muito tempo, de FALHA TRÁGICA. Esta interpretação, contudo, que atribuía o desfecho trágico a uma falha na personalidade do HERÓI, ou a uma "enfermidade do espírito", acha-se hoje completamente superada. Uma interpretação correta do conceito de *harmatía* não pode prescindir dos elementos "escolha" e "vontade" nem de uma "tomada de decisão" por parte do herói. Essas circunstâncias são o que vai provocar no espectador os sentimentos de TERROR E COMPAIXÃO que conduzem à CATARSE. O espectador se compadece do herói pelo fato de ter havido crime por erro de julgamento, por ignorância de detalhe. A *harmatía* pode também ocorrer na COMÉDIA sem, contudo, possuir o caráter destrutivo que tem na tragédia.

HEAVENS – Palavra inglesa que significa céus. No TEATRO ELISABETANO, nome dado à cobertura do PALCO, cuja função, entre outras, era esconder a MAQUINARIA. Presume-se que os *heavens* exibissem pinturas com motivos celestes – luas, estrelas, nuvens – e também mitológicos – com figuras e imagens alegóricas e simbólicas. É também chamada de *shadow*, que pode ser traduzido por sombra ou proteção.

HELL – Palavra inglesa que significa inferno. No TEATRO ELISABETANO, nome dado ao ALÇAPÃO localizado no centro do PALCO. A origem desse termo está diretamente ligada à tradição do TEATRO MEDIEVAL na qual o inferno, representado por um alçapão, constituía uma MANSÃO de primordial importância dado o contexto religioso daquele teatro.

HERÓI – O termo, na antiguidade clássica, significava todo ser fora do comum, capaz de executar obras sobre-humanas que o faziam aproximar-se dos deuses. Nesse sentido, Hércules é o protótipo do herói clássico. Segundo Friedrich Hegel (1770-1831), só podem existir heróis em fases específicas, nas quais o cosmo social ainda é representado pela individualidade particular. Nessas fases, religião, moral, justiça, política e outros valores sociais ainda não possuem objetividade específica, só existindo, portanto, a partir da subjetividade do indivíduo. Para Anatol Rosenfeld (1912-1973), "na época heroica [...] a validade dos valores reside somente nos indivíduos que, mercê da sua vontade particular e da grandeza e atuação extraordinárias do seu caráter, se colocam à frente da realidade em que vivem" (*O mito e o herói no moderno teatro brasileiro*, p. 29-30). Em termos de DRAMA, o herói é uma invenção do CLASSICISMO mais tarde levada ao extremo pelo ROMANTISMO. Em ambos os movimentos, o personagem resulta de uma projeção idealizada do ser humano, movimentando-se em meio a dois valores tidos por ele como absolutos: o sentimento e o dever. Genericamente, o termo indica o personagem central de uma peça, o PROTAGONISTA.
Veja também DRAMA ROMÂNTICO e JUSTIÇA POÉTICA e, por oposição, ANTAGONISTA, VILÃO e ANTI-HERÓI.

HIMATION – Antigo traje grego usado também no teatro. Consistia numa capa longa e volumosa usada pelos homens sobre o *CHITON* ou, ocasionalmente, diretamente sobre a pele.
Veja também TEATRO GREGO.

HIPÓKRITES – Segundo a lenda, Thespis, um dia, destacou-se do coro do qual participava e, como solista, começou a dialogar com esse mesmo coro, criando, assim, a figura do respondedor, ou *hypókrites*, que mais tarde se configura como o ATOR.
Veja também CARRO DE THESPIS, CORIFEU, CORO e DITIRAMBO.

HISTRIÃO – Palavra derivada do etrusco através do latim *histrione*. No antigo TEATRO ROMANO, era o nome dado aos mimos, jograis ou comediantes que representavam farsas. Também sinônimo de ATOR.
Veja também *FABULA ATELLANA*, *LUDI ROMANI*, MIMO e TEATRO ROMANO.

HUMANISMO – Genericamente, designação de toda filosofia ou visão de mundo centrada no valor supremo do homem em oposição às teorias que privilegiam a natureza ou as divindades. Especificamente, movimento cultural iniciado na Itália, no século XIV, com a tradução e divulgação dos textos greco-romanos – Platão, Aristóteles, Horácio – censurados e, portanto, esquecidos durante o período medieval. A tendência à imitação dos preceitos contidos nesses textos deu lugar ao CLASSICISMO e mesmo à Renascença.
Veja também BARROCO e ILUMINISMO.

HYBRIS – Conceito grego que se refere a algum traço no caráter do personagem que contribui para a precipitação dos acontecimentos trágicos. Esse traço tem sido identificado como insolência, orgulho ou, simplesmente, autoconfiança ou paixão. O personagem possuidor de uma *hybris* é aquele que geralmente avança além do que seria prudente ou aconselhável à maioria dos mortais.
Veja também CATARSE, *HARMATÍA*, TRAGÉDIA.

I

IL CAPITANO – Personagem da *COMMEDIA DELL'ARTE* pertencente à categoria dos patrões. Tratava-se de um mentiroso inveterado, contador de aventuras amorosas ou de lutas em batalhas mirabolantes. De suas narrativas, contudo, saía sempre desacreditado e ridicularizado. O traje típico incluía um chapéu com uma grande pena, uma capa e uma espada.
Veja também *FABULA ATELLANA* e *ZANNI*.

IL DOTTORE – Personagem da *COMMEDIA DELL'ARTE* pertencente à categoria dos patrões. Usualmente, aparecia como amigo ou como rival de *PANTALLONE* nas conquistas amorosas. Era, geralmente, advogado ou médico, razão pela qual ocupava lugar de prestígio na sociedade. Tratava-se de tipo pedante que falava em dialeto bolonhês intercalado de frases e expressões em latim. Muito vaidoso, era geralmente traído por sua extrema ingenuidade. Seu traje típico consistia numa toga e numa beca.
Veja também PERSONAGEM-TIPO e, por contraste, *ZANNI*.

ILUMINAÇÃO – A arte e a técnica de iluminar o espetáculo teatral. A iluminação visa, por um lado, à pura e simples visibilidade e, por outro, à expressão da subjetividade da situação dramática. O problema da iluminação não se fez sentir no teatro até quando as representações passaram a ser feitas no interior dos edifícios e à noite. A partir daí até o advento da luz elétrica, a iluminação teatral foi uma sucessão de dores de cabeça, raras vezes culminada em alguma recompensa artística. A iluminação a gás, introduzida na Europa no início do século XIX, e a iluminação a magnésio, que substituíram o velho sistema de velas ou lamparinas a óleo, representaram um grande avanço no sentido da criação de uma linguagem cênica baseada na luz. Contudo, o derradeiro passo para a autonomia da linguagem foi dado pela luz elétrica em virtude da flexibilidade e sutileza da luminosidade projetada, além da nitidez e variação de intensidade. Os primeiros teatros da Europa totalmente iluminados a eletricidade foram o *BAYREUTH*, em 1876, e o Savoy, em Londres, em 1881. Desde então, rapidamente todos os teatros do mundo aderiram ao sistema de iluminação por energia elétrica, em uso até hoje.

ILUMINADOR – Aquele que idealiza, projeta e supervisiona a execução da ILUMINAÇÃO de um espetáculo. Difere do ELETRICISTA por não ser, necessariamente, um técnico em eletricidade, mas sim um criador de efeitos visuais de luz.

ILUMINISMO – Movimento de renovação intelectual e estética surgido na Europa do século XVIII, também conhecido como enciclopedismo. Fizeram parte do movimento, na França, Montesquieu, Voltaire, Diderot e Rousseau e, na Inglaterra, Bacon, Locke e Newton. As molas propulsoras do movimento foram a confiança absoluta na razão em oposição aos dogmas religiosos; a crença no progresso e na constante melhoria da sociedade como consequência da disseminação do conhecimento; o culto à natureza e à indagação científica. Em Portugal, o iluminismo foi introduzido pelo Marquês de Pombal (1699-1782), cujas reformas pedagógicas refrearam o domínio intelectual do clero. No Brasil, intelectuais envolvidos com a Inconfidência Mineira foram os seus defensores mais significativos: Basílio da Gama (1740-1795), Silva Alvarenga (1749-1814), Alvarenga Peixoto (1744-1793) e Cláudio Manuel da Costa (1729-1789). A vinda de D. João VI para o Brasil, em 1808, acelerou a divulgação dos ideais iluministas.

IMAGÍSTICA – Em termos gerais, o principal instrumento da poesia. Trata-se, em outras palavras, de um recurso de narrativa que consiste na descrição através de imagens figurativas. A imagística difere da metáfora por ser uma "pintura feita com palavras", conforme definição de G. Day

Lewis (transcrita por Patrick Murray em *Literary Criticism, a Glossary of Major Terms*, p. 60), enquanto a metáfora implica uma comparação ou a representação de algo que não figura explicitamente no texto. A imagística esteve sempre relacionada à literatura dramática, mas adquiriu relevo para a CRÍTICA especializada a partir da publicação do estudo que Caroline Spurgeon fez da imagística na obra de Shakespeare, intitulado *Shakespeare Imagery and What it Tells Us* (Cambridge University Press, 1935). Nessa obra, a autora propõe que seus leitores se despojem do preconceito que restringe o significado do termo a imagens visuais apenas, para "conotá-lo com toda e qualquer figura imaginativa [...] que tenha sido sugerida ao poeta, não apenas através de seus sentidos, mas através de sua mente e de suas emoções, e que ele usa em forma de símiles e metáforas [...] na busca de analogia" (p. 60).

IMITAÇÃO – Termo-chave para qualquer discussão acerca da criação artística. Embora usado por Platão (427?-347? a.C.), foi com Aristóteles (384-322 a.C.) que o termo converteu-se na ideia central do processo de criação em arte. Para Aristóteles, a imitação é algo instintivo ao homem. Assim sendo, este se expressa artisticamente reproduzindo a realidade que o cerca, ou seja, "imitando" essa realidade através de um processo de representação. A imitação, portanto, segundo Aristóteles, é um princípio comum a todas as artes: poesia, música, dança, pintura ou escultura. As diferenças que essas artes apresentam são, pois, de natureza formal e podem ser quanto ao meio empregado para imitar, quanto ao objeto imitado ou quanto ao modo de imitação. No que diz respeito ao DRAMA, Aristóteles refere-se a ele como a "imitação de uma ação" (*Poética*, VI). Por AÇÃO, consideremos, como Hegel (1770-1831), "a vontade humana que persegue seus objetivos" (parafraseado por Renata Pallottini em *Introdução à dramaturgia*, p. 16).

IMPRESSIONISMO – Movimento artístico que dominou a pintura francesa dos últimos 25 anos do século XIX. Antiacadêmico e antirromântico, teve sua origem definida pelo pintor Eugène Boudin (1824-1898) como um movimento "que leva a pintura ao estudo da luz plena, do ar livre e da sinceridade na reprodução dos efeitos do céu". Seu nome deriva do título de um quadro de Claude Monet (1840-1926) exposto em 1874, *Impression au Soleil Levant*. Os principais representantes do movimento, além de Monet, foram Paul Cézanne, Edgar Degas, Paul Gauguin, Edouard Manet, Camille Pissarro, Henri de Toulouse-Lautrec, Vincent Van Gogh, Georges Seurat e Auguste Renoir, que, no fim das contas, tornaram-se os mais ilustres nomes de toda a pintura do século XIX. Claude Debussy (1862-1918), Maurice Ravel (1875-1937) e Ottorino Respighi (1879-1936) foram os maiores nomes dessa tendência estilística na música, definida pelo crítico Laloy como "uma música que não obedece a preceito algum, mas somente às leis da sensação". Na literatura em geral, o impressionismo não encontrou o mesmo terreno fértil das "impressões" que havia encontrado nas outras artes. O escritor passa a lidar com "estados d'alma", e o enredo subordina-se a certas atmosferas. No DRAMA, em particular, os ideais impressionistas só se realizam sob a égide do SIMBOLISMO.

IMPROVISAÇÃO – Recurso de interpretação que consiste na obtenção de AÇÃO dramática a partir da espontaneidade do ATOR. A *COMMEDIA DELL'ARTE* tem sido geralmente apontada como um exemplo de teatro improvisado, mas nela a improvisação não foi mais do que um efeito aparente, uma vez que o esquema seguido era o do PERSONAGEM-TIPO, que atuava com base em situações dramáticas previamente estabelecidas. A improvisação tem sido largamente utilizada no teatro contemporâneo como uma técnica de ensaio, ou seja, como um processo de experimentação através do qual atores e diretores fixam formas finais. Como linguagem autônoma, apesar de sucessivas tentativas em experiências de vanguarda, como o *HAPPENING*, a *PERFORMANCE* e o *WORK-IN-PROGRESS*, nada de marcante ainda foi criado. A improvisação é, igualmente, a base do psicodrama e tem sido um importante recurso para a arte-educação.

INDUMENTÁRIA – Em termos gerais, a arte do vestuário em relação a épocas e povos. Em TEATRO, os trajes usados pelas personagens das peças. O conceito de indumentária correspondendo ao período histórico em que transcorre a AÇÃO da peça é relativamente recente e data de meados do século XIX. Antes disso, salvo estilizações características de algum GÊNERO ou estilo, os figurinos vistos em cena correspondiam aos da época da encenação, sem muita diferença dos usados pelos espectadores. Durante muito tempo, o figurino foi propriedade do ATOR, e não da companhia ou da produção do espetáculo. Essa prática resultava na segurança econômica do ator, que investia no figurino aquilo que ganhava. Assim, um ator dotado de um GUARDA-ROUPA mais completo tornava-se automaticamente mais valioso e era mais disputado pelas companhias profissionais.
Veja também FIGURINO.

INFLEXÃO – Em termos gerais, modificação da voz, tonalidade, modulação. Em TEATRO, diz-se da acentuação das palavras e frases que dá sentido ao texto.
Veja também ACENTO, ARTICULAÇÃO e PROSÓDIA.

INGÊNUA – No Brasil do século XIX, nome dado à PERSONAGEM feminina jovem, geralmente bonita, em torno da qual giravam os principais acontecimentos amorosos da COMÉDIA DE COSTUMES e do MELODRAMA. Sendo prática na época as atrizes se especializarem em determinados papéis, o termo era também empregado para designar a atriz que interpretava tais papéis. Essa maneira convencional de classificar as personagens de uma peça cai em desuso a partir das concepções de interpretação de André Antoine (1858-1943) e de Constantin Stanislavski (1863-1938), bem como da DRAMATURGIA de Henrik Ibsen (1828-1906), que aboliram as convenções tipológicas e comportamentais em favor de uma CARACTERIZAÇÃO baseada na individualidade da personagem.
Veja também CENTRO, CÔMICO, DAMA-CARICATA, DAMA-CENTRO, DAMA-GALÃ, GALÃ, LACAIA e TIRANO.

INNAMORATO – Nome dado ao jovem apaixonado da *COMMEDIA DELL'ARTE*, cujos amores esbarravam na oposição dos mais velhos. Também chamado *amoroso*. Ambos os termos flexionados eram usados para as jovens apaixonadas.

INSTAURATIO – Instituição existente no TEATRO ROMANO que estabelecia a repetição do festival em caso de ocorrer qualquer irregularidade durante o mesmo. O *instauratio* previa, inclusive, a repetição das peças teatrais apresentadas antes da ocorrência. Em função da frequência com que era aplicado, torna-se extremamente difícil estabelecer com precisão a duração dos *LUDI ROMANI*.

INTERLÚDIO – No final da Idade Média e no início da Renascença inglesa, um tipo de entretenimento de caráter farsesco que era apresentado durante os banquetes da corte por atores profissionais. Mais tarde, o GÊNERO adquire autonomia e estatura literária, tornando-se a primeira manifestação secular da COMÉDIA renascentista inglesa. John Heywood (1497?-1580?) foi seu principal representante. Um outro tipo de interlúdio foi o escrito em latim com finalidade didática e representado nas escolas públicas inglesas.
Veja também INTERMEZZO e ENTREMEZ.

INTERMEZZO – Na Renascença italiana, tipo de entretenimento composto de dança, música e PANTOMIMA apresentado nos intervalos de uma peça mais longa, esta de caráter geralmente sério. No século XVI esse tipo de espetáculo adquiriu grande prestígio, cresceu em proporção e suntuosidade e chegou mesmo a relegar o DRAMA junto ao qual era apresentado a um segundo plano. No século XVII, o *intermezzo* foi absorvido pelo GÊNERO que então emergia, a ÓPERA.
Veja também DISFARCE, INTERLÚDIO e ENTREMEZ.

INTRIGA – Historicamente, as complicações contidas na *FABULA ATELLANA*, chamadas de *tricae atellanae*, origem da palavra. Hoje o termo é usado como sinônimo de ENREDO ou FÁBULA, significando a sucessão de acontecimentos tal como apresentada na peça. A rigor, a intriga significa a interdependência das partes determinada pelo esquema de causa e efeito que é próprio da progressão dramática. Nesse sentido, o termo relaciona-se, mais especificamente, ao sistema objetivo-obstáculo de onde deriva o CONFLITO da peça.

INTRODUÇÃO – Veja PRINCÍPIO.

IOCULATORI – Veja *JONGLEUR*.

J

JILT – Personagem do teatro inglês do período renascentista. Trata-se da mulher que aceita simultaneamente os galanteios de mais de um pretendente, conseguindo mantê-los ignorantes a respeito uns dos outros. A situação era explorada em todo o seu potencial cômico, até que um dos pretendentes descobria o embuste, o que significava o fim da COMÉDIA. Não existe correspondência do tipo nos teatros de línguas latinas.
Veja também TEATRO RENASCENTISTA.

JOGO DE CENA – Expressão utilizada para definir a maneira eficiente como um ATOR se movimenta e se relaciona em CENA.

JONGLEUR – Termo francês para designar o MENESTREL, que, na Idade Média, individualmente ou em jogral, recitava poemas acompanhado de algum instrumento musical. A prática dessa atividade semidramática, estruturada em torno da literatura épica medieval, muito contribuiu para a secularização do TEATRO MEDIEVAL, bem como para a profissionalização do ATOR.

JORNADA – Nome dado a cada uma das partes em que se dividia o drama religioso na Idade Média. O intervalo entre duas jornadas podia variar entre uma e 24 horas.
Veja também TEATRO MEDIEVAL.

JÔRURI – Teatro de bonecos do Japão cuja tradição remonta ao século XVI. Originalmente, o *jôruri* era uma recitação épica, mas, a partir de 1630, passou a ser associado à representação de bonecos, originando, assim, o *ningyo-jôruri*. O desenvolvimento dessa forma de espetáculo acompanhou praticamente o do *KABUKI*, uma vez que as mesmas peças são geralmente encenadas por ambos, no *kabuki* por atores e no *jôruri* por bonecos. O principal autor de peças para

jôruri foi o poeta Chikamatsu Monzaemon (1635-1725), que escreveu dois tipos de peças, a *sewa-mono*, ou peça doméstica, e a *jidai-mono*, ou peça histórica. A temática, em geral, trata da escolha entre o dever e o amor, com a sociedade exigindo o cumprimento do primeiro, enquanto o coração tende ao segundo. O impasse geralmente é superado através da prática do suicídio. O texto é recitado por um cantor-narrador que fica à vista do público, embora não participe da AÇÃO da peça. Os bonecos, a partir do século XVIII, adquiriram grande requinte, com movimento de olhos e articulação dos dedos. A altura dos bonecos pode chegar a um metro e vinte, e sua movimentação é feita por três manipuladores: um manipulador mestre, vestido com traje cerimonial, responsável pela cabeça e pelo braço direito; e dois manipuladores assistentes, vestidos de preto e com um capuz cobrindo o rosto, responsáveis pelo braço esquerdo e pelos pés. A convenção estabelece que estes últimos, embora em CENA, não sejam percebidos pelo público. O *jôruri* é popularmente conhecido como *BUNRAKU*.
Veja também MANIPULADOR e *NÔ*.

JUSTIÇA POÉTICA – No DRAMA, o sistema de recompensa aos bons e punição aos maus. Trata-se, como se vê, de um princípio que envolve uma valoração moral bem mais próxima do maniqueísmo do MELODRAMA do que da noção de erro como elemento gerador da CATÁSTROFE na TRAGÉDIA grega. A justiça poética é um conceito básico do pensamento crítico neoclássico, que afirmava, por exemplo: "A justiça poética seria uma pilhéria se não fosse a imagem do divino, e se não supusesse, consequentemente, a presença de Deus e da Providência. A justiça poética supõe, também, a imortalidade da alma e as recompensas e punições que advirão" (John Dennis (1657-1734), *The Usefulness of the Stage to the Happiness of Mankind, to Government and to Religion*", citado por Bernard Dukore em *Dramatic Theory and Criticism*, p. 367).
Veja também DRAMA ROMÂNTICO e ROMANTISMO.

K

KABUKI – Teatro clássico japonês cuja origem remonta ao século XVII. No início, o *kabuki* era uma dança narrativa interpretada por mulheres. Em 1629, porém, as mulheres foram proibidas de representar, provavelmente devido à preconceituosa relação que historicamente é feita entre teatro e prostituição. A partir daí, esse tipo de espetáculo passou a ser encenado exclusivamente com atores homens, tradição mantida até hoje. A ênfase do *kabuki* reside na interpretação, que exige do ATOR uma técnica muito apurada, já que ele também deve ser dançarino, cantor e acrobata. A habilidade do ator de *kabuki*, contudo, permite a expressão de emoções muito complexas através de uma simbologia gestual estilizada, para nós, ocidentais, muito exagerada. As peças dividem-se em três categorias: o *jidai-mono*, ou peça histórica; o *sewa-mono*, ou peça doméstica, geralmente sentimental e melodramática; e o *shosagoto*, que consiste em danças narrativas. Os textos são episódicos e a duração do espetáculo, originalmente, chegava a doze horas. Os maiores dramaturgos do *kabuki* foram Chikamatsu Monzeamon (1653-1725) e Takedo Izumo (1691-1756), cujas peças continuam a ser representadas até hoje. Os atores de *kabuki* usam requintada MAQUIAGEM, tanto para os papéis heroicos como para os femininos. Flautas e tambores fazem parte do acompanhamento musical, sendo estes últimos utilizados para marcar os momentos de CLÍMAX, ou seja, as poses finais de cada etapa, chamadas *mie*. Originalmente, os atores de um grupo de *kabuki* pertenciam a uma mesma família, fato que exerceu tal poder que o nascimento passou a ser condição mais importante do que a habilidade na formação de um novo ator.

Veja também *JÔRURI*, *KYOGEN*, *NÔ* e TEATRO JAPONÊS.

KATHAKALI – Gênero de teatro praticado na Índia considerado de origem divina. Trata-se de uma mistura de dança, mímica, canto e texto dramático, cujos temas são extraídos do *Mahabharata*.

KOMMÓS – Na TRAGÉDIA grega, diálogo de grande lirismo para ser executado entre dois personagens ou entre um personagem e o CORO. O *kommós* frequentemente corresponde a uma cena de lamentação. Um dos mais belos exemplos de *kommós* é o de *As Bacantes*, de Eurípides (484-406 a.C.), entre Agave e Kadmos.

KOMOS – Uma das partes integrantes da COMÉDIA ANTIGA – as demais são o PRÓLOGO, o *PÁRODOS*, o *AGON*, a *PARÁBASIS* e o EPISÓDIO. O *komos* corresponde à cena final da obra, na qual geralmente os personagens se reconciliam e saem em procissão festiva para comemorar.
Veja também TEATRO GREGO.

KYOGEN – Em japonês, significa literalmente "palavras malucas". Em teatro, trata-se de um GÊNERO de peças cômicas de curta duração destinadas a serem encenadas nos intervalos de peças *NÔ*. A temática dessas pequenas farsas é, em geral, a crítica à sociedade, e o tom é francamente parodístico. O *kyogen* possui suas próprias MÁSCARAS, todas elas fantásticas e grotescas.
Veja também *JÔRURI*, *KABUKI* e TEATRO JAPONÊS.

L

LACAIA – Nome dado no Brasil do século XIX, à *SOUBRETTE*, ou seja, à criada geralmente bem-humorada e algo espalhafatosa que com frequência ajudava a solucionar o impasse na COMÉDIA DE COSTUMES.
Veja também CENTRO, CÔMICO, DAMA-CARICATA, DAMA-CENTRO, DAMA-GALÃ, GALÃ, INGÊNUA e TIRANO.

LAMBREQUIM – Peça de decoração que dá acabamento à parte superior da CORTINA. Trata-se de uma peça de tecido, franzida ou drapeada, que forma panejamentos pendentes da parte alta da BOCA DE CENA.

LÂMPADA PAR – Forma reduzida de *Parabolic Aluminized Reflector*. Trata-se de um REFLETOR que integra lâmpada, espelho e lente numa peça única. Foi lançada no mercado em meados da década de 50 do século XX, logo conquistando ampla preferência dos técnicos de ILUMINAÇÃO cênica pela praticidade e também pela durabilidade, já que o conjunto selado impede a corrosão e o desgaste provocados pelo tempo.
Veja também CANHÃO SEGUIDOR, ELIPSOIDAL, FRESNEL, PLANO CONVEXO ou PC e *SET-LIGHT*.

LAPINHA – Tipo de manifestação folclórica que consiste na dramatização de pequenas cenas de temática religiosa diante do presépio. Os presépios foram trazidos para o Brasil pelos jesuítas no final do século XVI, mas não se sabe ao certo quando surgiu o hábito das representações diante deles. As lapinhas, hoje quase inteiramente desaparecidas, foram substituídas pelo PASTORIL.

LAUGHING COMEDY – Tipo de COMÉDIA criado por Oliver Goldsmith (1728-1774) em oposição à COMÉDIA

SENTIMENTAL. O objetivo, conforme o autor expõe no seu *Ensaio sobre teatro* (1772), era provocar o riso através da exposição da loucura e do absurdo das ações humanas. Trata-se de uma tentativa de recuperação da COMÉDIA DE COSTUMES que existira no período da Restauração. Esse tipo de comédia teve no próprio Goldsmith e, principalmente, em Richard Sheridan (1751-1816) seus mais ilustres representantes.

LAZZO – Nome dado a um breve solo improvisado durante um espetáculo da *COMMEDIA DELL'ARTE*. O *lazzo* consistia num ornamento gestual ou vocal, uma espécie de APARTE dado pelo ATOR. A execução do *lazzo* era feita em geral pelas personagens pertencentes à categoria dos criados. As indicações dos momentos em que o intérprete deveria executar um *lazzo*, cômico ou sério, encontravam-se registradas nos roteiros. Cada ator tinha seu próprio repertório de *lazzi*.
Veja também *BURLA* e *ZANNI*.

LEI DAS TRÊS UNIDADES – Em DRAMATURGIA, princípio teórico surgido na Renascença, elevado à condição de dogma absoluto por uma série de teóricos e críticos italianos e franceses, entre outros, Giulio Cesare Scaligero (1484-1558), Ludovico Castelvetro (1505-1571), Jean Chapelain (1595-1674), Georges de Scudéry (1601-1667) e François Hédelin, o abade d'Aubignac (1604-1676). A lei refere-se às unidades de ação, tempo e lugar, significando, grosso modo, que a ação de uma peça não poderia envolver mais de um CONFLITO, que o tempo dessa ação não poderia ultrapassar o de uma revolução solar, e, finalmente, que a ambientação deveria restringir-se a um único local. Embora tais regras tenham sido atribuídas aos teóricos da antiguidade clássica, gregos e romanos, das três, apenas a unidade de ação foi mencionada por Aristóteles (384-322 a.C.). As demais ou resultaram de interpretações equivocadas da *Poética*, principalmente no que se refere à questão da VEROSSIMILHANÇA, ou resultaram de arbitrariedades próprias de um período dominado pelos cânones restritivos

do CLASSICISMO. A lei das três unidades manteve-se influente até pelo menos o século XIX, quando foi superada pelo impulso criativo do ROMANTISMO.
Veja também DECORO, DRAMA e JUSTIÇA POÉTICA.

LEI DE BRUNETIÈRE – Nome dado à teoria do DRAMA formulada por Ferdinand Brunetière (1849-1906), intitulada *La Loi du Théâtre* (1894). Nessa obra, Brunetière procura identificar os elementos constitutivos do drama, colocando a ideia de CONFLITO no centro de toda narrativa dramática. Para Brunetière, conflito é a oposição entre "vontade" e "obstáculo". A qualidade do obstáculo, por sua vez, é o que vai caracterizar o GÊNERO dramático. Assim, obstáculos intransponíveis que provocam a destruição da personagem, como o destino, a vontade dos deuses, a natureza ou as paixões, são característicos da TRAGÉDIA; obstáculos difíceis, mas diante dos quais a vontade da personagem tem chance de prevalecer, são típicos do DRAMA e do MELODRAMA; a oposição de duas vontades, uma sendo o obstáculo da outra, caracteriza a COMÉDIA; enquanto a ironia da sorte, algum preconceito ridículo ou, ainda, a desproporção entre meios e fins caracterizam a FARSA.

LENAIA – No antigo TEATRO GREGO, o festival anual realizado em janeiro em honra ao deus DIONISOS. A competição dramática incluía inicialmente apenas o GÊNERO da COMÉDIA, mais tarde incorporando também o da TRAGÉDIA.
Veja também GRANDE DIONISÍACA.

LIBRETO – Nome dado ao texto ou ARGUMENTO de peças musicais em geral. Assim, por exemplo, na COMÉDIA MUSICAL *My Fair Lady* (1956), enquanto a música é de Frederick Loewe, o texto ou libreto é de Alan Jay Lerner; assim como na ÓPERA *Carmen*, que tem música de Georges Bizet e libreto de Henri Méilhac e Ludovic Halévy.
Veja também DRAMATURGIA e EPISÓDIO.

LÍRICO – Em termos literários, uma das três principais categorias na classificação aristotélica das obras – as demais são o ÉPICO e o DRAMÁTICO. O GÊNERO lírico caracteriza-se pela ênfase na subjetividade, sendo a própria obra, o poema, o resultado expressivo da emoção do poeta. Por isso, de acordo com Anatol Rosenfeld (1912-1973), no gênero lírico "o universo se torna expressão de um estado interior" (*O teatro épico*, p. 11). O termo é também usado como adjetivo referente à ÓPERA em expressões como arte lírica, teatro lírico, cantor lírico, entre outras.

LIVING NEWSPAPER – Tipo de DRAMA e de encenação de caráter político-didático que existiu nos Estados Unidos nos anos 30 do século XX e que empregava fontes documentais como material dramático. Seu período de maior prestígio foi durante as atividades do Federal Theatre Project, a primeira tentativa de subvenção direta do governo norte-americano ao teatro, iniciada em 1935. No Federal Project, cujos membros eram em grande parte jornalistas, foram encenados seis desses espetáculos, dos quais o primeiro, intitulado *Ethiopia*, uma coletânea de textos e reportagens sobre a guerra da Abissínia, foi censurado pelo Departamento de Estado. O caráter político do *Living Newspaper* foi um dos principais motivos que levou o governo a encerrar as atividades do Federal Theatre Project em 1939.
Veja também REALISMO SOCIALISTA e TEATRO DE GUERRILHA.

LOA – Nos séculos XVI e XVII, na Espanha e Portugal, prevalecia o costume de se iniciar a representação de qualquer peça de teatro, fosse ela cômica ou dramática, religiosa ou secular, com uma loa, ou seja, com um número breve destinado a captar a simpatia do público. As loas podiam ser em forma de MONÓLOGO ou DIÁLOGO, sendo que cada grupo ou companhia possuía um REPERTÓRIO de loas que podia ser usado em qualquer peça. No final do século XVII as loas deixaram de despertar interesse no público, desaparecendo o costume de representá-las.
Veja também ENTREMEZ e TEATRO RENASCENTISTA.

LÓGICA DA AÇÃO – Expressão usada por Constantin Stanislavski (1863-1938) para referir-se à lógica que deve existir em qualquer situação de ficção, por mais improvável que esta possa parecer. A existência de uma lógica própria, intrínseca, é o que torna plausível a existência de personagens fantásticos, como Ariel e Calibã de *A tempestade* (1611-12), de Shakespeare, ou de cenas absurdas, como a cena de reconhecimento do casal Martin, de *A cantora careca* (1950), de Ionesco.

LUDI ROMANI – O mais antigo dos festivais do TEATRO ROMANO. Tais festivais ocorriam como celebrações oficiais em honra a diversos deuses ou por ocasião de alguma data cívica importante. Os *ludi Romani* eram realizados em setembro, desde o século VI a.C., em honra a Júpiter. A introdução de atividades teatrais ocorreu em 364 a.C., embora a representação da COMÉDIA e da TRAGÉDIA só tenha se iniciado em 240 a.C. Outros festivais importantes foram os *ludi Florales*, os *ludi Plebeii*, os *ludi Apollinares*, os *ludi Megalenses* e os *ludi Cerealis*.

LUZ DE SERVIÇO – Iluminação usada, por razão de economia, durante os ensaios ou no decorrer da manutenção do PALCO e da CAIXA CÊNICA. É também chamada de luz de ensaio.

M

MACCUS – PERSONAGEM da *FABULA ATELLANA* cujas características eram a rusticidade no linguajar e no comportamento, além da estupidez.
Veja também PERSONAGEM-TIPO.

MÁGICO "SE" – Recurso de interpretação do ATOR contido no MÉTODO DE STANISLAVSKI. Consiste em apelar para a imaginação no sentido de tornar críveis determinadas circunstâncias da vida da personagem que não fazem parte dos hábitos, meios, época ou cultura do ator. Na prática, diante de uma circunstância que lhe pareça distante de sua experiência cultural – como se sentiria um rei no momento de ser coroado, por exemplo –, o ator deve perguntar-se como agiria "se fosse" um rei naquela mesma circunstância. A resposta oferecida pela imaginação, respeitada a LÓGICA DA AÇÃO, indicará uma solução comportamental adequada.

MAGNITUDE – Termo usado por Aristóteles (384-322 a.C.) para referir-se à grandeza de uma obra de arte, ou seja, à sua dimensão ou extensão. A questão da magnitude de uma obra dramática está diretamente relacionada à capacidade de percepção do espectador. Assim, no DRAMA, a magnitude é determinada pela capacidade de atenção do espectador, que é limitada pelo grau de apreensão da memória. No que se refere à TRAGÉDIA, Aristóteles diz que "o belo, num ser vivente ou num objeto composto por partes, deve não só apresentar ordem em suas partes, como também comportar certas dimensões. [...] A dimensão fixa-se [...] pelo grau de atenção de que o espectador é suscetível" (*Poética*, VII).

MALAGUETA – Tipo de cunha de madeira ou ferro fixada no primeiro travessão da VARANDA em que é amarrada a MANOBRA.

Veja também CAIXA CÊNICA, CONTRAPESO, URDIMENTO e VARA.

MALCONTENT – Tipo popular do TEATRO ELISABETANO. Trata-se do sujeito que faz de sua insatisfação com o mundo motivação para a vida. A criação do tipo é atribuída a John Marston (1576-1634), na peça *The Malcontent* (1604). Suas principais características são o cinismo e a recusa sistemática à hipocrisia e imoralidade do mundo. Não existe correspondência nos dramas de línguas latinas.

MAMBEMBE – Termo popular brasileiro para designar a atividade teatral itinerante de grupos de segunda categoria. Na famosa BURLETA de Arthur Azevedo (1855-1908) intitulada *O mambembe*, encontramos a definição do termo na fala do personagem Frazão: "Mambembe é uma companhia nômade, errante, vagabunda, organizada com todos os elementos de que um empresário pobre possa lançar mão num momento dado, e que vai, de cidade em cidade, de vila em vila, de povoação em povoação, dando espetáculos aqui e ali, onde encontre um teatro ou onde possa improvisá-lo" (transcrito por Sábato Magaldi, *Panorama do teatro brasileiro*, p. 151).

MAMULENGO – No Nordeste do Brasil, nome genérico para designar teatro de bonecos. Especificamente, tipo de divertimento popular encontrado em Pernambuco que consiste em dramatizações feitas por bonecos. Essas dramatizações acontecem, em geral, por ocasião das festividades da Igreja. O tom dos diálogos é geralmente crítico, sendo muito comum o uso de improvisações, sobretudo de piadas de humor pesado, que ridicularizam fatos ou pessoas da comunidade. As cenas representadas podem ser entre boneco e público, boneco e MANIPULADOR ou entre dois bonecos. O manipulador, nesse caso, é chamado de mamulengueiro. O termo mamulengo, aliás, é uma corruptela de "mão molenga", causa da movimentação alegre e ágil do boneco. Manifestações semelhantes recebem nomes diferentes em outras regiões do país: joão-minhoca em Minas Gerais, mané-gostoso na

Bahia, joão-redondo no Rio Grande do Norte e babau ou benedito em outras partes do Nordeste.
Veja também BONECO DE VARA, FANTOCHE e MARIONETE.

MANEIRISMO – Veja BARROCO.

MANIPULADOR – Aquele que dá vida e expressão aos bonecos nos seus mais variados formatos.
Veja também BONECO DE VARA, FANTOCHE, MAMULENGO e MARIONETE.

MANOBRA – Conjunto de cordas pendente do URDIMENTO que serve para sustentar as VARAS em que são fixadas as peças do CENÁRIO ou o equipamento de ILUMINAÇÃO. O controle da manobra é feito da VARANDA, sendo cada conjunto fixado numa MALAGUETA.

MANSÃO – No TEATRO MEDIEVAL, nome dado às pequenas plataformas de madeira erguidas dentro das catedrais que serviam para indicar os locais de representação do DRAMA LITÚRGICO. Quando o teatro se transfere para a praça pública, a designação permanece a mesma. Uma mansão tinha mais ou menos três metros de largura por dois metros e meio de profundidade. As mansões eram erguidas em torno da praça, fazendo frente uma para a outra, cada qual representando um ambiente. Às vezes eram organizadas em círculo ou ao longo da rua, numa sucessão de palcos que se estendia por até trezentos metros. O público, em qualquer dos casos, devia deslocar-se para acompanhar a narrativa. Esses palcos possuíam alçapões e passagens sob a plataforma ou, ainda, estruturas que permitissem apoiar roldanas para efeitos especiais de voo. O arranjo cênico de todas as mansões erguidas à vista do público, em torno da *PLATEA* e depois em torno da praça ou na rua, deu origem ao conceito de CENA SIMULTÂNEA, que caracterizou a cena religiosa medieval.

MÃO FRANCESA – Veja ESQUADRO.

MAQUETE – Em CENOGRAFIA, o CENÁRIO executado em escala reduzida.

MAQUIADOR – Aquele que cria, projeta e executa a MAQUIAGEM de uma determinada produção teatral.

MAQUIAGEM – Recurso de linguagem cênica que consiste na criação de uma MÁSCARA através de pintura colocada no rosto do ATOR. Duas são as funções básicas da maquiagem: projetar a expressão fisionômica do ator e caracterizar a PERSONAGEM. O princípio básico da maquiagem reside na criação de contraste entre claro e escuro, luz e sombra, o que gera a impressão de volumes e depressões no rosto. A maquiagem pode ser realista ou estilizada, sendo um exemplo desta última modalidade a praticada no teatro *KABUKI*. No século XIX, em virtude da introdução da ILUMINAÇÃO por energia elétrica, que anulava a expressão facial do ator, o uso da maquiagem foi marcadamente revalorizado. A maquiagem deve ser vista como uma máscara moderna.

MAQUIAVEL – PERSONAGEM convencional muito popular no TEATRO ELISABETANO. Trata-se de um tipo de VILÃO preocupado unicamente em fazer o mal. O nome deriva do de Nicolau Maquiavel (1469-1527), DRAMATURGO e pensador político italiano, autor de *O príncipe* (1513). Nessa obra, Maquiavel descreve as qualidades necessárias a um governante, cujo retrato final é o de um déspota cruel. As principais características da personagem são devoção ao mal, sem outra justificativa que o próprio mal; habilidade em manter os demais ignorantes a respeito dessa tendência; prazer em praticar o mal, geralmente expresso em SOLILÓQUIO bem-humorado; traição a quem a ajudou anteriormente; sensualidade deformada e luxúria; e aparente religiosidade e defesa da moral convencional. Três exemplos dessa personagem na obra de Shakespeare (1564-1616) são Ricardo III, da peça homônima (1562-1563); Iago, de *Otelo* (1602-1603); e Edmund, de *Rei Lear* (1606).

MÁQUINA DE FUMAÇA – Equipamento para efeito cênico que simula a existência de neblina. O efeito é

consequência do aquecimento de líquido à base de dióxido de carbono, que atua sem produção de cheiro e sem irritar olhos e garganta. Há, ainda, outras máquinas, que utilizam glicerina, água e álcool.
Veja também MÁQUINA DE GELO SECO.

MÁQUINA DE GELO SECO – Equipamento para efeito cênico que produz um tipo de fumaça densa e pesada que se estabelece a uma altura de no máximo trinta centímetros do chão. A razão dessa característica é a alta densidade da substância utilizada, nitrogênio ou anidrido carbônico. A máquina de gelo seco requer em geral cuidados especiais na operação e manutenção do equipamento em razão de riscos de contaminação e de poluição ambiental.
Veja também MÁQUINA DE FUMAÇA.

MAQUINARIA – Todo o conjunto de máquinas e equipamentos para efeitos cênicos encontrado num teatro.
Veja também CAIXA CÊNICA, CENÁRIO, CONTRAPESO, MANOBRA, URDIMENTO e VARANDA.

MAQUINISTA – Operário especializado encarregado de operar a MAQUINARIA de um teatro. Sua tarefa inclui a montagem e funcionamento do CENÁRIO. Também chamado de cenotécnico, carpinteiro-chefe ou, ainda, chefe do movimento. Responsável pelo material e ferramentas próprias da função.

MAQUINISTA DE VARANDA – Operário especializado no manejo da MANOBRA e dos demais equipamentos localizados no URDIMENTO.

MARCAÇÃO – Dentre os recursos de linguagem cênica, aquele que se refere aos deslocamentos do ATOR no espaço. A marcação engloba todos os movimentos executados pela personagem, inclusive entradas e saídas de CENA. Refere-se também à parte da linguagem gestual que não pertence à CARACTERIZAÇÃO da personagem. A criação da marcação, salvo algumas experiências envolvendo processos de CRIAÇÃO COLETIVA, tem sido tarefa do DIRETOR do espetáculo. Através da marcação, o diretor deve criar uma linguagem de gesto e movimento que seja expressão simbólica das relações afetivas e sociais das personagens. Independentemente de estilo, a marcação resulta basicamente da vontade e das emoções das personagens.

MARIONETE – O mais elaborado tipo de boneco entre os vários usados no teatro. Trata-se de peça geralmente construída com madeira, com articulações nos pulsos, cotovelos, ombros, cintura, quadris, joelhos e, ocasionalmente, pescoço e tornozelos. Uma marionete padrão é movimentada através de uma série de nove fios que obedece à seguinte distribuição: um para cada braço, um para cada perna, dois para a cabeça, um para cada ombro e um para as costas. Esse número, contudo, pode ser até dobrado no caso de marionetes que exijam movimentos mais complexos. Os fios de sustentação da marionete são ligados a um controle central de madeira em forma de cruz que é movimentado por uma única mão do MANIPULADOR. Com a outra mão, o manipulador pode movimentar qualquer dos fios de sustentação. As mais famosas marionetes conhecidas são os do *JÔRURI*, do Japão, cuja altura pode chegar a dois terços da de um ser humano. A tradição das marionetes do Japão remonta ao século XIV, e as técnicas de manipulação, envolvendo até três operadores para cada boneco, são altamente especializadas.
Veja também BONECO DE VARA, FANTOCHE e *GUIGNOL*.

MARIVAUDAGE – Termo cunhado pela crítica a partir do nome do dramaturgo Pierre de Marivaux (1688-1763). Nas suas peças, os jovens são belos e se apaixonam logo à primeira vista, embora a modéstia, o orgulho ou a ignorância possam impedi-los de se declararem imediatamente. A força e a pureza de seus sentimentos, porém, e principalmente a atuação dos criados levam-nos finalmente a se encontrarem. O termo refere-se ao refinamento e à delicadeza da linguagem associados à vivacidade da AÇÃO e do DIÁLOGO. As principais peças de Marivaux são *Arlequim, criado do amor* (1720), *O jogo do amor e do acaso* (1730) e *As falsas confidências* (1737).

MÁSCARA – Possivelmente, o mais simbólico elemento de linguagem cênica através de toda a história do teatro. Trata-se de uma peça de vestuário que cobre, total ou parcialmente, o rosto do ATOR. Seu uso provavelmente remonta à representação estilizada de cabeças de animais em rituais primitivos, expressão de algum misterioso poder. No TEATRO GREGO a máscara foi utilizada tanto na TRAGÉDIA quanto na COMÉDIA, atendendo a várias funções: diferenciar sexo, idade e posição social; permitir a execução de mais de um PAPEL pelo mesmo ator e, segundo alguns estudiosos, ampliar o som da voz numa espécie de caixa acústica, além de elevar a estatura do ator em, provavelmente, vinte a trinta centímetros. A máscara foi também usada no TEATRO ROMANO, no TEATRO MEDIEVAL e na *COMMEDIA DELL'ARTE*. Nesta última, o termo passou a significar também o personagem-tipo. O teatro oriental, via de regra, não prescinde de seu uso. Modernamente, no teatro ocidental, foi Bertolt Brecht (1898-1956) quem melhor fez uso da máscara como parte de uma proposta estética, principalmente na sua peça *A boa alma de Se-Tsuan* (1943). O termo "máscara" é usado também para indicar a expressão fisionômica do ator que reflete determinado estado emocional.
Veja também ALEGORIA, SIGNO e SÍMBOLO.

MASCARADA – Forma semidramática de entretenimento originada na corte dos Medici, na Itália, sob o nome de *Trionfo* ou *Mascherata* e muito em voga nas cortes da Renascença inglesa e francesa dos séculos XVII e XVIII. Na sua forma original, diferiu muito pouco do DISFARCE. Mais tarde, apresentava poesia, música, dança, desfile de trajes suntuosos e efeitos cenográficos espetaculares, tudo isso alinhavado a uma temática mitológica ou alegórica. O GÊNERO foi levado à Inglaterra durante o reinado de Henrique VIII, mas foi sob o reinado de Elizabeth I e principalmente de James I que alcançou importância literária e teatral, tendo no escritor Ben Jonson (1572-1637) e no cenógrafo Inigo

Jones (1573-1652) seus mais destacados representantes. Na França, a mascarada deu origem a um tipo de balé cortesão que resultou na *COMÉDIE-BALLET*, muito em voga na corte de Luís XIV. A Revolução Puritana na Inglaterra – 1642-1649 –, liderada por Cromwell, tratou de dar um fim às festividades sociais da corte e, naturalmente, às mascaradas. A mascarada, porém, devido ao uso de uma CENOGRAFIA sofisticada, teve influência no desenvolvimento do teatro no período da RESTAURAÇÃO.

MATINÉE – Palavra francesa para designar uma sessão de teatro ou de cinema que é realizada pela manhã ou à tarde. No Brasil, até os anos 50 do século XX, era habitual a realização de *matinées* às quintas-feiras, sábados e domingos, entre dezesseis e dezoito horas. Hoje em dia, tal procedimento deixou de vigorar, sendo o horário da tarde ocupado pelas sessões de TEATRO INFANTIL.

MÉCHANÉ – No antigo TEATRO GREGO, peça de MAQUINARIA em forma de guindaste destinada a criar efeitos de voo. Seu principal uso era fazer baixar do topo do *EPISKÉNION* o *DEUS EX MACHINA*, ou seja, figuras mitológicas, deuses sobretudo, cuja missão era dar solução aos impasses da ENREDO.
Veja também *PERÍAKTOI*.

MECHANOPOIOI – No TEATRO GREGO, o operário responsável pelo funcionamento da MAQUINARIA, particularmente da *MÉCHANÉ*.

MELODRAMA – GÊNERO dramático que floresceu nos séculos XVIII e XIX, embora ainda hoje exerça grande influência tanto no teatro como no cinema e na televisão. O termo deriva das experiências renascentistas de recriação da TRAGÉDIA através da fusão da música e do DRAMA. Nessa acepção, foi durante muito tempo sinônimo de ÓPERA ou de qualquer tipo de peça que contivesse números musicais ou canções. Depois, no século XVIII, devido ao uso de MÚSICA INCIDENTAL para expressar as emoções das personagens e situações, o termo passou a ser aplicado a um

tipo de drama com forte apelo emocional. As características principais do melodrama a partir do século XX, já definido como gênero autônomo, eram o sentimentalismo, o mistério, o suspense, o equívoco, a coincidência, o sofrimento imerecido e a acusação indevida. A linguagem era em prosa e de caráter popular, no sentido de ser facilmente compreendida. O objetivo primeiro era comover e impressionar o espectador, e, para tanto, o autor de melodramas não media esforços, sacrificando a motivação plausível, a VEROSSIMILHANÇA, caracterizando artificialmente as personagens e enfatizando os efeitos espetaculosos, bem como as virtudes do HERÓI e os vícios do VILÃO, com o que reafirmava a qualidade didático-moralista e sentimental da obra. O nome mais expressivo entre os autores de melodramas foi o francês Guilbert de Pixerécourt (1773-1844), que escreveu cerca de cem peças, entre as quais várias adaptações de contos de terror e mistério. O melodrama, hoje referido pejorativamente, não chegou a criar grandes obras literárias, mas inspirou e influenciou decisivamente o DRAMA ROMÂNTICO.
Veja também COMÉDIA, DRAMA e FARSA.

MELODRAMA GÓTICO – Tipo de MELODRAMA muito em voga na Europa e América do Norte no fim do século XVIII. Sua principal característica era a ambientação da Idade Média, daí derivando o adjetivo do título. Muito comum era a aparição de fantasmas, geralmente algum ancestral clamando por justiça, e de outros tipos de ocorrências sobrenaturais. O sofrimento da heroína, geralmente cativa em algum castelo abandonado, era a principal fonte de emoção.

MELOPEIA – Em termos gerais, em grego, a arte de compor música. Segundo Aristóteles (384-322 a.C.), uma das seis partes da TRAGÉDIA – as demais são o ENREDO, o PERSONAGEM, a DICÇÃO, a *DIANOIA* e o ESPETÁCULO.

MEMÓRIA AFETIVA – Veja MEMÓRIA EMOCIONAL.

MEMÓRIA EMOCIONAL – Recurso de interpretação do ATOR criado por Constantin Stanislavski (1863-1938), exposto no capítulo nove de seu livro *A preparação do ator*.

Tal recurso consiste na recriação da emoção a partir da memória, ou seja, o ator, ao rememorar nos mínimos detalhes algum fato que no passado tenha impressionado sua emoção, provoca em si novamente emoções similares àquela sentida originalmente. Dessa forma, o ator pode então fazer com que sua memória "reviva as sensações que teve outrora" (p. 187). Segundo Stanislavski, a memória tem a capacidade de aprofundar as impressões emocionais, tornando-as, então, fonte inesgotável do trabalho do ator. "O tempo", diz ele, "é um esplêndido filtro para os nossos sentimentos evocados. Além disso, é um grande artista. Ele não só purifica, mas também transmuda em poesia até mesmo as lembranças dolorosamente realistas" (p.192). O recurso da memória afetiva deve ser provocado conscientemente pelo ator, isto é, o ator deve trazer à memória consciente lembranças de fatos passados, embora o objetivo seja estimular sentimentos arquivados no subconsciente. Para Stanislavski, a fonte do ator para todas as emoções de todos os personagens é sua própria experiência emocional, uma vez que, "sempre e eternamente, quando estiver em cena, você terá de interpretar a você mesmo. Mas isto será numa variedade infinita de combinações de objetivos e circunstâncias dadas que você terá preparado para seu papel e que foram fundidas na fornalha da sua memória de emoções" (p. 196). Toda a teoria de Stanislavski foi centrada durante muito tempo no princípio da memória emocional. Contudo, na parte final de sua obra, intitulada MÉTODO DAS AÇÕES FÍSICAS, Stanislavski transferiu o centro orgânico do seu sistema para a relação física do ator com pessoas e objetos, da qual são derivadas as sensações e emoções. A memória emocional foi chamada inicialmente por Stanislavski de memória afetiva, tendo por base a terminologia usada pelo psicólogo francês Théodule-Armand Ribot (1839-1916). A partir dos anos 30 do século XX, porém, Stanislavski abandonou a expressão memória afetiva, substituindo-a definitivamente por memória emocional.

Veja também MÉTODO DE STANISLAVSKI.

MENESTREL – Durante a Idade Média, cantor medieval a serviço do senhor feudal ou poeta ambulante que cantava seus poemas ao som de instrumentos musicais. Pode-se considerar o menestrel um antecedente do ATOR ambulante. Ver também *JONGLEUR* e TEATRO MEDIEVAL.

MENSAGEIRO – PERSONAGEM convencional do TEATRO GREGO cuja função é narrar eventos antecedentes ao início da peça ou outros ocorridos fora de cena. A linguagem empregada nessas narrativas é usualmente de grande valor poético, com o que o DRAMATURGO contorna problemas de violência física, geralmente evitados em cena. Um exemplo dessa estratégia narrativa é a descrição do enforcamento de Jocasta, seguida da do gesto de Édipo de furar os próprios olhos, na tragédia homônima de Sófocles. Através da narrativa, esses atos de violência ganham dimensão poética sem, contudo, perder o impacto que a CATÁSTROFE trágica exige.

MERDA – Gíria usada entre os atores, na França e no Brasil, para desejar boa sorte antes do início do espetáculo. Corresponde à expressão norte-americana *break a leg*.

MESA DE LUZ – A mais convencional das mesas de luz ainda em uso hoje é a mesa analógica, que é dividida em dois setores: o comando, onde estão os instrumentos de graduação de intensidade, e os módulos de potência, onde se situa a parte elétrica. Após o advento da era digital, as mesas mais utilizadas passam a ser as chamadas mesas digitais, em que os movimentos de luz podem ser "gravados", ou seja, todo o trabalho de operação da luz, inclusive os tempos entre as cenas, é efetuado e gravado durante os ensaios, sendo que, durante a representação do espetáculo, o comando é executado com o acionamento de apenas um botão. Essas mesas costumam vir acompanhadas de *softwares* que viabilizam a operação da mesa regularmente atualizados pelos fabricantes.
Veja também ILUMINAÇÃO.

METABASIS – Palavra grega que significa transição. Na TRAGÉDIA, indica a mudança no destino da PERSONAGEM, da felicidade ao infortúnio.

MÉTODO DAS AÇÕES FÍSICAS – Nos dois últimos anos de sua vida, Constantin Stanislavski (1863-1938) resolveu reformular parte do sistema de treinamento de atores que havia publicado em 1936 com o título de *A preparação do ator*. Influenciado, sem dúvida, por novas perspectivas científicas no campo do comportamento humano, sobretudo pelos estudos do fisiologista Ivan Pavlov (1849-1936) acerca dos reflexos condicionados e dos hemisférios cerebrais, e preocupado com o controle consciente do subconsciente, Stanislavski elaborou uma nova abordagem para a composição e CARACTERIZAÇÃO da PERSONAGEM, baseada no que ele chamou de "a lógica das ações físicas". Nessa fase de sua pesquisa – com certeza a mais importante de sua obra, por ser abrangente e conclusiva –, Stanislavski subordina a técnica e a criatividade não mais à psicologia como na fase anterior, mas à expressão física das ações. Assim, para Stanislavski, o primeiro passo para estabelecer um processo criativo orgânico passou a ser a relação física com os objetos e as pessoas que estão à nossa volta e que são a base de nossas sensações e emoções.

MÉTODO DE STANISLAVSKI – Método de treinamento de atores formulado por Constantin Stanislavski (1863-1938) a partir de suas experiências como ATOR, DIRETOR e professor de interpretação. Após sua morte, o governo soviético comissionou um grupo de trabalho para organizar os 12 mil manuscritos deixados por Stanislavski, do que resultaram os oito volumes que constituem, no original russo, as *Obras completas de Stanislavski*. No ocidente, o principal da obra está contido nos três volumes que foram traduzidos para o inglês por Elisabeth Reynolds Hapgood, estudiosa americana da literatura russa, amiga de Stanislavski e por insistência de quem ele formulou seu método. Esses três volumes são *A preparação do ator*, publicado em 1936, *A construção da personagem* e *A criação do papel*, publicados postumamente em 1950 e 1961, respectivamente. Stanislavski foi o primeiro teórico da interpretação teatral a se valer de uma base psicológica para o trabalho de criação da PERSONAGEM, vinculando a psicologia do intérprete à da personagem interpretada. Dessa vinculação resultou não uma simples imitação de modelos preexistentes, mas uma criação original. A importância assumida pelo ator no decorrer desse processo criativo foi tal que modificou o próprio fundamento da arte cênica, antes a literatura dramática, a partir de agora, a interpretação em si mesma. Para Stanislavski, o ator é quem "dá vida ao que está escondido sob as palavras". E mais: "Nós colocamos nossos próprios pensamentos nas falas escritas pelo autor, e nós estabelecemos nossos próprios relacionamentos com as outras personagens de uma peça. [...] Nós filtramos todo o material que recebemos do autor e do diretor; nós trabalhamos sobre esse material, complementando-o com nossa própria imaginação. Este material se torna parte de nós, espiritualmente, e mesmo fisicamente [...] e isto é criatividade em arte" (citado por Timothy J. Wiles, *The Theatre Event*, p. 17). Stanislavski foi, durante toda sua vida, um incansável pesquisador da arte do ator e dos métodos de transmissão dessa arte. Assim, após a publicação de seu primeiro livro, não inteiramente satisfeito com algumas de suas partes, iniciou uma revisão do sistema que acabara de publicar, o que resultou numa nova abordagem, denominada MÉTODO DAS AÇÕES FÍSICAS, baseada na interdependência existente entre ação física, comportamento, sensação e emoção. Essa última etapa da pesquisa de Stanislavski – sem dúvida a mais importante de sua obra – propõe a criação da personagem não do ponto de vista da psicologia, como anteriormente, mas sim das ações físicas e do inter-relacionamento sensorial existente entre atores ou entre ator e objetos circundantes. Quanto a possíveis discrepâncias entre essas duas principais fases da obra stanislavskiana – a psicológica e a das ações físicas –, devemos atribuí-las principalmente aos intervalos de mais de dez anos entre a publicação de cada um dos três volumes que compõem sua obra.

MEZANINO – Literalmente, andar intermediário entre dois andares altos. Em arquitetura teatral, o termo pode significar a primeira VARANDA localizada no URDIMENTO ou o primeiro BALCÃO logo acima da PLATEIA.

MILAGRE – Tipo de DRAMA medieval escrito em vernáculo, encontrado na França e na Inglaterra, muito embora às vezes bastante diferente nesses países. Na Inglaterra, o termo foi usado, originalmente, como sinônimo de MISTÉRIO. Na França, indicava as peças cujo desfecho era determinado pela interferência milagrosa de Nossa Senhora. O mais valioso patrimônio literário do GÊNERO é constituído por cerca de quarenta peças agrupadas sob o título geral de *Miracles de Notre Dame*, atualmente arquivadas na Biblioteca Nacional de Paris.
Veja também DRAMA LITÚRGICO e TEATRO MEDIEVAL.

MILES GLORIOSUS – Personagem encontrado no TEATRO ROMANO cuja origem remonta à *FABULA ATELLANA*. Trata-se do soldado fanfarrão, covarde, parasita e glutão, que se torna presa fácil de seus companheiros. O nome da personagem deriva da peça homônima de Plauto (254?-184 a.C.), mas o tipo tem sido explorado através de toda a história da COMÉDIA.
Veja também *BUCCO*, *DOCENUS*, *MACCUS*, *PAPPUS* e PERSONAGEM-TIPO.

MÍMESIS – Veja IMITAÇÃO.

MÍMICA – Historicamente, forma popular de COMÉDIA encontrada no TEATRO ROMANO. Diferia da PANTOMIMA principalmente pelo uso de DIÁLOGO e não utilização de MÁSCARA. A mímica gozou de grande prestígio com o público antes e mesmo depois da introdução do drama grego em Roma. Esse prestígio foi devido provavelmente à licenciosidade dos temas, indecência da linguagem e imoralidade das interpretações, razão da excomunhão pela Igreja cristã de todos os atores de mímica do século V e do fechamento de todos os teatros pelo Imperador Justiniano no século VI. Sua influência na comédia de Plauto (254?-184 a.C.) é considerável, sobretudo no que diz respeito ao uso da bufonaria.

A mímica moderna, imortalizada por Jean-Louis Barrault (1910-1994) no filme *Les enfants du Paradis* (1945) e levada à sua expressão mais pura pela arte de Marcel Marceau (1923-2007), tem pouco ou nada a ver com a mímica na sua origem. A linguagem da mímica moderna é exclusivamente de gesto, expressão facial, figura e movimento, e sua temática humanista é apresentada através de atmosferas de graciosa poesia e humor. Hoje em dia, os termos mímica e pantomima são praticamente sinônimos.

MIMO – Do grego *mimos* e do latim *mimu*. No antigo TEATRO ROMANO, FARSA popular entremeada de danças e brincadeiras, na qual se imitavam, por MÍMICA, os tipos e costumes da época. A palavra indica também o ATOR que representava nessas farsas.
Veja também PANTOMIMA.

MIMODRAMA – Termo que designa um tipo de PANTOMIMA moderna que "constrói toda uma história a partir do encadeamento de episódios gestuais" (Patrícia Pavis, *Diccionario del Teatro*, p. 314). O GÊNERO se define também pela extensão da peça, longa o suficiente para constituir uma apresentação autônoma. Esse tipo de espetáculo foi consagrado a partir da obra de Marcel Marceau (1923-2007), cujos mimodramas, criados a partir de 1947, deram ao gênero estatura de obra de arte. Um mimodrama pode ser baseado numa obra literária, como o *Don Juan* (1963), inspirado em Molière, e *Candide* (1971), inspirado em Voltaire; numa personagem, como no caso de *Bip et la Parapluie* (1947) e *Pierrot de Montmartre* (1952); ou simplesmente numa ideia, como em *Le Joueur de Flute* (1949); todos eles de Marceau.
Veja também BIP.

MISE EN SCÈNE – Expressão francesa que significa, literalmente, "posto em cena". Em português, a encenação, ou seja, o espetáculo como um todo resultante dos diferentes meios de expressão cênica: o ATOR, a DRAMATURGIA, a DIREÇÃO, o CENÁRIO, os FIGURINOS e a ILUMINAÇÃO.

MISTÉRIO – Nome dado na França (*mystère*), na Inglaterra (*mystery plays*) e na Alemanha (*Mysterienspiel*) às peças religiosas do período medieval. A origem do nome reporta-se à liturgia da Igreja, por tratar-se, originalmente, de dramatização dos mistérios que envolviam os sacramentos. Mais tarde, a dramatização passou a incluir eventos extraídos da Bíblia e, também, da vida dos santos. A encenação dessas peças, que obedecia ao calendário religioso, acontecia no adro da igreja ou na praça do mercado e, em outras partes da cidade, em palcos armados sobre carroças, ao contrário do DRAMA LITÚRGICO, encenado sempre no interior das igrejas. Os textos de importância histórica e literária mais antigos que se conhece são os dos ciclos das cidades inglesas de Chester, Coventry, Lincoln, Wakefield e York. Em 1311, foi criada na Inglaterra uma instituição denominada Feast of Corpus Christi, e, em 1402, na França, a *CONFRÉRIE DE LA PASSION*, que deram grande impulso à representação dessas peças religiosas. A grande popularidade alcançada por esse teatro fez com que as apresentações de mistérios se multiplicassem pela Europa, merecendo cada vez mais longas e elaboradas encenações. Em Brouges, por exemplo, em 1536, a representação do *Mystère des Actes des Apôtres* durou cerca de quarenta dias, envolvendo atores amadores recrutados de todas as classes profissionais. Os mistérios, também conhecidos na Inglaterra como *Corpus Christi Plays*, foram chamados, na Itália, de *SACRA RAPPRESENTAZIONE*, e, na Espanha e em Portugal, de AUTO SACRAMENTAL.
Veja também TEATRO MEDIEVAL.

MITO – Em termos gerais, a memória cultural de um grupo social expressa em forma de narrativas de caráter fabuloso e simbólico. No terreno literário, segundo Aristóteles (384-322 a.C.), o mito corresponde à IMITAÇÃO de ações, sendo, portanto, sinônimo de FÁBULA, ENREDO ou INTRIGA. O significado atribuído a Aristóteles, porém, não entra em conflito com o sentido geral do termo, uma vez que, segundo Philip Wheelwright, "o mito não só expressa o sentido profundo das coisas, como também o expressa, particularmente, através de uma história" (citado por Massaud Moisés em *Dicionário de termos literários*, p. 345). O mito, pode-se dizer, então, é uma forma simbólica de representação das percepções de um determinado grupo social e, nesse sentido, a expressão das verdades e dos valores desse grupo. Portanto, a matéria-prima ideal para o DRAMA.

MODERNISMO – Movimento artístico e literário ocorrido no início do século XX nas letras e artes dos países da península ibérica e, por extensão, em alguns da América Latina. No Brasil, convencionou-se determinar o início do modernismo em 1922, quando se realizou a Semana de Arte Moderna. O modernismo foi um movimento que sintetizou, no Brasil, influências tão díspares quanto as exercidas pelo DADAÍSMO, SURREALISMO, FUTURISMO, EXPRESSIONISMO e outros tantos "ismos" de oposição à lógica e ao fac-símile do NATURALISMO, bem como ao parnasianismo e ao SIMBOLISMO. O modernismo foi, ainda, um movimento de remota aspiração marxista, muito embora sua principal meta ideológica não tenha ido além do nacionalismo exacerbado, que resultou na tentativa de criação de uma arte essencialmente brasileira. As três peças de Oswald de Andrade (1890-1954), *O homem e o cavalo* (1934), *A morta* e *O rei da vela* (1937), podem ser citadas como exemplos do modernismo no teatro brasileiro.

MOLINETE – Máquina para suspender o ALÇAPÃO. Serve também para sustentar outros pesos utilizados na engenharia cênica.

MONÓLOGO – Termo empregado em duas acepções diferentes. Primeiro, como sinônimo de SOLILÓQUIO, ou seja, como verbalização do que se passa na mente da personagem, seja relato, expressão de emoção, reflexão ou decisão. Nesse sentido, pode-se falar no "ser ou não ser" como um monólogo de *Hamlet*. A segunda acepção, que parece ser a mais apropriada, refere-se a um tipo de peça de teatro estruturada em torno de uma única personagem. Nesse sentido, são monólogos *O diário de um louco*, de Gogol; *A última gravação*, de Beckett; e *Apareceu a Margarida*, de Roberto Athayde. Nesse tipo de peça, a questão da VEROSSIMILHANÇA tem sido sempre objeto de especulação por parte da CRÍTICA, uma vez depender da habilidade do escritor dar credibilidade ou não ao fato de as pessoas falarem sozinhas. Nos exemplos citados, o funcionário Propitchkin, da peça de Gogol, é um louco, o que torna o fato aceitável; em *A última gravação*, o texto é quase todo resultado de gravações que estão sendo ouvidas pela personagem; e em *Apareceu a Margarida*, a ambientação proposta é a de uma sala de aula, com a plateia caracterizada como alunos de dona Margarida.

MONÓLOGO INTERIOR – Recurso de interpretação do ATOR que consiste em determinar o "pensamento da personagem antes, depois e durante as falas do texto" (Eugênio Kusnet, *Ator e método*, p. 71). Trata-se de estabelecer a motivação de cada FALA do texto, o que não está explícito no DIÁLOGO, mas que pode ser inferido pela sugestividade desse mesmo diálogo. Tal recurso foi sistematizado por Constantin Stanislavski (1863-1938) no seu método. Stanislavski propõe que o processo do monólogo interior se desenvolva em duas etapas: primeiro, a compreensão da AÇÃO INTERIOR da personagem e, em seguida, a realização improvisada dessa mesma ação. Os pensamentos que resultam da improvisação e que podem ser conscientizados pelo ator transformam-se naturalmente em "falas internas" ou monólogo interior.

MORALIDADE – Tipo de DRAMA surgido no último período da Idade Média. Trata-se de obra de inspiração religiosa, mas que, ao contrário do MISTÉRIO e do MILAGRE, não retira seu ARGUMENTO das escrituras sagradas. O estilo é alegórico, e as personagens vão pouco além de representações de conceitos abstratos, dos quais, aliás, tomam emprestado os nomes: Caridade, Morte, Juventude, Perseverança etc. O problema da peça gira em torno de um HERÓI portador de algum problema moral ou vítima de alguma tentação. O mais valioso exemplo de moralidade

é o *Todomundo*, escrito na Inglaterra em torno de 1500, provavelmente tradução de uma peça mais antiga escrita em flamengo. O herói, representando toda a humanidade, é chamado a prestar contas a Deus. Ele busca quem queira testemunhar a seu favor, mas todos o abandonam, exceto Boas Ações e Saber, que o levam ao encontro de Confissão e Arrependimento. A moralidade, bem como o mistério e o milagre, foi uma forma dramática menos interessada na vida terrena do que na vida espiritual do homem.
Veja também TEATRO MEDIEVAL.

MUSAS – Na mitologia grega, divindades protetoras das artes. As musas são citadas por Homero (século VI a.C.?), tanto na *Ilíada* quanto na *Odisseia*, como sendo filhas de Zeus com a deusa Mnemósine. Das nove musas, duas estão diretamente relacionadas ao teatro: Tália, musa da COMÉDIA, e Melpôneme, musa da TRAGÉDIA. As demais eram Clio, musa da História; Calíope, da Poesia épica; Urânia, da Astronomia; Terpsícore, da Dança; Erato, da Poesia romântica; Euterpe, da Música; e Polímnia, dos Hinos e da Música Cerimonial.

MUSIC HALL – Tipo de entretenimento musical cuja principal característica era o consumo de bebida alcoólica durante a representação. Esse tipo de espetáculo floresceu na Europa em meados do século XX, permanecendo em voga até a Primeira Guerra Mundial. Sua origem provavelmente remonta às tavernas que passaram a ser usadas como locais de representação para burlar os monopólios. Posteriormente, tais espetáculos foram estimulados pelos donos dessas tavernas, que viram nessas apresentações uma generosa fonte de renda. Os espetáculos de *music hall* passaram, então, a exibir canções, acrobatas, ventríloquos, animais adestrados, peças teatrais curtas, danças etc. Em 1861, em Londres, é inaugurado o Oxford Music-Hall, um dos luxuosos Palácios de Variedades, como eram chamados esses locais, que proliferaram nos cinquenta anos seguintes. Nesse período, grandes nomes do teatro declamado e do musicado, bem como da dança e do bel canto, participaram de espetáculos de

music hall. O *music hall* foi uma manifestação extremamente popular, sobretudo pela mistura de sentimento e comicidade, música, teatro, dança, sofisticação e emoção.
Veja também REVISTA MUSICAL e TEATRO DE REVISTA.

MÚSICA INCIDENTAL – Música composta especialmente para acompanhar uma peça de teatro. O primeiro músico a compor música incidental foi, possivelmente, Henry Purcell (1658?-1695), que criou música para as peças de John Fletcher (1579-1625), Francis Beaumont (1584-1616) e John Dryden (1631-1700). A música no teatro, contudo, foi deixando de ser usada apenas em aberturas, interlúdios, canções, danças e desfiles, como ocorria inicialmente, e passou a ser um elemento de realce das tensões emocionais, sublinhando mesmo as palavras do texto. É dessa forma que a música está relacionada ao MELODRAMA, criando atmosferas para as cenas de rapto, assassinato, assaltos, suicídios, fugas e perseguições. No século XIX, porém, o conceito de música incidental alterou-se substancialmente devido à colaboração de grandes nomes da música e do drama, como no caso de Edvard Grieg (1843-1907) e Henrik Ibsen (1828-1906), no *Peer Gynt* (1867); e Gabriel Fauré (1845-1924) e Maurice Maeterlinck (1862-1949), em *Pélleas et Mélisande*. A música incidental não deve ser confundida com a música na COMÉDIA MUSICAL ou na ÓPERA, gêneros em que o elemento musical divide a prioridade com a literatura e a encenação. A música incidental, nesse particular, permanece sempre como um elemento suplementar do espetáculo teatral.

MUSICAL – Veja BURLESCO, BURLETA, COMÉDIA MUSICAL, DRAMA MUSICAL, *EXTRAVAGANZA*, *MUSIC HALL* e *VAUDEVILLE*.

N

NARRADOR – Em termos gerais, aquele que expõe, por escrito ou oralmente, um fato. Em teatro, PERSONAGEM responsável por narrar acontecimentos ocorridos fora de CENA, comentar a AÇÃO da peça ou, ainda, ser porta-voz do pensamento do autor. O narrador tem sido usado no teatro quase sempre sob disfarces e nomes diferentes: o Palhaço do *Auto da Compadecida*, de Ariano Suassuna (1927); o Contra-Regra de *Nossa cidade*, de Thornton Wilder (1897-1975); ou o MENSAGEIRO da TRAGÉDIA grega. No TEATRO ÉPICO, o narrador constitui um importante recurso anti-ilusionista de narrativa dramática.
Veja também AÇÃO ANTERIOR, CONFIDENTE, *FLASH-BACK* e PRÓLOGO.

NATURALISMO – Movimento artístico ocorrido no DRAMA e no ESPETÁCULO teatral do final do século XIX, que advogava um novo tipo de REALISMO que refletisse o desenvolvimento científico e social da época. Seu principal teórico foi Émile Zola (1840-1902), que, ao dramatizar seu romance *Thérèze Raquin* (1873), criou a primeira manifestação dramática do movimento.

O ideal literário de Zola era o de que o drama ilustrasse a "inevitabilidade das leis da hereditariedade e do ambiente", sendo a doutrina dos naturalistas a do DETERMINISMO AMBIENTAL. Formalmente, o naturalismo propunha a camuflagem da estrutura narrativa, isto é, a obra dramática deveria ser vista tanto quanto possível como uma *TRANCHE DE VIE* em toda a sua miserável crueza. O palco deveria espelhar a realidade fosse ela qual fosse. Para isso, bastava remover a QUARTA PAREDE.

As técnicas e o pensamento naturalistas influenciaram toda a Europa da época. A primeira obra-prima do GÊNERO foi *Senhorita Júlia* (1888), de August Strindberg (1849-1912), mas a maior, sem dúvida, é *Ralé* (1902), de Maxim Gorki (1868-1936).

A plena realização cênica do naturalismo, porém, só aconteceu quando André Antoine (1858-1943) fundou o Théâtre Libre (1887), um pequeno teatro dedicado a experimentar os princípios naturalistas de Zola. Aos poucos o ideal estético do Théâtre Libre espalhou-se por toda a Europa, influenciando na criação do Freie-Bühne, na Alemanha, e do Teatro de Arte de Moscou, de Nemirovich-Danchenko (1859-1943) e Constantin Stanislavski (1863-1938), em última instância, o maior responsável pela consagração mundial do estilo. Nos Estados Unidos, o principal escritor a seguir os cânones do naturalismo foi Eugene O'Neill (1888-1953). No Brasil, *A navalha na carne*, de Plínio Marcos (1935-1999), está entre as mais notáveis obras da literatura dramática brasileira no gênero.

NAU CATARINETA – Narrativa popular portuguesa sobre as aventuras e desventuras dos descobridores na travessia do oceano Atlântico. O tema reaparece no Brasil na forma do FANDANGO nordestino.
Veja também BUMBA MEU BOI, LAPINHA e PASTORIL.

NAUMACHÍA – Tipo de entretenimento não dramático que existiu na Roma antiga, no período do Império, e que consistia na simulação de batalhas navais. Os locais mais apropriados para tais espetáculos eram os ANFITEATROS e os lagos, mas há registro de *naumachías* encenadas em teatros, o que se tornava possível graças ao alagamento da *ORKÉSTRA*. O mais famoso espetáculo do GÊNERO, no ano 52 a.C., envolveu cerca de 20 mil participantes, entre os quais inúmeros prisioneiros e condenados à morte que, na sua grande maioria, foram executados durante a função.
Veja também TEATRO ROMANO.

NEOCLASSICISMO – Termo empregado para designar os movimentos e as tendências da arte e da literatura que seguem

ou imitam os modelos clássicos, grego e romano. Nessa acepção, o neoclassicismo abrange todo o movimento iniciado no século XV, derivado do humanismo, tratado aqui sob o título de CLASSICISMO. Especificamente, uma tendência artística e literária que no século XVIII postulou o retorno ao ideal clássico, após o colapso sofrido pelo classicismo diante da exuberância do barroco. A influência do neoclassicismo só vai ser definitivamente ameaçada com a publicação do prefácio de Cromwell, de Victor Hugo (1802-1885), em 1827, que lançou as bases teóricas do ROMANTISMO.
Veja também DECORO, LEI DAS TRÊS UNIDADES e VEROSSIMILHANÇA.

N.N. – Nos antigos programas de teatro, esta abreviatura, colocada após o nome de algum personagem, indicava o intérprete de uma PONTA que não se desejava identificar. O uso da sigla provém do Direito Romano, em que a expressão *Numerius Negidius*, usada abreviadamente (N.N.), equivalia ao nosso "fulano de tal" (*Enciclopedia Universal Ilustrada Europeo-Americana*, p. 823).

NÓ – Obstáculo que se antepõe à vontade do PROTAGONISTA. Nesse sentido, o nó representa, tecnicamente, o CONFLITO da peça. Aristóteles (384-322 a.C.) usa o termo quase como sinônimo de COMPLICAÇÃO. Para ele, nó é a "parte da tragédia que vai desde o início até o ponto a partir do qual se produz a mudança para uma sorte ditosa ou desditosa" (*Poética*, XVIII).
Veja também CLÍMAX, CRISE, DESENLACE e RESOLUÇÃO.

NÔ – A mais antiga forma conhecida do teatro japonês, cuja origem remonta ao século XIV. Seus criadores foram Kwanami (1333-1384) e seu filho Zeami (1363-1443), que fizeram evoluir o *Sarugaku*, uma forma antiga de espetáculo composta de cantos, danças, acrobacias e disputas. Kwanami introduziu nesse ato variado um tipo de dança narrativa que, com o tempo, passou a dominar todo o espetáculo. Este se transformou, então, num tipo de DRAMA dançado que recebeu o nome de *nô*. O repertório, de mais ou menos quinhentos textos, além de aspectos do desempenho, são até hoje os mesmos prescritos por Kwanami e Zeami. Na temática predomina o pensamento budista. Os argumentos contam com a presença constante de fantasmas atormentados buscando a salvação e a paz. A narrativa é estruturada em três partes: introdução, desenvolvimento e solução. O espaço cênico é previamente preparado para um espetáculo completo, que compreende a apresentação de cinco diferentes peças, na seguinte ordem: uma peça sobre deuses; uma sobre guerreiros; uma sobre uma bela mulher; uma quarta de tema variado; e uma peça final na qual um deus ou demônio executa uma dança. O texto é recitado por um CORO de oito membros. Os figurinos são geralmente muito elaborados e luxuosos, e predomina o uso de MÁSCARA. A duração do espetáculo é de aproximadamente sete horas. Para o espectador ocidental, o teatro *nô* mostra-se excessivamente lento, talvez até monótono. Para o iniciado, conhecedor das convenções, porém, trata-se de uma fascinante experiência estética e espiritual.

Veja também *ARAGOTO*, *JÔRURI*, *KABUKI*, *KYOGEN* e TEATRO JAPONÊS.

NOVELA – Literariamente falando, um tipo de narrativa em prosa que se situa a meio caminho entre o romance e o conto. Em termos de arte dramática, um tipo de MELODRAMA que, no século XX, passou a ser apresentado pelo rádio e pela televisão. A característica desse tipo de novela é a seriação que, dependendo do sucesso junto aos ouvintes ou telespectadores, pode alongar-se por meses a fio. O exemplo clássico de novela de rádio no Brasil é *O direito de nascer*, do mexicano Felix Caignet, que nos anos 50 foi ao ar durante pelo menos dois anos ininterruptos.

O

OBJETIVO – Termo empregado por Constantin Stanislavski (1863-1938) para indicar o propósito, intuito ou vontade da PERSONAGEM. Segundo Ferdinand Brunetière (1849-1906), teatro é "o espetáculo de uma vontade que se dirige a um objetivo" (citado por Bernard Dukore, *Dramatic Theory and Criticism*, p. 723). Assim formulado, temos que o objetivo da personagem é o ponto para onde se encaminha a AÇÃO dessa personagem, sendo a vontade o elemento mobilizador de tal ação. Em se tratando de uma ação dramática, a todo objetivo estabelecido contrapõe-se um contraobjetivo. Segundo Stanislavski, a formulação adequada de objetivos deve ser em forma de verbo, por ser esta uma forma ativa, que impele o ATOR à expressão comportamental correspondente.

OFF-BROADWAY – Na cidade de Nova York, diversos grupos e teatros situados em torno do Greenwich Village, empenhados na produção de espetáculos que se oponham em custos e estilo aos realizados na BROADWAY. As casas de espetáculo são geralmente pequenas, o REPERTÓRIO inclui peças estrangeiras, novos autores e remontagens, além de uma linguagem cênica muito mais próxima do experimental ou, pelo menos, não comprometida com o tradicional ou o comercial. Aos atores e técnicos que atuam *off-Broadway* são pagos salários e cachês bem abaixo do arbitrado pelos sindicatos para a Broadway. A partir dos anos 60 do século XX, devido ao sucesso de algumas produções *off-Broadway*, outros teatros foram sendo criados em zonas mais afastadas do foco inicial. A esse novo movimento, mais radical no experimentalismo e no inconformismo com o sistema financeiro, foi dado o nome de *off-off-Broadway*.

OFF-OFF-BROADWAY – Veja *OFF-BROADWAY*.

OMOIÓS – Termo grego que significa "como um de nós". Trata-se de um conceito de grande importância para a compreensão do efeito último da TRAGÉDIA: a purgação das emoções de TERROR E COMPAIXÃO. Segundo Aristóteles (384-322 a.C.), o terror é provocado pelo fato de o personagem trágico ser *omoiós*, isto é, como um de nós, o que torna o espectador vulnerável em padecer do mesmo infortúnio sofrido pelo personagem.
Veja também CATARSE.

ÓPERA – Na Renascença italiana, na Camerata de Florença, estudiosos de música propuseram-se a criar obras similares às descritas por Aristóteles (384-322 a.C.) e Horácio (65-8 a.C.). Evidentemente, nada menos parecido com uma TRAGÉDIA que *Dafne* (1597), a primeira obra resultante da experiência lítero-musical da Camerata. Contudo, se os acadêmicos aficionados pela cultura clássica não lograram restabelecer a tragédia, pelo menos criaram a ópera. O grande problema do GÊNERO sempre foi a convivência entre as duas linguagens, a musical e a dramática. Na busca dessa adequação, desde o início até nossos dias, cinco nomes devem ser destacados: Cláudio Monteverdi (1567-1643), o primeiro a chegar a algum resultado na fusão de música e drama; Christoph Gluck (1714-1787); Wolfgang Amadeus Mozart (1756-1791); Richard Wagner (1813-1883) e Richard Strauss (1864-1949). Evidentemente, esses cinco nomes não esgotam a lista dos grandes compositores de ópera, mesmo que as obras dos demais se reduzam, muitas vezes, a um ENREDO servindo de pretexto a um enfiado de árias e recitativos. Assim, Scarlatti, Haendel, Pergolesi, Rameau, Cherubini, Spontini, Weber, Glinka, Rossini, Bellini, Donizzetti, Verdi, Mascagni, Leoncavallo, Carlos Gomes, Puccini, Bizet, Gounod, Massenet, entre muitos outros, consagraram o gênero, quando não o da ópera, pelo menos o do bel canto. No século XX, devem ser mencionados ainda os experimentos de Kurt Weill (1900-1950), de Arnold Schönberg (1874-1951), Alban Berg (1885-1935) e George Gershwin (1898-1937). Merece destaque também o avanço ocorrido no campo da encenação de óperas graças à atuação de importantes diretores de teatro e cinema, notadamente Luchino Visconti (1906-1976), Ingmar Bergman (1918-2007) e Franco Zefirelli (1923), bem como no da representação, graças à influência da cantora Maria Callas (1923-1977).

ÓPERA-BALADA – Tipo de ÓPERA que inclui DIÁLOGO falado intercalado a canções geralmente retiradas de temas populares. A mais famosa ópera-balada é a *Ópera do mendigo* (1728), de John Gay (1685-1732), que serviu de base à não menos famosa *Ópera dos três vinténs* (1928), de Kurt Weill (1900-1950) e Bertolt Brecht (1898-1956) e, no Brasil, à *Ópera do malandro* (1978), de Chico Buarque (1944). Uma característica da ópera-balada é seu quadro de intérpretes, que deve ser formado por atores preferencialmente, e não por cantores. Na Alemanha, o grande sucesso da ópera-balada inglesa fomentou o aparecimento da *Singspiel*, um GÊNERO que chegou a influenciar músicos da importância de Mozart e Beethoven. A ópera-balada, de certo modo, foi a base para o surgimento da OPERETA e da COMÉDIA MUSICAL.

OPERA-BUFFA – Veja ÓPERA CÔMICA.

ÓPERA CÔMICA – Tipo de ÓPERA cujo LIBRETO geralmente pertence ao GÊNERO cômico. A primeira ópera cômica que alcançou reconhecimento foi *La Serva Padrona*, de Giovan Battista Pergolesi (1710-1736), ainda hoje mantida no REPERTÓRIO de grandes teatros de ópera. Wolfgang Amadeus Mozart (1756-1791) e Gioacchino Rossini (1792-1868) foram, contudo, os maiores cultores do gênero, o primeiro notadamente com *Cosi fan Tutte* (1790), e o segundo com *O barbeiro de Sevilha* (1816). No fim do século XVIII, dado o grande sucesso popular do gênero, em alguns centros culturais, como Paris, por exemplo, foram construídos teatros separados para a encenação de óperas sérias e de óperas cômicas. A ópera cômica francesa possuía, ainda, a característica de incluir DIÁLOGO falado, e nem sempre seus enredos eram necessariamente cômicos.

Carmen, de Georges Bizet (1838-1875), por exemplo, foi composta para o teatro da Opéra Comique. Na Itália, a ópera cômica é chamada de *opera-buffa*.

ÓPERA DE PEQUIM – Espetáculo tradicional chinês cujas raízes remontam à dinastia Ming (1368-1644). A forma que apresenta hoje, conhecida como *ching hsi*, é um amálgama das várias artes cênicas, drama, dança, canto e acrobacia. Trata-se, com certeza, de uma arte de intérprete, com ênfase na voz, trabalhada sempre em falsete, e no corpo, usado com grande elegância na sequência de movimentos esculturais. Praticamente não há cenários, mas o FIGURINO, que inclui o uso de MÁSCARA, é de grande luxo e beleza. A narrativa é episódica, e a linguagem utiliza-se de uma mistura de chinês literário, chinês coloquial e ainda um dialeto teatral. A matéria das peças deriva das lendas e da história e é geralmente de cunho moralista, com a bondade sendo premiada, o erro, redimido e a maldade, punida. A Ópera de Pequim apresentou-se pela primeira vez no Brasil em 1956 com enorme sucesso de público.

OPERADOR – Aquele que opera o quadro de luz ou o equipamento de som durante o espetáculo. Qualifica-se segundo a atividade executada, como nas expressões operador de luz, operador de som etc.
Veja também ILUMINAÇÃO e SONOPLASTIA.

OPERETA – Tipo de ÓPERA leve cujo ARGUMENTO gira em torno de aventuras românticas frívolas e episódios cômicos e fantásticos, além de algum comentário de sabor satírico-político. Na França, quem deu qualidade musical ao GÊNERO foi Jacques Offenbach (1819-1880), com sua música espirituosa que refletia a vida parisiense do período. Na Áustria, o país onde a opereta obteve grande aceitação popular, os maiores nomes cultores do gênero foram Johann Strauss, filho (1825-1899), autor de *O morcego* e *O barão cigano*; e Franz Lehar (1870-1948), autor de *A viúva alegre*, possivelmente a opereta mais famosa entre quantas existam. No século XX, com o desenvolvimento da COMÉDIA

MUSICAL, sobretudo na Inglaterra e Estados Unidos, a opereta caiu em desuso.

ORATÓRIO – Poema dramático-musical de temática religiosa executado por solistas-cantores e CORO com acompanhamento de orquestra sinfônica. A origem do oratório está ligada à tradição do teatro religioso medieval, embora no século XVI o GÊNERO pouco diferisse da ÓPERA, inclusive em termos de encenação. Sua transformação numa apresentação em forma de concerto teve lugar no século XVIII, com Scarlatti, Rossini, Telemann, Haendel e Bach como seus maiores compositores. O oratório continuou sendo cultivado pelos grandes compositores do século XX, Stravinski, Kodály, Janácek, Hindemith, Honegger e Holst.

ORESTEIA – TRILOGIA de Ésquilo (525-456 a.C.) composta pelas tragédias *Agamêmnon*, *As Coéforas* e *As Eumênides*, apresentada pela primeira vez em Atenas em 458 a.C. A *Oresteia* é o único exemplo completo de como as tragédias concorriam na GRANDE DIONISÍACA.
Veja também TETRALOGIA e TRAGÉDIA.

ORKÉSTRA – Literalmente, "lugar onde se dança". No antigo TEATRO GREGO, a parte central, circular ou semicircular, destinada às evoluções coreográficas do CORO. Com o desenvolvimento da narrativa dramática em direção à autonomia da PERSONAGEM, o coro foi gradativamente perdendo sua importância no contexto do DRAMA, e consequentemente o espaço da *orkéstra* foi se tornando ocioso até desaparecer completamente.
Veja também *SKENÉ* e *THÉATRON*.

P

PALCO – Nome genérico dado ao local onde se realiza a representação teatral. Através da história do teatro, a ideia de palco tem variado desde sua forma mais rudimentar, um tablado em torno do qual as pessoas se aglomeram para ver e ouvir os atores, até os mais sofisticados teatros da atualidade. O desenvolvimento e a transformação desse espaço, em períodos e culturas diferentes, obedeceram a regras ditadas pelas forças sociais que mobilizaram e mobilizam a própria história. No TEATRO GREGO e no TEATRO ROMANO, por exemplo, o palco foi uma plataforma extensa e estreita à frente da qual se situava a *ORKÉSTRA*. No TEATRO MEDIEVAL, que não desenvolveu a tradição de uma arquitetura teatral específica, o palco limitou-se a estrados de madeira armados em torno de uma praça ou, mesmo, sobre carroças que se deslocavam pelas ruas da cidade. Em cima desses estrados era construído o CENÁRIO. O palco do TEATRO ELISABETANO foi uma evolução deste último, acrescido do avanço em direção à PLATEIA, montado à frente de uma estrutura fixa de madeira. Essa estrutura, ao contrário dos frontispícios dos antigos teatros grego e romano, não se impunha ao DRAMA nem como forma, nem como decoração, nem como indicativo de tempo e lugar. A estrutura elisabetana sugeria uma multiplicidade de espaços que, por si só, deu à narrativa dramática inglesa uma dinâmica inédita se comparada a outras dramaturgias do mesmo período. Em meados do século XVII, o palco com PROSCÊNIO começou a ser desenvolvido, alcançando forma mais evoluída nos séculos subsequentes. No final do século XIX, com o advento da luz elétrica, que impôs uma reformulação de toda projeção figurativa em CENA, o palco passou a ser objeto de experimentos que visavam, por um lado, à obtenção de uma linguagem cênica autônoma quanto à linguagem literária e, por outro, a novos níveis de relação com o espectador. Nesse período, se sobressaíram os nomes de Adolphe Appia (1862-1928), Edward Gordon Craig (1872-1966), Max Reinhardt (1873-1943), Jacques Copeau (1879-1949) e Erwin Piscator (1893-1966) como os encenadores e cenógrafos que mais contribuíram para a transformação do espaço cênico. O resultado dessa busca de formas e relações resultou na derrubada definitiva de modelos, tornando a ideia de palco uma convenção extremamente variável, quase tão elástica quanto as necessidades estéticas e ideológicas de cada grupo ou espetáculo.

PALCO À ITALIANA – Tipo de PALCO característico dos teatros europeus a partir do século XVII. Trata-se do palco retangular, aberto para a PLATEIA na parte anterior e delimitado na frente pela BOCA DE CENA e no fundo pela ROTUNDA ou CICLORAMA. A relação entre atores e espectadores é sempre frontal, determinada pelo ponto de vista estabelecido pela perspectiva. O palco à italiana, também chamado popularmente de palco italiano, é, ainda, o mais comumente encontrado nos teatros existentes hoje em dia no mundo e, apesar das limitações que lhe são atribuídas, oferece condições de visibilidade, acústica e ilusionismo o mais próximo possível da perfeição.
Veja também ARCO DO PROSCÊNIO e CAIXA CÊNICA.

PALCO GIRATÓRIO – Tipo de PALCO cujo assoalho é construído sobre mecanismos que possibilitam o movimento giratório. Serve basicamente para mudanças rápidas de CENÁRIO. A origem do palco giratório é atribuída ao *KABUKI* japonês, que o usava desde o século XVII.

PALCO NU – Expressão criada por Jacques Copeau (1879-1949) para definir o DISPOSITIVO CÊNICO que substituiu o PALCO convencional na segunda fase do Vieux-Colombier (1919-1924). "Para uma obra nova", dizia Copeau, "deem-nos um palco nu [...], o mais simples dos dispositivos, símbolo da maior liberdade e que faz à imaginação do poeta o apelo mais solícito e mais puro" (transcrito por Georges

Raeders, *O cinquentenário da fundação do Vieux Colombier*, p. 53). O dispositivo utilizado por Copeau aproximava a PLATEIA da CENA, construindo no lugar do FOSSO DA ORQUESTRA uma estrutura aos moldes do TEATRO ELISABETANO que servia de base a qualquer ambientação. A caracterização do ambiente que cada peça exigia era feita através do uso de ACESSÓRIOS e ILUMINAÇÃO.

PANELÃO – Grande rebatedor em forma quadrangular feito de folha que contém certo número de lâmpadas. Serve para iluminar superfícies planas ou as entradas de CENA, oferecendo luz intensa e difusa.
Veja também ILUMINAÇÃO, PROJETOR, REFLETOR e TANGÃO.

PANO DE BOCA – Grande tela pintada geralmente com motivos alegóricos que, movimentada no sentido vertical, cobre e descobre a BOCA DE CENA no final e no início do espetáculo. Trata-se de uma peça em geral de boa qualidade artística, encontrada apenas nos grandes teatros de ÓPERA. O pano de boca do Theatro Municipal do Rio de Janeiro, inaugurado em 1909, por exemplo, é de autoria de Eliseu Visconti (1867-1944), um dos mais representativos pintores da época. Hoje em dia, o termo é usado como sinônimo de CORTINA.

PANO DE FUNDO – Veja ROTUNDA.

PANO RÁPIDO – Veja CORTINA RÁPIDA.

PANTALLONE – Personagem da *COMMEDIA DELL'ARTE* pertencente à categoria dos patrões. *Pantallone*, ou, em português, Pantaleão, era geralmente um mercador idoso ou de meia-idade que falava dialeto veneziano numa linguagem empolada e cheia de provérbios. Apesar da idade, mantinha uma atitude galante para com as mocinhas. Seu traje típico incluía malha vermelha, meias e calções também vermelhos, chinelos, um casaco preto que alcançava o tornozelo, MÁSCARA com um grande nariz adunco e barba postiça grisalha.

Veja também ARLEQUIM, COLOMBINA, *IL DOTTORE* e *ZANNI*.

PANTOMIMA – Nome dado a várias manifestações teatrais que pouco ou nada têm a ver umas com as outras. A primeira delas é um espetáculo teatral do período do TEATRO ROMANO. Tal espetáculo consistia na representação, através de gestos e movimentos, de pequenas cenas baseadas na história e na mitologia. Essas cenas eram acompanhadas por um CORO que descrevia os acontecimentos. O ATOR de pantomima chamava-se pantomimus, vestia traje semelhante ao da TRAGÉDIA e usava MÁSCARA. Depois de Roma, encontramos balés-pantomimas na Inglaterra do início do século XVIII, apresentados ao público como "novos entretenimentos dramáticos à maneira antiga das pantomimas" (*The Oxford Companion to the Theatre*, p. 624-625). Tais espetáculos consistiam na narração de contos de fadas através da linguagem da dança. Na França, a palavra pantomima foi usada para denominar as peças em que aparecia o personagem PIERRÔ. Na época áurea do MELODRAMA, o termo foi usado para designar aquela parte da interpretação do ator que prescindia do uso da palavra. Modernamente, os termos pantomima e MÍMICA são usados praticamente como sinônimos.
Veja também MIMODRAMA.

PAPEL – Termo popular para designar a parte que o ATOR desempenha numa peça de teatro. Usado também como sinônimo de PERSONAGEM.

PAPPUS – Provavelmente o mais famoso PERSONAGEM da *FABULA ATELLANA*, a julgar pelo número de peças em que aparece. Trata-se do velho caduco ou simplesmente ingênuo que é vítima da esperteza dos mais jovens. A MÁSCARA correspondente incluía a careca e uma barba rala.
Veja também *BUCCO*, *DOCENUS*, *MACCUS* e PERSONAGEM-TIPO.

PARÁBASIS – Uma das partes integrantes da COMÉDIA ANTIGA – as outras são o PRÓLOGO, o *PÁRODOS*, o

AGON, o EPISÓDIO e o *KOMOS*. A *parábasis*, ou ode coral, podia tomar duas formas distintas: a de discussão de algum TEMA político ou social ou, simplesmente, a de homenagem à figura do autor, que pretendia, assim, conquistar a boa vontade do público para com a peça. A *parábasis* localiza-se após o *agon* e antes do início do primeiro episódio.
Veja também TEATRO GREGO.

PARADE – Nome dado na França aos pequenos atos cômicos ou líricos representados nas portas dos teatros de feira com o intuito de atrair a atenção do público para o programa apresentado no interior desses teatros e, consequentemente, vender ingressos. Tais peças mostravam afinidades com a FARSA e com os espetáculos da *COMMEDIA DELL'ARTE*. Após meados do século XVIII, com o gradual desaparecimento dos teatros de feira, tal tipo de entretenimento foi perdendo sua razão de ser até o surgimento, no século XIX, do teatro de *BOULEVARD*, junto com o qual ressurgiu com grande prestígio e popularidade. Essa última manifestação é a que pode ser vista na célebre cena interpretada por Jean-Louis Barrault (1910-1994) no filme *Les Enfants du Paradis* (1945). Modernamente, o grupo norte-americano Bread and Puppet Theater reintroduziu a modalidade de divulgação de seus espetáculos através da representação de *parades* com a inclusão de uma banda musical e a apresentação de pequenas peças de caráter didático.

PARADOXO DO COMEDIANTE – Obra teórica sobre a arte e a ciência do ATOR, de autoria de Denis Diderot (1713-1784), escrita em 1773. Nessa obra, Diderot faz a defesa de uma interpretação baseada na análise do modelo e na racionalização dos meios empregados pelo ator. A motivação para tal teoria foi o trabalho do ator inglês David Garrick (1717-1779), seu amigo pessoal, que havia provocado, na Inglaterra, uma grande reforma no estilo de representar. Embora bastante dogmática, a obra de Diderot é, ainda hoje, um ponto de referência obrigatório para qualquer discussão acerca do uso da razão e da emoção no trabalho do ator.

PARODOI – No antigo TEATRO GREGO, as entradas laterais de acesso à *ORKÉSTRA*, logo abaixo do *PROSKÉNION*. Os *parodoi* eram usados basicamente para as entradas e saídas do CORO, embora em certas ocasiões os atores também fizessem por ali suas entradas e saídas de cena. Usado também para o trânsito dos espectadores no início e no fim do espetáculo.

PÁRODOS – Parte do DRAMA grego que corresponde à entrada do CORO. O nome deriva das rampas de acesso à *ORKÉSTRA*, os *PARODOI*, por onde o coro transitava.
Veja também PRÓLOGO, EPISÓDIO, ESTÁSIMO e ÊXODO.

PASSION PLAY – Veja PEÇA SACRA.

PASTORAL – Tipo de poema dialogado de temática pastoril e campestre muito em voga na Itália, no século XVI, e na Inglaterra, no século XVII. Tratava-se de dramatizações de tradicionais motivos bucólicos, que refletiam uma visão utópica da natureza como fonte única da felicidade. As obras mais destacadas do GÊNERO são *Aminta* (1573), de Torquato Tasso (1544-1595); *Galathea* (1584), de John Lyly (1554?-1606); e *A pastora fiel* (1608), de John Fletcher (1579-1625). A comédia *Como gostais* (1599-1600), de William Shakespeare (1564-1616), foi também baseada num desses romances bucólicos, *Rosalynde*, de Thomas Lodge (1588-1625).
Veja também TEATRO RENASCENTISTA.

PASTORIL – Manifestação folclórica semidramática ocorrida no Nordeste que substituiu a LAPINHA na noite de Natal. O pastoril consiste principalmente em cantos de louvor entoados no estábulo de Belém, ou seja, diante do presépio. Os grupos que cantam se vestem de pastores, embora haja alguns personagens cômicos, como o velho, o soldado e o marujo bêbado. Também chamado de pastorinha.

PATAFÍSICA – Termo criado por Alfred Jarry (1873-1907) para designar um suposto sistema filosófico, inventado por

ele, referido como "a ciência das soluções imaginárias". O teatro de Jarry, composto das peças em torno da figura do Rei Ubu, bem como sua "filosofia", caracteriza-se por uma anárquica e bem-humorada revolta contra os valores da sociedade e as convenções do NATURALISMO no teatro. A essência desse movimento é a contestação através do *nonsense*, e não é sem razão que Jarry tem sido apontado como um importante precursor do TEATRO DO ABSURDO. Após a Segunda Guerra Mundial, em 1949, foi criado em Paris o Colégio da Patafísica, um movimento inspirado no DADAÍSMO, do qual fizeram parte Jacques Prévert (1900-1977), Jean Dubuffet (1901-1985), Eugène Ionesco (1912-1994) e Boris Vian (1920-1959), entre outros intelectuais e artistas. O Colégio, contudo, não teve maior repercussão, tendo sido absorvido pelo Teatro do Absurdo.
Veja também SURREALISMO.

PÁTHOS – Veja CATÁSTROFE.

PÁTIO – A tradição do teatro popular espanhol do período chamado SÉCULO DE OURO não aponta a existência de um edifício teatral específico. Talvez devido às condições climáticas favoráveis a outras manifestações culturais, os *corrales* ou teatros eram construídos no interior dos quarteirões, aproveitando o pátio interno formado pela fachada de fundo das casas. O termo "pátio", referia-se especificamente ao espaço central e plano que era ocupado pelos espectadores que ficavam de pé diante da plataforma de madeira que servia de PALCO. Essa plataforma estendia-se de parede a parede e era suficientemente grande para abrigar lateralmente fileiras de bancos destinados a parte do público. No fundo do pátio, ficava a *alojeria*, ou taverna, e acima, aproveitando as janelas das casas, as *cazuelas*, ou balcões, destinadas às mulheres. Acima das *cazuelas* ficavam as *tertúlias*, o local preferido pela administração, pelo clero e pelos intelectuais. As janelas laterais das casas eram chamadas de *aposentos* e serviam como uma espécie de CAMAROTE.
Veja também TEATRO RENASCENTISTA.

PEÇA – Literalmente, parte ou pedaço de um todo. Em linguagem teatral, o texto ou o espetáculo, ou seja, a peça de teatro escrita ou encenada.

PEÇA BEM FEITA – Veja *PIÈCE BIEN FAITE*.

PEÇA DE TESE – Termo cunhado pela CRÍTICA para se referir a um tipo de peça realista, como *Casa de bonecas*, de Henrik Ibsen (1828-1906) ou *A profissão da senhora Warren*, de Bernard Shaw (1856-1950), em que, através do ataque a instituições, valores ou problemas da sociedade burguesa, como a família, o casamento, a falsa moral, o espírito mercantilista, a injustiça social, a emancipação feminina etc., postulava-se a transformação social. Tal tipo de peça começou a ser escrita na primeira metade do século XIX notadamente por Alexandre Dumas Filho (1824-1895). O espírito da peça de tese pode ser compreendido a partir da observação de Shaw de que "as questões sociais são produzidas pelo conflito das instituições humanas com os sentimentos humanos" (citado por Bernard Dukore, *Dramatic Theory and Criticism*, p. 630). Outras expressões com o mesmo significado são peça-problema e peça de ideias.
Veja também REALISMO.

PEÇA SACRA – Em termos genéricos, qualquer peça que dramatize aspectos de alguma teogonia, cosmogonia ou mitologia. Do Egito antigo, conhecem-se referências a vários ciclos de peças sacras, como o ciclo de Mênfis, que data provavelmente de 2500 a.C. e fala da morte e ressurreição de Osíris e da coroação de Hórus; e, o mais famoso, o ciclo dos Mistérios de Abydos, que trata, igualmente, da morte de Osíris. De nenhum deles, porém, resta qualquer fragmento de texto. Fenômeno semelhante ao do Egito parece ter ocorrido entre os hititas e os babilônicos, mas, da mesma forma, o que temos hoje são só referências. Durante a Idade Média, todo o conjunto de peças religiosas produzidas como estratégia de ensino e revitalizadas pelas comunidades feudais. Modernamente, peças que se relacionam à mitologia cristã, sobretudo a aspectos da paixão e morte de Jesus Cristo. Exemplos de

peças sacras contemporâneas podem ser as obras de Henry Ghéon (1875-1943) *L'Histoire du Jeune Bernard de Menthon* (1925) e *Le Noël sur la Place* (1935), ou as representações anuais que ocorrem durante a Semana Santa em diversas partes do mundo, como, por exemplo, em Oberammergau, na Baviera, ou em Fazenda Nova, em Pernambuco.
Veja também AUTO SACRAMENTAL, DRAMA LITÚRGICO, MILAGRES e MISTÉRIOS.

PENSAMENTO – Veja *DIANOIA*.

PÉPLOS – Antigo traje grego usado também no teatro. Consistia numa veste em forma de túnica, geralmente presa com cinto, com uma parte ampla drapeada pendente dos ombros até a cintura. O *péplos* foi um traje tipicamente feminino. Por volta do século V a.C. caiu em desuso, sendo substituído pelo *CHITON*.
Veja também TEATRO GREGO.

PERFORMANCE – Manifestação ritualística de interação social ocorrida em local público com a utilização de recursos cênicos e dramáticos. Historicamente, tais manifestações surgem após a Segunda Guerra Mundial, numa tentativa de superação da fragmentação sociocultural enfatizada pelo capitalismo. Alguns dos grupos performáticos em voga nos anos 60 e 70 do século XX chegam a unir-se a movimentos políticos de esquerda. Mais tarde, nos anos 80 e 90, grupos identificados com minorias etnossociais – *gays*, mulheres, índios, negros – redescobrem a força exercida pelos movimentos performáticos junto às comunidades. O objetivo da *performance* é entreter, divertir, criar uma identidade e, sobretudo, dissolver fronteiras que separem os indivíduos. Artisticamente, uma *performance* pode ser individual ou grupal e ter sua execução centrada no teatro, na dança ou nas artes plásticas. Segundo Richard Schechner (1934), foi do "casamento entre cultura *pop* e artes visuais que nasceram os *happenings* e a arte da *performance*" (*The End of Humanism*, p. 24-25). Alguns aspectos que caracterizam as

performances são o virtuosismo individual e o consequente personalismo que envolve a atividade, e a estrutura em torno de um solo improvisado.
Veja também *HAPPENING*.

PERÍAKTOI – Elementos de CENOGRAFIA provavelmente utilizados pelos gregos no período helenístico. Os *períaktoi* consistiam em prismas de três faces que giravam ao redor de um eixo central, com cada uma das faces contendo parte da representação de um ambiente. Três ou mais *períaktoi* colocados próximos uns dos outros ofereciam, então, a visão completa da imagem pretendida. Vitrúvius (70?-15? a.C.), no tratado *De Architectura* (descoberto em 1414 em Saint Gallen, Suíça, e traduzido para o italiano em 1531), fala de três tipos de CENA que seriam os representados nas três faces dos *períaktoi*: a da TRAGÉDIA, a da COMÉDIA e a do DRAMA SATÍRICO. Contudo, a rigor, as figuras nelas representadas constituem matéria para meras conjecturas acadêmicas.
Veja também *EKKIKLEMA*, *MÉCHANÉ*, *PINAKES* e TEATRO GREGO.

PERIPÉCIA – Tradução do termo grego *peripéteia*. Segundo Aristóteles (384-322 a.C.), um dos elementos essenciais, juntamente com o RECONHECIMENTO (*anagnorisis*), para que uma TRAGÉDIA possua uma AÇÃO COMPLEXA. Para Aristóteles, a peripécia "é a mudança da ação no sentido contrário ao que foi indicado" (*Poética*, XI, p. 282). Trata-se, pois, de uma mudança no curso dos acontecimentos que altera o destino da personagem trágica. A melhor peripécia, para Aristóteles, é a que decorre do reconhecimento da *HARMATÍA* da personagem.
Veja também CATARSE e CATÁSTROFE.

PERNAS – Nome dado aos bastidores que são feitos apenas de tecido, sem moldura. As pernas, colocadas sucessivamente a intervalos regulares nas laterais do PALCO, pendem do URDIMENTO até o chão. Servem para delimitar o espaço

cênico e, ao mesmo tempo, esconder da vista do público tudo o que não faz parte da CENA.
Veja também BAMBOLINA e BASTIDOR.

PERSONAGEM – Palavra derivada do latim *persona*. Num sentido genérico, "no interior da prosa literária e do teatro, os seres fictícios construídos à imagem e semelhança dos seres humanos" (Massaud Moisés, *Dicionário de termos literários*, p. 396). A palavra grega para designar a personagem é *éthe*, que significa "aquele que escolhe". Segundo Aristóteles (384-322 a.C.), personagem é resultado da interação da *DIANOIA* (pensamento) e do *ÉTHOS* (ato, escolha), ou seja, de uma intenção ou vontade e do ato decorrente dessa vontade. Para Aristóteles, a *dianoia* e o *éthos* constituem o fundamento da AÇÃO da personagem. Segundo E. M. Forster (1897-1970), as personagens podem ser "planas" ou "redondas". Personagens planas são aquelas construídas ao redor de uma única ideia, carecendo de profundidade e, portanto, sem surpresas; enquanto personagens redondas são as que apresentam várias qualidades, profundidade psicológica e complexidade (*Aspects of the Novel*, 1927).

PERSONAGEM-CORO – Veja *RAISONNEUR*.

PERSONAGEM-TIPO – Qualquer PERSONAGEM cujos traços físicos ou características comportamentais podem ser imediatamente reconhecidos pelo espectador. Tais personagens apresentam-se geralmente vestidas de acordo com um modelo e atendem sempre pelo mesmo nome. O mais famoso grupo de personagens-tipo que se conhece é o que se formou em torno da *COMMEDIA DELL'ARTE*. Essas personagens, às vezes modificadas, podem ser encontradas em dramaturgias de épocas e locais diferentes. O cinema americano dos anos 20 do século passado também revelou alguns tipos formidáveis interpretados por grandes comediantes, como Charles Chaplin (1889-1977), Buster Keaton (1895-1966) e Harold Lloyd (1893-1971). Personagens-tipo são também chamados de personagens fixos.

PESO – Peça de metal ou concreto usada para fixação do ESQUADRO na sustentação da TAPADEIRA ou de outra peça do CENÁRIO. Serve também para contrabalançar o peso dos cenários ou equipamentos presos a uma VARA, no sistema chamado de CONTRAPESO.
Veja também MAQUINISTA e MAQUINISTA DE VARANDA.

PHLYAKES – Espetáculo praticado nas colônias do Sul da Itália, uma antiga forma de FARSA que provavelmente influenciou a *FABULA ATELLANA*. Esse tipo de espetáculo consistia na SÁTIRA de antigas peças sérias, nas quais eram incluídas cenas da vida cotidiana, representadas de forma explicitamente obscena.
Veja também TEATRO GREGO.

PIÈCE BIEN FAITE – Expressão usada unicamente no original francês, empregada pela CRÍTICA para designar um tipo de peça escrita de acordo com a fórmula ditada por Eugène Scribe (1791-1861), seu criador. Essa fórmula incluía necessariamente o uso de segredos, maquinações, surpresas, mal-entendidos, revelações e reviravoltas, na maioria das vezes em detrimento da CARACTERIZAÇÃO e do conteúdo. Mesmo assim, e embora usando praticamente os mesmos recursos narrativos do MELODRAMA, a *pièce bien faite* sobrepõe-se a este pela credibilidade nas soluções apresentadas. Os principais seguidores de Scribe foram Alexandre Dumas, filho (1824-1895), Victorien Sardou (1831-1908) e Arthur Pinero (1855-1934). Com o surgimento do NATURALISMO e da PEÇA DE TESE, a *pièce bien faite* caiu em desuso, tornando-se o termo sinônimo de uma dramaturgia baseada em truques e efeitos fáceis.
Veja também SUSPENSE e VEROSSIMILHANÇA.

PIERRÔ – Em francês, *Pierrot*. Personagem derivado de um dos tipos da *COMMEDIA DELL'ARTE*, provavelmente Pedrolino, um dos *ZANNI*. Criado por Jean-Baptista Gaspard Deburau (1796-1846), o Pierrô se caracteriza pela aparência melancólica e pelo traje folgado de seda branca. No cinema, tanto o criador como o personagem foram imortalizados na memorável interpretação de Jean-Louis Barrault (1910-1994) em *Les Enfants du Paradis*, filme de Marcel Carné (1909-1996) estreado em 1945.

PINAKES – No antigo TEATRO GREGO, painéis pintados que provavelmente eram usados como CENÁRIO, presos ao frontispício da *SKENE*, substituídos pelos *PERÍAKTOI*.

PIRÂMIDE DE FREYTAG – Expressão usada para designar o modelo estrutural do DRAMA proposto pelo teórico alemão Gustav Freytag (1816-1895), contido no livro *A técnica do drama* (1863). Nessa obra, Freytag refere-se à evolução da narrativa dramática numa peça de cinco atos usando a forma de uma pirâmide da seguinte maneira:

```
A. Introdução                      C
B. Elevação da ação
C. Clímax                  B              D
D. Declínio da ação
E. Catástrofe         A                        E
```

A pirâmide de Freytag, hoje em dia, é um recurso superado, pois não corresponde às características formais e estruturais da maior parte das peças escritas a partir do século XX.

PLANO CONVEXO ou PC – Tipo de REFLETOR que leva esse nome por possuir uma lente convexa na parte frontal, que permite focos mais concentrados. Possui ainda tela de proteção para a lente e encaixe para GELATINA ou GOBO.
Veja também CANHÃO SEGUIDOR, ELIPSOIDAL, FRESNEL, LÂMPADA PAR e *SET-LIGHT*.

PLATEA – No TEATRO MEDIEVAL, no interior das catedrais, a área onde acontecia a maior parte da representação do DRAMA LITÚRGICO. Ao redor da *platea* eram erguidas as MANSÕES, de forma que os atores deslocavam-se de uma para outra de acordo com as necessidades da narrativa. Esse

arranjo cênico deu origem ao conceito de CENA SIMULTÂNEA, característico do teatro religioso medieval.
Veja também, por oposição, CENA SUCESSIVA.

PLATEIA – Nome genérico dado ao público que frequenta um teatro. Em termos de arquitetura teatral, a parte localizada abaixo do PROSCÊNIO, antes do FOSSO DA ORQUESTRA, destinada a acomodar o público. A plateia hoje corresponde ao espaço da *ORKÉSTRA* no antigo TEATRO GREGO. Com o passar do tempo, esse espaço assumiu diferentes funções. No TEATRO ROMANO, por exemplo, serviu para abrigar a classe dominante. No TEATRO ELISABETANO, assim como no PÁTIO do teatro espanhol do SÉCULO DE OURO, era o local dos menos favorecidos economicamente e também dos solteiros e desacompanhados. Nos teatros dotados de PALCO À ITALIANA, somente em meados do século XVIII a plateia foi mobiliada (a do *COMÉDIE FRANÇAISE*, por exemplo, recebeu 180 poltronas em 1759), passando a ser frequentada pela burguesia emergente. Hoje, nos grandes teatros, os lugares da plateia gozam de grande prestígio pela boa visibilidade e qualidade acústica decorrentes da proximidade com o PALCO.

PLOT – Veja ENREDO.

POÉTICA – Em termos gerais, a arte de fazer versos. Em teoria da literatura, os tratados relacionados com a arte de escrever DRAMA. A mais famosa poética existente é a de Aristóteles (384-322 a.C.), escrita provavelmente em 335 a.C. Trata-se de uma obra fragmentada, incompleta, repetitiva, muitas vezes incoerente, parecendo mais uma série de anotações feitas para serem completadas com alguma exposição oral. Contudo, a *Poética* de Aristóteles é, ainda hoje, a mais fundamental obra já feita em torno da arte do drama. Nela, Aristóteles aborda alguns dos principais temas e conceitos relativos à narrativa dramática, como IMITAÇÃO, GÊNERO e AÇÃO, além de definir a TRAGÉDIA, situá-la historicamente, relacionar suas partes e caracterizar sua função. Segundo Francis Fergusson (1904-1986), a importância da *Poética* pode ser avaliada pela oposição a ela feita por Bertolt Brecht, que, embora erroneamente, atribuiu sua influência a todo drama escrito antes do seu próprio TEATRO ÉPICO, para ele a primeira tentativa estritamente não aristotélica ("The Poetics and the Modern Reader", in *Aristotle's Poetics*, p. 2).

POÉTICA DO OPRIMIDO – Veja TEATRO DO OPRIMIDO.

POLÊMICA DO CID – Veja CONTROVÉRSIA DO CID.

POLICHINELO – Personagem derivado da *FABULA ATELLANA* depois encontrado na *COMMEDIA DELL'ARTE*. Pertencente à categoria dos criados, falava sempre em dialeto napolitano e apresentava-se como uma mistura de esperteza e idiotice, obtusidade e sagacidade. Seu traje incluía MÁSCARA com um grande nariz adunco, uma corcunda e um traje longo com grande capuz.
Veja também PERSONAGEM-TIPO.

PONTA – Gíria. PAPEL pequeno, geralmente sem qualquer FALA.

PONTO – Aquele que antigamente lia em voz baixa as FALAS do texto que deviam ser repetidas em voz alta pelo ATOR. O ponto ficava instalado num ALÇAPÃO localizado no centro baixo do PALCO, escondido do público por uma proteção curva que ajudava a projetar o som de sua voz para o fundo da CENA. Embora os atores não utilizem mais o recurso do ponto, essa função, hoje em dia, pode ser eventualmente substituída por aparelhagem eletrônica. Em algumas casas de ÓPERA, porém, ainda é usado o ponto tradicional.

PONTO DE ATAQUE – Em DRAMATURGIA, o ponto da história escolhido pelo autor para iniciar a peça. Um ponto de ataque pode ser *ab ovo* ou *in media res*, o que significa, respectivamente, um ponto recuado ou avançado na sequência dos acontecimentos. Um exemplo de narrativa *ab ovo* são as peças de William Shakespeare (1564-1616), que incluem um número grande de EPISÓDIOS. Um exemplo de narrativa *in media res* é a TRAGÉDIA grega, cujo relato se inicia o mais próximo possível do CLÍMAX.

PORÃO – A parte inferior do PALCO, localizada sob a QUARTELADA. A ligação entre o porão e o palco é feita através do ALÇAPÃO.

PÓS-DRAMÁTICO – Termo criado pelo crítico Hans-Thies Lehmann no livro *O teatro pós-dramático*, publicado na Alemanha em 1999. Para Lehmann, o teatro pós-dramático seria uma extensão do pós-modernismo, que marcou a arte e a cultura da segunda metade do século XX. A tendência do teatro pós-dramático, ainda segundo o autor, é pesquisar possibilidades de comunicação com o público que se contraponham ao esquema mímesis-kátharsis, característico do TEATRO ARISTOTÉLICO. Nesse sentido, pós-dramático significa a quebra do vínculo entre TEATRO e DRAMA. Em termos de linguagem cênica, o pós-dramático propõe a utilização de elementos de outras artes, cinema, artes plásticas e circo. Alguns autores considerados por Lehmann como precursores do teatro pós-dramático são Alfred Jarry (1873-1907), Antonin Artaud (1896-1948) e Jerzy Grotowsky (1933-1999).
Veja também PÓS-MODERNO.

PÓS-MODERNO – Termo cunhado na segunda metade do século XX para definir um princípio de oposição aos conceitos de moderno e modernidade na arte e na cultura. O termo se tornou corrente, mas as controvérsias quanto a seus verdadeiros significados permanecem. Contudo, algumas características perpassam as mais diversas interpretações do que venha a ser pós-modernidade: o fim das narrativas, o individualismo exacerbado, o consumismo desenfreado, a multiplicidade, a fragmentação e uma ética hedonista. Trata-se, pois, de uma postura não exclusivamente artística de representação da realidade, mas principalmente política, efeito da globalização, do fim das proibições, da admissão de todo e qualquer produto e da aceitação tácita de que toda produção é considerada mercadoria.

Na arte, o pós-moderno aproxima-se mais de uma negação do convencional do que de uma linguagem com identidade própria. Comparando o pós-moderno com o moderno, Jean-François Lyotard (1924-1998) escreve: "Eis aqui, pois, a diferença: a estética moderna é uma estética do sublime, porém nostálgica. É uma estética que permite que o inapresentável seja alcançado não somente como conteúdo ausente, mas de forma contínua, oferecendo ao leitor ou espectador, como consequência de sua consistência intelectual, matéria de consolo e de prazer. [...] O postmoderno seria então aquilo que apresenta o inapresentável; aquilo que se nega ao consolo das belas formas, ao consenso de um gosto que permitiria experimentar em comum com a nostalgia do impossível; aquilo que demanda uma retratação nova, não para gozá-los, mas para fazer sentir melhor que há algo que é inapresentável. [...] Pós-moderno será compreender segundo o paradoxo do futuro (post) anterior (modo)" (J. F. Lyotard, *Le postmodernisme explique aux enfants*, p. 32-33).

PRATICÁVEL – Em termos específicos, mesa formada por uma prancha montada sobre cavaletes. Em termos teatrais, qualquer peça de CENÁRIO que forme planos horizontais.

PRÁXIS – Veja AÇÃO.

PREFÁCIO – Em termos gerais, algo escrito sobre uma obra literária a título de introdução. Em literatura dramática, comentário introdutório em relação à peça feito pelo autor para fins de publicação da obra. Alguns prefácios tornaram-se importantes para a teoria do DRAMA por conterem material crítico e histórico acerca da obra, do período em que esta foi escrita e do pensamento estético de seu autor. Entre esses, podem ser mencionados como exemplo o prefácio às *Obras completas de William Shakespeare* (1765), de Samuel Johnson (1709-1784); o prefácio de *Cromwell* (1827), de Victor Hugo (1802-1885); e os prefácios de Bernard Shaw (1856-1950).

PRIMA-DONA – Tradução da expressão italiana usada para designar a cantora principal de um teatro de ÓPERA. Segundo a cantora Maria Callas (1923-1977), a expressão refere-se ao principal instrumento de um espetáculo de ópera: a voz da cantora.

PRINCÍPIO – Em termos de DRAMATURGIA, o princípio, apresentação ou introdução consiste na parte inicial da narrativa dramática, ou seja, aquela que informa sobre eventos antecedentes, permitindo ao espectador situar-se no contexto da obra. Esse conceito é introduzido na teoria da literatura dramática por Aristóteles (384-322 a.C.), na *Poética*, no capítulo referente à extensão de uma obra de arte. Aristóteles indica que, "para que as fábulas sejam bem compostas, é preciso que não comecem nem acabem ao acaso", mas que formem um todo, ou seja, possuam princípio, meio e fim. O princípio, para Aristóteles, "é o que não vem necessariamente depois de outra coisa; aquilo depois do qual é natural que haja ou se produza outra coisa" (*Poética*, VII, p. 274). No século XIX, Gustav Freytag (1816-1895) reforçou a importância dessa parte da narrativa dramática, atribuindo a ela a função de definir local e tempo da AÇÃO e de apresentar personagens, além de criar o clima propício ao desenvolvimento do DRAMA.
Veja também AÇÃO ANTERIOR, PIRÂMIDE DE FREYTAG e PRÓLOGO.

PRODUTOR – O responsável pela parte administrativa e financeira de uma produção teatral. O termo é também empregado para designar aquele que patrocina ou subvenciona um espetáculo.

PROJETOR – Equipamento de ILUMINAÇÃO cênica em que a luz da lâmpada é direcionada sobre o palco através da lente, criando, assim, o foco de luz. O mesmo que REFLETOR.
Veja também CANHÃO SEGUIDOR, FRESNEL, LÂMPADA PAR, PLANO CONVEXO ou PC e *SET-LIGHT*.

PRÓLOGO – Em termos gerais, a parte introdutória de qualquer obra literária. No DRAMA grego, a parte que antecede à entrada do CORO. A finalidade do prólogo é informar o público sobre a AÇÃO ANTERIOR ao início da peça, além de criar um clima propício ao desenrolar do drama.
Veja também PRINCÍPIO.

PROSCÊNIO – Nos teatros com PALCO À ITALIANA, a parte do PALCO localizada entre o FOSSO DA ORQUESTRA e a PLATEIA. Historicamente, no antigo TEATRO GREGO, o proscênio (*PROSKÉNION*) era a parte mais importante do palco, uma vez que ali ocorria praticamente toda a representação. Na Inglaterra, durante a Restauração, o proscênio foi ampliado provavelmente por influência do palco do TEATRO ELISABETANO. O novo Drury Lane, por exemplo, foi reinaugurado em 1674 com um proscênio oval projetado em direção à plateia com mais de três metros de extensão. Com a evolução de uma tecnologia que aperfeiçoou as possibilidades de criação da ilusão cênica, a área da CENA propriamente dita passou a abrigar todo o espetáculo, e o proscênio perdeu então sua importância. No século XX, devido a técnicas e teorias que revalorizam a relação direta entre o ATOR e o espectador, como a do DISTANCIAMENTO, o proscênio passou a ser visto novamente como um espaço cênico importante.

PROSKÉNION – Na arquitetura do TEATRO GREGO, o espaço onde os atores representavam. O *proskénion* situava-se diante da *SKENÉ* e atrás da *ORKÉSTRA*.
Veja também *EPISKÉNION*.

PROSÓDIA – Em termos gerais, a parte da gramática que estuda a pronúncia das palavras. Em TEATRO usa-se o termo para definir as diferentes maneiras de falar um idioma. Neste sentido, pode-se falar nas diferenças entre a prosódia gaúcha e a nordestina. A prosódia chegou a integrar o currículo das antigas escolas de teatro no Brasil, provavelmente porque, até os anos 40 do século XX, o ator brasileiro, para merecer o reconhecimento do público e da

crítica, deveria, necessariamente, pronunciar as palavras como são acentuadas em Portugal.
Veja também ACENTO e INFLEXÃO.

PROTAGONISTA – Termo derivado da palavra grega *AGON*, significando aquele que participa do debate. No início do TEATRO GREGO, ao poeta trágico era facultado o uso de apenas um ator além do CORO: o protagonista. Entretanto, no século V a.C., Ésquilo (525-456 a.C.) acrescentou um segundo ator, o DEUTERAGONISTA, enquanto Sófocles (496-406 a.C.) inseriu um terceiro, o TRITAGONISTA. Hoje em dia, o termo refere-se ao principal personagem de uma peça de teatro.
Veja também ANTAGONISTA.

PULPITUM – Termo latino para designar o PALCO no antigo TEATRO ROMANO. O *pulpitum* tinha em média um metro e meio de altura, prolongando-se por todo o diâmetro do círculo da *ORKÉSTRA*. Essa extensão variava de acordo com as dimensões do próprio teatro, os menores com cerca de trinta metros e os maiores com mais de noventa metros. A profundidade do *pulpitum* era, em média, de doze a quinze metros.

PUNDONOR – Sentimento do que é digno e próprio, de acordo com os ditames morais da sociedade. Em certo sentido, um sinônimo de DECORO. O pundonor foi considerado o valor máximo do DRAMA espanhol de *CAPA Y ESPADA*, no qual a má AÇÃO deveria ser punida a qualquer preço, mesmo que isso custasse a vida de um inocente.

PURITAN INTERREGNUM – Nome dado na história da Inglaterra ao período dominado pelos puritanos sob a liderança de Oliver Cromwell (1599-1658). Ferrenhos inimigos da prática do teatro, os puritanos conseguiram, em 1642, a aprovação pelo parlamento de leis que culminaram no fechamento dos teatros públicos de todo o país e a consequente desestabilização das companhias teatrais. A proibição prevaleceu por dezoito anos, causando inestimáveis perdas tanto

para atores, técnicos e dramaturgos, que se viram impedidos de exercer suas profissões, quanto para o público, que perdeu o hábito de ir ao teatro.
Veja também, por contraste, TEATRO RENASCENTISTA.

Q

QUADRO DE LUZ – Veja MESA DE LUZ.

QUADRO VIVO – Conforme o próprio nome indica, trata-se de uma cena apresentada por um grupo de pessoas como se fosse um quadro, isto é, sem movimento. Muito usado em representações colegiais, em cenas históricas, bíblicas ou alegóricas.

QUARTA PAREDE – Termo cunhado por André Antoine (1858-1943) para designar a parede imaginária situada na altura do ARCO DO PROSCÊNIO que separa o PALCO da PLATEIA. A quarta parede constitui uma convenção do NATURALISMO no teatro, e sua prática exigiu o desenvolvimento de uma técnica de interpretação em que o ATOR simula, através de seu comportamento, a continuidade do CENÁRIO através dos quatro lados do palco. Em consequência, o ator representa ignorando a presença do espectador diante dele. Antoine, na sua incansável busca de um grau cada vez maior de naturalismo no palco, costumava usar peças de mobiliário contra a quarta parede, ou seja, entre os atores e o público. Para ele, "um interior deve ser construído com seus quatro lados, com suas quatro paredes, sem preocupações a respeito da quarta parede, que será removida mais tarde, permitindo que o público veja o que ali acontece" (citado por Toby Cole e Helen Krich Chinoy em *Directors on Directing*, p. 95).

QUARTELADA – Nome dado ao conjunto de pranchas que formam o assoalho do PALCO. Cada prancha pode ser removida manual ou mecanicamente e fixada acima ou abaixo do nível do palco. A medida internacional adotada para cada prancha é de dois metros por um, sendo que a face maior é sempre colocada paralelamente à BOCA DE CENA.

QUEM QUAERITIS – Palavras iniciais do *TROPO* que, segundo a tradição, deu origem ao DRAMA LITÚRGICO. Esse *tropo* fala do encontro das três Marias com os Anjos que guardavam a tumba de Cristo. O texto preservado é o seguinte:

Os Anjos:– A quem procurais vós na tumba, ó cristãs?

As três Marias: – A Jesus de Nazaré, o crucificado, ó Anjos Celestiais.

Os Anjos: – Ele não está mais aqui, pois ascendeu aos céus, conforme havia dito. Ide e anunciai Sua ressurreição.

Veja também TEATRO MEDIEVAL.

R

RAISONNEUR – Traduzindo literalmente, aquele que raciocina. No DRAMA, aquele que esclarece sobre os significados da peça. Qualquer personagem que pode ser identificado como porta-voz do DRAMATURGO. Trata-se de um recurso narrativo de qualidade dramática discutível, já que favorece a indução do espectador na interpretação do texto. Também chamado de personagem-coro, uma vez que, no DRAMA MODERNO, assume as funções que cabiam ao CORO no antigo TEATRO GREGO.

RAPSODO – Em termos gerais, o cantor de rapsódias na Grécia antiga. Platão (427?-347? a.C.) usa o termo como sinônimo de ATOR no diálogo entre Sócrates e Íon (*Íon*, datado provavelmente de antes de 388 a.C.).

REALISMO – Movimento artístico que domina o DRAMA e o ESPETÁCULO do final do século XIX. Formalmente, o realismo nasce de uma reação ao ROMANTISMO, à *PIÈCE BIEN FAITE* e à representação declamada. Resultado da confluência de forças tão díspares quanto o positivismo de Comte, as filosofias de Taine e Schopenhauer e a *Origem das espécies*, de Darwin, o realismo propunha a substituição do sentimento pela inteligência e do mistério e da religião pela ciência, subordinando a arte aos fatores herança e ambiente. Para os realistas, a arte era, pois, uma arma a serviço das grandes transformações sociais. A proposta básica do realismo era apresentar, de uma forma verdadeira, aspectos da vida contemporânea, particularmente as questões relacionadas à emergente classe média. Assim, o realismo substituiu o HERÓI romântico por um ser facilmente reconhecível no dia a dia de cada um, o exotismo pelo lugar-comum e o rebuscamento da linguagem pelo DIÁLOGO em prosa direta e coloquial. Por ser possivelmente um modo de expressão

universal, identificável em todas as épocas e estilos, o realismo como movimento autônomo alastrou-se com grande rapidez. Contudo, o primeiro grande nome que participou do movimento permaneceu como o maior de todos: Henrik Ibsen (1828-1906), também chamado "Pai do Drama Moderno". Seus dramas realistas *Casa de bonecas* (1879), *Espectros* (1881), *Um inimigo do povo* (1883) e *Hedda Gabler* (1891), entre outros, continuam sendo considerados obras-primas da DRAMATURGIA moderna, seja pela segurança da narrativa e solidez da CARACTERIZAÇÃO seja pela força do pensamento ibseniano.
Veja também NATURALISMO.

REALISMO SOCIALISTA – Estilo oficial da arte soviética a partir de 1931, período em que surgiram os primeiros protestos contra o FORMALISMO de Vsévolod Meyerhold (1874-1940?) e Alexander Taïrov (1885-1950), considerado muito "abstrato" para o novo espectador operário. O realismo socialista foi criado para ilustrar didaticamente as virtudes do coletivismo, ao mesmo tempo que condenar os vícios do individualismo capitalista. Embora autores tão importantes quanto Maxim Gorki (1868-1936) e Vladimir Maiakovski (1893-1930) dele tenham participado, não há registro de qualquer obra-prima dramática criada sob sua égide. A partir dos anos 60 do século XX, começa o declínio da prescrição oficial.
Veja também, por contraste, CONSTRUTIVISMO.

RECITATIVO – Parte declamada de uma *CANTATA*, ORATÓRIO ou ÓPERA. O recitativo é, geralmente, acompanhado por instrumento musical que marca em ritmo simples a acentuação verbal.
Veja também, por contraste, ÁRIA.

RECONHECIMENTO – Termo correspondente ao grego *anagnorisis*. Segundo Aristóteles (384-322 a.C.), é um dos elementos essenciais para que uma TRAGÉDIA possua uma AÇÃO COMPLEXA. O reconhecimento é a parte que "faz passar da ignorância ao conhecimento" (*Poética*, XI, p. 282).

Trata-se do reconhecimento do erro contido na AÇÃO do personagem, ou de sua *HARMATÍA*. Conhecendo a verdade dos acontecimentos, menos um detalhe importante, o personagem trágico estabelece sua ação; num determinado momento ele é levado a reconhecer aquele erro gerado pela ignorância, o que provoca a mudança no curso da ação (PERIPÉCIA) e o leva ao sofrimento (CATÁSTROFE).
Veja também AÇÃO SIMPLES.

REFLETOR – Equipamento de ILUMINAÇÃO que consiste numa caixa de metal com lente numa das extremidades, através da qual é projetada a luz de lâmpadas de quinhentos ou de mil watts. Graças à ação da lente, a luz projeta-se em forma de foco concentrado com grande intensidade e nitidez.
Veja também CANHÃO SEGUIDOR, FRESNEL, LÂMPADA PAR, PLANO CONVEXO ou PC, PROJETOR e *SET-LIGHT*.

RÉGISSEUR – Literalmente, em francês, aquele que administra, que dirige. O termo, porém, sempre em francês, designa funções diferentes em países diferentes. Na Alemanha e na Rússia, é usado como sinônimo de DIRETOR. Na França, é empregado para designar o DIRETOR DE CENA ou o ASSISTENTE DE DIREÇÃO. No Brasil, foi utilizado para indicar o diretor de um espetáculo de ÓPERA, mas hoje está em desuso.

REGULADOR MESTRE – No PALCO À ITALIANA, o BASTIDOR que é conjugado à BAMBOLINA MESTRA para formar a BOCA DE CENA. Sua finalidade é estabelecer a altura e largura da CENA.

REGULARIS CONCORDIA – Compilação de textos dramáticos medievais feita pelo bispo Ethelwold, da catedral de Winchester, em 965. Trata-se do mais antigo documento a respeito da literatura dramática religiosa durante a Idade Média. O *Regularis Concordia* inclui, além do texto das peças, indicações precisas para sua encenação. O objetivo

desse documento, conjectura-se, seria o estabelecimento de práticas uniformes para as encenações religiosas.
Veja também TEATRO MEDIEVAL.

REIS DE BOI – Veja BUMBA MEU BOI.

RELEVO CÔMICO – Situação, cena ou personagem cômico que tem o propósito de aliviar a tensão no drama ou na tragédia. O objetivo do relevo cômico é valorizar, por contraste, a dramaticidade da cena subsequente. Dois bons exemplos de relevo cômico são a cena do porteiro em *Macbeth* e a cena dos coveiros em *Hamlet*, ambas de Shakespeare (1564-1616).

REPERTÓRIO – Termo usado em teatro em três acepções diferentes. Primeiro, para designar o sistema de rotatividade de espetáculos adotado por um tipo de grupo ou companhia. Nesse sentido, o repertório do grupo consiste nos vários espetáculos que este grupo mantém prontos para, a qualquer momento, serem apresentados. A segunda acepção é a que se refere às peças já encenadas por um grupo. É quando se menciona, por exemplo, que *Os pequenos burgueses* (1963), de Gorki, foi a mais importante montagem do repertório do Teatro Oficina. A terceira acepção relaciona-se a um tipo de peça que caracteriza um grupo, seja quanto ao estilo, gênero ou outro aspecto qualquer. Nesse sentido, diz-se que o repertório da *Comédie Française*, por exemplo, é quase exclusivamente composto por textos clássicos da literatura dramática francesa.

RESOLUÇÃO – Em DRAMATURGIA, a parte da peça em que o impasse provocado pelo confronto das forças em oposição é solucionado. A resolução envolve o CLÍMAX e corresponde, na sua maior parte, a uma ação descendente.
Veja também DESENLACE.

RESTAURAÇÃO – Período do teatro inglês que vai da coroação de Charles II (1660) até o final do século XVII, no qual os teatros, que haviam sido fechados pelo Parlamento Puritano em 1642, foram reabertos. Esse período se caracteriza pela

liberalidade formal e temática, permissão para as mulheres representarem e efervescência do gênero cômico, notadamente nas obras de Thomas Shadwell (1642-1692), George Etherege (1633?-1691) e William Congreve (1670-1729). No final do século XVII, com a publicação do *Panorama da imoralidade e da profanação do palco inglês*, do reverendo Jeremy Collier (1650-1726), associada à emergência de uma classe média pouco tolerante com a permissividade do teatro praticado no período, a comédia da Restauração foi cedendo ao modelo da COMÉDIA SENTIMENTAL.
Veja também COMÉDIA DE COSTUMES e *COMÉDIE LARMOYANTE*.

REVISTA MUSICAL – GÊNERO híbrido de entretenimento musical que mistura canções, danças e esquetes às vezes sob uma tênue ligação satírica. A revista musical, embora existindo na Inglaterra desde o final do século XIX, só adquiriu consistência e importância artística nos anos XX do século passado em Nova York, principalmente com Florenz Ziegfeld (1867-1932), criador das famosas *ZIEGFELD FOLLIES*. Ao longo dos anos, a revista musical tem recebido contribuições de artistas renomados, como os escritores Noel Coward e Harold Pinter e os coreógrafos Leonid Massine e Michel Fokine. No Brasil, nas décadas de 40 e 50, sob o nome de TEATRO DE REVISTA, o gênero alcançou grande prestígio popular.
Veja também BURLESCO, *EXTRAVAGANZA* e *VAUDEVILLE*.

RIBALTA – Equipamento de ILUMINAÇÃO que consiste numa fileira de luzes coloridas localizadas na borda do PROSCÊNIO. Sua finalidade era iluminar, de baixo para cima, o rosto dos atores. Hoje, encontra-se praticamente em desuso. O termo, por extensão, passou a denominar também a parte frontal do proscênio e, posteriormente, o próprio PALCO.

RITUAL – Ato coletivo de celebração. Trata-se, nas sociedades primitivas, de uma forma de transmissão de conhecimento, bem como de uma forma de autoconhecimento, podendo exercer as seguintes funções: propagador de tradições, através dos rituais de iniciação; instrumento de influência e controle, por meio dos rituais propiciatórios; apelo a entidades sobrenaturais, para obtenção de favores; criador de MITO, através da glorificação do HERÓI; e, finalmente, gerador de puro e simples prazer. Nessa última função atuam principalmente os elementos formais da música, ritmo, dança, movimentação e gesticulação, ambientação e vestuário.

A manifestação teatral como um todo é uma decorrência da prática de rituais religiosos. A tradição do teatro ocidental, por exemplo, aponta os ritos de celebração ao deus Dionisos como a gênese do trágico e, por conseguinte, do próprio teatro.

A lenda conta que Dionisos, um deus filho de Zeus e da mortal Sêmele, espremeu a uva e, juntamente com sua corte de sátiros e ninfas, bebeu o suco e assim ficou conhecendo o vinho. Bebendo-o repetidas vezes, todos começaram a dançar e a cantar vertiginosamente. Embriagados, caíram por terra desfalecidos. A partir daí, a cada vindima, o povo celebrava como Dionisos e seus companheiros haviam feito antes, embriagando-se, cantando e dançando. A simbologia da orgia dionisíaca está relacionada ao teatro da seguinte maneira: "Os devotos de Dionisos, após a dança vertiginosa [...] caíam desfalecidos. Nesse estado, acreditavam 'sair de si' pelo processo do êxtase. Esse sair de si, numa superação da condição humana, implicava um mergulho em Dionisos e este no seu adorador pelo processo do entusiasmo. O homem, simples mortal [...] em êxtase e entusiasmo, comungando com a imortalidade, tornava-se [...] um 'herói', um varão que ultrapassou [...] a medida de cada um" (Junito de Souza Brandão, *Teatro grego: tragédia e comédia*, p. 11). O ritual e o mito são as mais sensíveis representações do universo porque refletem a percepção mais profunda de um determinado grupo cultural.

ROMANTISMO – Em termos gerais, o romantismo pode ser definido como a busca constante da arte pelo espiritual, pelo ideal, que aparece em todas as épocas. Especificamente, foi um movimento artístico e literário ocorrido no final do século XVIII e vigente durante a primeira metade do século XIX. Surgido como uma reação aos cânones formais do CLASSICISMO, o romantismo advogou uma liberdade total da expressão artística baseada na emoção e na imaginação.

A Alemanha talvez tenha sido o primeiro país a experimentar o espírito do romantismo com o surgimento do *STURM UND DRANG* (Tempestade e Ímpeto), um tipo de DRAMA em voga entre 1770 e 1780 cujos melhores exemplos são as primeiras peças de Johann von Goethe (1749-1832) e de Friedrich von Schiller (1759-1805). Na França, o romantismo foi estabelecido definitivamente com o aparecimento de *Hernani*, de Victor Hugo (1802-1885), em 1830. Graças principalmente ao espírito de liberalidade adquirido em contato com a Revolução Francesa (1789), o romantismo não teve dificuldades em difundir-se rapidamente por toda a Europa e Américas. Formalmente, nega a existência de quaisquer regras ou preceitos literários, sendo a única fonte admitida a do próprio impulso criativo. Essencialmente, o DRAMA ROMÂNTICO é concebido como uma "idealização da vida" na qual o HERÓI representa a perfeição da honra e da virtude, sempre em CONFLITO com os cataclismos representados pelo VILÃO. O drama romântico localiza o homem em perfeita harmonia com a natureza, de forma que apenas nela podem ser encontradas a verdade absoluta e, consequentemente, a felicidade.

No Brasil, adaptando-se perfeitamente às condições históricas do país, sobretudo no período pós-Independência, o romantismo teve a força e o caráter de uma verdadeira revolução. No drama, Gonçalves Dias (1823-1864) é o nome mais significativo, sendo sua *Leonor de Mendonça* (1846) a melhor obra dramática no GÊNERO.

Veja também BATALHA DO HERNANI e MELODRAMA.

ROMPIMENTO – Peça de CENÁRIO formada por dois bastidores ligados por uma BAMBOLINA. Num PALCO

de dimensões normais, os rompimentos são apresentados em conjunto de três ou quatro, numerados de acordo com a perspectiva, da frente para o fundo.
Veja também BASTIDOR.

ROTUNDA – Cortina, geralmente de cor preta, que cobre todo o fundo da CAIXA CÊNICA, delimitando o espaço do PALCO. Conjugada a três ou quatro rompimentos, forma um espaço cênico que é a representação mais próxima possível da neutralidade.
Veja também CENA e ROMPIMENTO.

RUBRICA – Qualquer palavra de um texto teatral que não faça parte do DIÁLOGO. Essas palavras podem ser tanto o nome do personagem colocado diante de uma FALA quanto a descrição do PERSONAGEM, do CENÁRIO, do FIGURINO, ou indicações de entradas e saídas de CENA, sugestões de MARCAÇÃO ou, ainda, comentários explicativos relativos ao estado de espírito dos personagens ao enunciar as palavras do texto. Essa última modalidade geralmente constitui um hábito literário de gosto duvidoso, pois denuncia que o diálogo não é suficientemente claro ou expressivo para revelar sua verdadeira motivação. Alguns autores, entretanto, tiram partido das rubricas e criam uma literatura paralela ao texto dramático de indiscutível interesse. É o caso de Bernard Shaw (1856-1950), por exemplo, que faz verdadeiros ensaios acerca dos personagens e de suas motivações, ou de Nelson Rodrigues (1912-1980), cuja poeticidade e irreverência às vezes criam rubricas profundamente perturbadoras.
Veja também *DIDASCALIA*.

S

SACRA RAPPRESENTAZIONE – Nome dado na Itália às peças religiosas de tradição medieval. A produção das *sacre rappresentazioni* diferiu do processo adotado na Inglaterra e na França, onde instituições como a Feast of Corpus Christi e a Confrérie de La Passion incumbiam-se de promover os espetáculos. Na Itália, as encenações eram feitas por grupos de jovens que pertenciam a centros educacionais religiosos. O declínio das representações religiosas na Itália, como em outras partes da Europa, foi devido em parte à introdução de elementos seculares na temática religiosa e a pressões da cultura clássica, então recém-emergente.
Veja também DRAMA LITÚRGICO e TEATRO MEDIEVAL.

SAÍDA FALSA – Tipo de MARCAÇÃO muito usado na COMÉDIA. Trata-se do movimento em que o ATOR para ou volta atrás após haver feito menção de sair.

SAINETE – Tipo de peça encontrada na Espanha dos séculos XVII e XVIII que consistui numa CENA cômica curta destinada a ser representada no ENTREATO de peças sérias longas. O sainete é um GÊNERO bastante próximo do ENTREMEZ, diferenciando-se pelo uso de música e pela crítica social, que, embora muito superficial, mostrava-se sempre presente. O principal escritor de sainetes foi Ramón Francisco de la Cruz (1731-1794), que tem seu nome associado à reformulação da ZARZUELA.
Veja também *COMEDIA*.

SALTIMBANCO – ATOR cômico itinerante que, na Idade Média, se apresentava em praças, feiras e outros lugares públicos. O termo provavelmente seja um encurtamento de "o que salta no banco", ou seja, aquele que sobe sobre alguma base para ser mais bem visto à distância. Pode-se considerar o saltimbanco como um antecedente do ator profissional.

SÁTIRA – Em termos gerais, qualquer escrito ou discurso que ridicularize alguém ou alguma coisa. Especificamente, um modo de escrever DRAMA que, através da crítica e do humor, atribui às instituições e às pessoas os males da sociedade. Pode-se dizer que a sátira é uma forma de COMÉDIA cujas armas são o humor espirituoso e o ridículo e cujo principal estímulo é a insatisfação com o *status quo*. A primeira manifestação de sátira no drama foi na COMÉDIA ANTIGA. Depois, vamos encontrá-la novamente no final da Idade Média e nos primórdios da Renascença na *SHROVE-TIDE* e na *SOTTIE*. O momento culminante, porém, se dá com Molière (1622-1673) em peças como *Tartufo* (1669) e *O burguês fidalgo* (1670), em que o autor ridiculariza a credulidade e a hipocrisia e a ignorância e a loucura da vida social burguesa, respectivamente. No século XX, a sátira tem sido objeto de interesse por parte de autores tão diferentes quanto Bertolt Brecht (1898-1956), Jean Genet (1910-1986) e Friedrich Dürrenmatt (1921-1990).
Veja também DRAMA SATÍRICO.

SCAENA FRONS – O frontispício erguido ao fundo do PALCO no antigo TEATRO ROMANO. Ao contrário da Grécia, o palco (*PULPITUM*) e o auditório (*CAVEA*) do teatro romano constituíam uma só unidade arquitetônica. A *scaena frons* era, em geral, suntuosamente decorada, exibindo colunatas, nichos, pórticos e grande número de estátuas. Vitrúvius (70?-15? a.C.) descreve a *scaena frons* da seguinte maneira: "No centro fica a porta de dupla face, decorada como a dos palácios reais. À direita e à esquerda situam-se as portas que levam aos demais cômodos do palácio. Além dessas portas laterais situam-se os espaços destinados à decoração – que os gregos chamam *períaktoi*, ou seja, peças triangulares que giram em torno de um eixo, cada uma das três faces ostentando a parte de uma pintura" (citado por Oscar G. Brockett, *History of the Theatre*, p. 63).

SCENARIO – Nome dado no século XVIII aos roteiros da *COMMEDIA DELL'ARTE*, anteriormente chamados de *soggetto*. Tais roteiros incluíam uma síntese de cada cena da peça com informações detalhadas acerca de MARCAÇÃO, intenção e CARACTERIZAÇÃO de cada PERSONAGEM, bem como dos momentos apropriados para a inclusão de uma *BURLA* ou *LAZZO*.

SÉCULO DE OURO – Nome dado ao período do teatro espanhol compreendido entre 1580 e 1680 em função da efervescência da atividade teatral e, particularmente, da DRAMATURGIA naquele país. Fazem parte do Século de Ouro, entre outros, alguns dos nomes mais notáveis das letras espanholas de todos os tempos: Juan del Encina (1468-1529), Bartolomé de Torres Naharro (1480?-1530?), Lope de Veja (1562-1635), Calderón de La Barca (1600-1681), Miguel de Cervantes (1547-1616), Tirso de Molina (1584?-1648), Francisco de Rojas Zorilla (1607-1648?) e Augustin Moreto (1618-1669).

As influências que moldaram a face do teatro espanhol do período foram várias, sobressaindo o confronto da cultura árabe, decorrente da ocupação da península pelos mouros, do século VIII ao século XV, com a cultura cristã, dominante na Europa, tanto a herdada da tradição medieval quanto a refletida nos ideais humanistas que emergiam na Itália, país com o qual a Espanha manteve estreitos laços culturais até 1600.

Outro fato que certamente favoreceu o apogeu teatral espanhol foi a prematura profissionalização da atividade, tanto a religiosa quanto a secular. Não possuindo tradição de casas de espetáculo permanentes, as companhias profissionais tornaram-se, então, obrigatoriamente itinerantes, o que favoreceu a descentralização da atividade teatral, mantida ativa através de todo o país.

Após 1600, a Igreja, que exercia papel preponderante na preservação da unidade política após a expulsão dos mouros, reagiu contra o secularismo do pensamento renascentista então dominante na Europa, e a Espanha foi

isolada culturalmente do resto do continente. O resultado, pelo menos durante os cem anos que constituíram o Século de Ouro, foi o desenvolvimento de uma arte imune aos dogmas formais determinados pelo modelo clássico. O saldo quantitativo da literatura dramática espanhola do período é impressionante: em torno de 1700, estima-se que mais de 30 mil peças tenham sido escritas. Quanto à qualidade dessa obra, pode-se dizer que, comparativamente, só a literatura dramática inglesa do mesmo período a ela se equivale em vigor e fantasia.
Veja também TEATRO RENASCENTISTA.

SENSIBILIDADE HISTRIÔNICA – Expressão criada por Francis Fergusson (1904-1986) para designar a forma de percepção em que se baseia a arte do ATOR, ou seja, a percepção da AÇÃO. No dizer de Fergusson, da mesma maneira que, no caso da música, um ouvido educado percebe e discrimina sons, no teatro, uma sensibilidade histriônica treinada percebe e discrimina ações. Para Fergusson, é através do treinamento da sensibilidade histriônica que o ator aprende a "liberar, tanto quanto possível, a mente, os sentimentos e a imaginação dos lugares-comuns de seu próprio tempo e das limitações particulares de sua personalidade" (*Evolução e sentido do teatro*, p. 238). Essa liberação da psique constitui o primeiro passo para o propósito da representação, ou seja, para o propósito da IMITAÇÃO da ação.

SENTIMENTAL COMEDY – Veja COMÉDIA SENTIMENTAL.

SET-LIGHT – Tipo de REFLETOR muito utilizado hoje em dia em estúdios de televisão pela facilidade de compor pequenos fundos cenográficos em programas de entrevistas, noticiosos etc. Em teatro, usado principalmente para iluminar paredes e fundo de CENÁRIO, bem como o CICLORAMA.
Veja também CANHÃO SEGUIDOR, FRESNEL, GELATINA, GOBO, LÂMPADA PAR e PLANO CONVEXO ou PC.

SHOW BOAT – Nome dado aos teatros flutuantes dos rios Mississipi e Ohio, nos Estados Unidos. Não se sabe ao certo quando iniciou a prática desses navios-teatro, sendo de 1817 o primeiro registro de atores trabalhando num deles. O REPERTÓRIO desses teatros flutuantes era composto de melodramas, *vaudevilles*, comédias musicais e espetáculos de variedades, embora fossem muito comuns as dramatizações de contos de fadas. Os *show boats* navegavam a favor da correnteza desde Pittsburgh, no estado da Pensilvânia, até Nova Orleans, na Louisiana, da primavera até o outono, parando onde houvesse um número suficiente de pessoas para formar uma razoável PLATEIA. Alguns barcos ficaram famosos, entre eles o *Floating Palace*, o *Floating Circus Palace*, o *New Sensation*, o *Water Queen* e o *Cotton Blossom*. Os *show boats* sobreviveram até 1929, não resistindo, porém, à depressão econômica. O último grande *show boat*, o *Dixie Queen*, foi transformado em barco para excursões de turistas em 1943. Não se conhece outra manifestação de teatros flutuantes como esta dos Estados Unidos em qualquer outra parte do mundo. Os *show boats* tornaram-se conhecidos mundialmente através do romance homônimo de Edna Ferber (1885-1968), transformado num musical da BROADWAY, com letras de Oscar Hammerstein e música de Jerome Kern, e posteriormente em filme, que no Brasil recebeu o título de *O barco das ilusões*, estrelado Kathryn Grayson, Howard Keel e Ava Gardner.
Veja também COMÉDIA MUSICAL, MELODRAMA e *VAUDEVILLE*.

SHROVETIDE – Nome dado à FARSA medieval alemã que era representada durante as festividades de carnaval em Nuremberg, no século XV, por artesãos e estudantes. Na origem, tratava-se da narração de episódios em linguagem crua e obscena, cuja temática girava em torno de adultérios e brigas entre beberrões. A dimensão literária foi sendo incorporada aos poucos, e seu representante mais importante foi Hans Sachs (1494-1576), mais tarde celebrado por Goethe como o primeiro a criar uma DRAMATURGIA de temática

nacional. Sachs foi também personagem de uma ópera de Richard Wagner (1813-1883), *Os mestres cantores de Nuremberg*. A *shrovetide* deixou de existir em decorrência do protestantismo, que suprimiu as festividades carnavalescas. O GÊNERO, também chamado na Alemanha de *Fastnachtspiel*, corresponde à *SOTTIE* francesa.
Veja também TEATRO MEDIEVAL.

SIGNO – Aquilo que significa algo para alguém. O símbolo ou a representação de alguma coisa. Em arte, imagem que remete a um conceito mais amplo. Na arte da encenação, os signos podem derivar tanto do texto quanto do ator (voz, corpo, gesto, movimento), ou ainda de qualquer outro recurso da linguagem cênica: cenário, figurino, maquiagem, iluminação ou sonoplastia. A Semiologia – ciência que estuda o sistema de signos e sinais como meio de produção de um sentido – estabelece que o signo é um elemento dual que vincula o significante, o objeto ou a imagem, ao significado, o conceito estabelecido na mente de quem interpreta.
Veja também ALEGORIA e SÍMBOLO.

SIMBOLISMO – Movimento artístico e literário ocorrido na França no fim do século XIX. Seu principal precursor foi Charles Baudelaire (1821-1867), com a publicação, em 1857, de *Fleurs du Mal*. Inicialmente, os adeptos do novo movimento foram chamados de "decadentes", e o próprio movimento, de decadentismo. A origem desse nome está na crença de seus participantes de que todas as instituições da sociedade se encontravam em estado de decadência. A tônica do movimento são o tédio e o pessimismo, embora a diretriz estética seja uma reação ao fac-similar do NATURALISMO. Essa reação se expressa na ênfase dada ao subjetivo, ao subconsciente e às imagens pré-lógicas que existem nos sonhos e nas alucinações. A representação desse universo onírico e atormentado só se faz possível através do uso de uma simbologia complexa, capaz de traduzir a espiritualidade e o misticismo do movimento. No DRAMA, o principal representante da corrente simbolista é o escritor belga Maurice Maeterlinck (1862-1949), Prêmio Nobel de Literatura de 1911, cujo

Pássaro azul (1909) teve sua primeira produção dirigida por Stanislavski. Sua peça mais famosa, contudo, é *Pélleas et Mélisande* (1893), que inspirou Claude Debussy (1862-1918) a compor, em 1902, sua não menos famosa ÓPERA. Outros dramaturgos do século XX que se deixaram influenciar pelo simbolismo foram William Butler Yeats (1865-1939) e T. S. Eliot (1888-1965).

SÍMBOLO – Do grego *symbolon*, que significa reconhecimento. Em termos gerais, aquilo que por analogia representa outra coisa. O que concretamente indica uma realidade complexa ou abstrata. Nos exemplos de símbolos – a balança é o símbolo da Justiça ou Otelo é o símbolo do ciúme –, temos um objeto e um personagem que analogicamente remetem o pensamento a níveis mais amplos e complexos.
Veja também ALEGORIA e SIGNO.

SIPARIUM – Palavra latina para designar a CORTINA de fundo do antigo TEATRO ROMANO. Originalmente, servia para cobrir uma pequena área da *SCAENA FRONS*, quer para criar um fundo neutro, quer para esconder da vista do público algo que não se desejava visível. Posteriormente, na medida em que ganhou importância como elemento cênico, o *siparium* foi sendo aumentado em largura e altura e passou a ser usado, então, como uma ROTUNDA ou TELÃO. Não se conhece, porém, nenhuma indicação do tipo de figura nele representado.

SISTEMA CORINGA – Sistema de encenação criado por Augusto Boal (1931-2009) durante os anos 60 do século XX, quando integrante do Teatro de Arena de São Paulo. O sistema consiste basicamente na desvinculação do ATOR da PERSONAGEM, ou seja, na CARACTERIZAÇÃO da personagem através de elementos de linguagem cênica, independente do ator que o interpreta. Dessa forma, em tese, num mesmo espetáculo, qualquer personagem pode ser feita por qualquer ator, da mesma forma que um ator pode fazer, num mesmo espetáculo, várias personagens. As metas estéticas do coringa, segundo Boal, são três: a inclusão, no próprio espetáculo, do ponto de vista através do qual deve ser feita a leitura do texto; a possibilidade de variação formal e estilística; e a tentativa de resolução da dualidade da personagem como sujeito e objeto da História. Por outro lado, trata-se de um sistema economicamente viável em países pobres, uma vez que proporciona, com um elenco-base, a possibilidade de encenação de qualquer texto, independentemente do número de personagens.

SISTEMA DE STANISLAVSKI – A obra de Constantin Stanislavski (1863-1938) tem sido referida como MÉTODO DE STANISLAVSKI ou Sistema de Stanislavski por correntes interpretativas diferentes, originadas primordialmente por alunos de Stanislavski que estagiaram com ele em períodos distintos de sua pesquisa. Assim, se alguma diferença existe entre essas expressões, trata-se de uma questão de ênfase em um ou outro aspecto da mesma obra. A palavra método tem sido usada com mais frequência pelos adeptos de uma interpretação baseada na MEMÓRIA EMOCIONAL, enquanto a palavra sistema tem sido utilizada por aqueles que preferem interpretar a obra de Stanislavski a partir do MÉTODO DAS AÇÕES FÍSICAS. Essa diferença, contudo, não é de forma alguma rigorosa.

SKENÉ – O prédio do antigo TEATRO GREGO era constituído por duas unidades arquitetônicas separadas, o *THÉATRON* e a *skené*, ligadas pela *ORKÉSTRA*. Literalmente, em grego, *skené* significa tenda, barraca, e originalmente o termo referia-se ao local onde os atores se vestiam. Foi provavelmente Ésquilo (525-456 a.C.) quem utilizou pela primeira vez o frontispício da *skené* como fundo para a representação de uma peça, hábito que se difundiu a ponto de se tornar obrigatório. A construção da *skené*, inicialmente, era provisória, refeita a cada novo festival. Um edifício definitivo, de pedra, data provavelmente do período helenístico. As modificações então introduzidas incluíram a elevação do *PROSKÉNION* a uma altura de dois e meio a três metros, o que propiciou melhor visibilidade e o novo aspecto do *EPISKÉNION*, que substituiu as portas tradicionais pela *THYROMATA*.

SOLILÓQUIO – Em termos gerais, o discurso de alguém consigo mesmo. Em DRAMA, parte da peça em que a PERSONAGEM, sozinha no PALCO, verbaliza seus pensamentos e emoções. O solilóquio pode consistir na pura e simples expressão de sentimentos ou estruturar-se em torno de uma reflexão sobre um fato ou, ainda, conter um relato ou uma tomada de decisão, por isso possui características épicas (narrativas) e líricas (poéticas). Estilisticamente, trata-se de um recurso anti-ilusionista cuidadosamente evitado em dramaturgias de cunho realista ou naturalista, mas perfeitamente aceitável em outros gêneros, estilos e períodos.
Veja também MONÓLOGO.

SOM E LUZ – Tipo de entretenimento parateatral que consiste na narração de uma história através de recursos eletrônicos audiovisuais com ênfase especial nos efeitos de ILUMINAÇÃO. Esse tipo de espetáculo é realizado geralmente ao ar livre em locais históricos ou de alguma importância arquitetônica, sendo o ambiente natural o objetivo da própria narrativa. Tais espetáculos se originaram na região dos castelos do Loire, na França, em meados do século XX. Em pouco tempo, porém, já se encontravam disseminados por todo o mundo. No Rio Grande do Sul, são famosos os espetáculos de som e luz realizados nas ruínas de São Miguel das Missões, principal reduto jesuítico cuja igreja, construída em 1745, é considerada Patrimônio da Humanidade pela UNESCO.

SOMBRAS CHINESAS – Veja TEATRO DE SOMBRAS.

SONOPLASTA – O operador da SONOPLASTIA.

SONOPLASTIA – Qualquer som ou ruído relacionado ao ENREDO de uma peça de teatro produzido mecânica ou eletronicamente. Tais sonoridades podem ser o de campainhas ou batidas na porta, ruídos de vento, chuva ou trovões, tráfego de automóveis ou de animais, explosões, tiros, incêndios, além de um sem-número de outros sons, inclusive MÚSICA INCIDENTAL, que cria climas dramáticos determinados. Com o avanço da tecnologia, esses sons passaram a ser gravados, primeiro em discos de 78 rpm, mais tarde em fitas e hoje, em CDs. O operador da sonoplastia é chamado de sonoplasta.

SOTTIE – Nome dado a um tipo de FARSA medieval que existiu na França no final do século XV e durante o século XVI. As *sotties* se caracterizavam pela crítica política, social e religiosa e pelo tom satírico que empregavam. O mais importante autor de *sotties* foi Pierre Gringoire (1475-1538) – ou Gringore. O GÊNERO é companheiro da *SHROVETIDE* alemã.
Veja também TEATRO MEDIEVAL.

SOUBRETTE – Personagem convencional, provavelmente uma modificação da COLOMBINA da *COMMEDIA DELL'ARTE*. Trata-se da jovem criada geralmente bem-humorada e um tanto espalhafatosa, que tem acesso a praticamente todas as conversas da casa e usa o que sabe para armar ou alimentar intrigas. O termo deriva do francês *soubret*, que significa afetado, dissimulado, exagerado.

SPOUDAIOS – Conceito grego que significa em luta, em ação. Esse conceito está intimamente ligado à própria essência da personagem trágica. Como a TRAGÉDIA é uma IMITAÇÃO de ações que são provocadas e vividas por homens, estes, necessariamente, terão de ser *spoudaios*, ou seja, homens que lutam, homens em ação.
Veja também TEATRO GREGO.

STURM UND DRANG – Movimento literário que existiu na Alemanha no final do século XVIII. Trata-se de um movimento de oposição ao CLASSICISMO. O nome deriva da peça homônima de Friedrich Klinger (1752-1831), que significa Tempestade e Ímpeto, conforme tradução de Anatol Rosenfeld (*Teatro alemão*, p. 47). Ao lado de Klinger, Johann von Goethe (1749-1832), Jacob Lenz (1751-1792) e Friedrich Schiller (1759-1805) foram os principais representantes do movimento. A essência do *Sturm und Drang* era a criação baseada no impulso irracional, característica de todos os movimentos românticos. Sua importância é

essencialmente histórica, pois serviu de base para a emancipação literária alemã.
Veja também DRAMA ROMÂNTICO e ROMANTISMO.

SUBCENA – Uma parte da CENA, no sentido de etapa da narrativa dramática.

SUBTEXTO – Veja MONÓLOGO INTERIOR.

SUPEROBJETIVO – Termo empregado por Constantin Stanislavski (1863-1938) para designar o TEMA principal de uma peça. Para Stanislavski, o superobjetivo é o elemento que dá sustentação e sentido à peça. Assim sendo, personagens, objetivos, inter-relacionamentos, situações, enfim, todos os elementos constitutivos de um ENREDO devem dirigir-se a um mesmo alvo, fundir-se numa mesma corrente principal, que é o superobjetivo.
Veja também MÉTODO DE STANISLAVSKI.

SURMARIONETTE – Em alemão, *Übermarionette*. Em português, supermarionete. Termo criado por Edward Gordon Craig (1872-1966) para se referir a um tipo de interpretação antirrealista, simbólica, idealizada por ele em contraponto à representação emocional, fac-similar do NATURALISMO. Para Craig, o trabalho do ator não constituía uma arte, na medida em que era baseado no imponderável da emoção. Ao contrário, arte, dizia ele, só existia se em obediência a um plano ordenado, mensurável com segurança e objetividade. Assim, Craig lançou mão da MARIONETE – uma imagem do ser humano que expressa emoção sem se comover – para ilustrar o tipo de interpretação que ele julgava próximo a um conceito de arte: o da expressão simbólica.

SURREALISMO – Tendência artística situada dentro do DADAÍSMO, transformada em movimento autônomo a partir da publicação do Manifesto Surrealista, de André Breton (1896-1966), em 1924. Nesse manifesto, artistas e intelectuais eram estimulados a se exprimir de modo a reduzir ao máximo a pressão exercida pela preocupação estética, deixando aflorar simplesmente o impulso de suas vidas interiores. A meta principal desse movimento neorromântico foi expressar o pensamento sem mediação da lógica nem qualquer preocupação moral ou estética. Assim, os surrealistas procuraram materializar seus próprios sonhos, fantasias e pesadelos. Dignas de nota são, ainda, as associações de ideias escolhidas entre as mais irracionais e o papel do acaso na elaboração de uma obra surrealista ou na execução de um ato surrealista. O segundo manifesto foi publicado em 1919, e nele Breton polemiza mais uma vez ao apresentar as alternativas do movimento: mostrar, libertar ou transformar? Esse segundo manifesto ocorreu, aliás, no momento de cisão interna do próprio movimento, quando grande número de seus membros aderia ao Partido Comunista. Assim, não era sem razão que o segundo manifesto indagasse: "A revolução a serviço do surrealismo, ou o surrealismo a serviço da revolução?" (citado por Alberto Mirales, *Novos rumos do teatro*, p. 24). São tidos como os principais precursores do surrealismo Hieronymus Bosch (1450-1516), o Marquês de Sade (1740-1814), Friedrich Hegel (1770-1831), Alfred Jarry (1873-1907) e Sigmund Freud (1856-1939). Fizeram parte do movimento, entre outros, Max Ernst (1891-1976), Joan Miró (1893-1983), René Magritte (1898-1967) e Salvador Dalí (1904-1989), os escritores Guillaume Apollinaire (1880-1918), Paul Éluard (1895-1952) e Louis Aragon (1897-1982) e o cineasta Luis Buñuel (1900-1983). O surrealismo, salvo nas manifestações apontadas como dadaístas, não trouxe qualquer contribuição especial para a área do teatro. Contudo, sua importância no contexto cultural do século foi tamanha que nenhuma manifestação de expressão artística escapou, mesmo que indiretamente, à sua influência.

SUSPENSE – No DRAMA ou no ESPETÁCULO, recurso de narrativa que deixa o espectador em "suspenso", isto é, na expectativa diante de uma situação de ameaça. Massaud Moisés diz ser o suspense "o expediente [...] de interromper por momentos a sucessão de fatos ou acontecimentos, de delongar propositalmente uma cena, gerando ansiosa expectativa" (*Dicionário de termos literários*, p. 488). Segundo Jack Vaughn, existem dois tipos de suspense, o melodramático e o trágico, variando segundo o ineditismo do objeto a ser revelado. Suspense melodramático, pois, é aquele que se refere a "o que" vai acontecer ou a "quem" será a vítima ou o algoz. Já o suspense trágico revela "como" ou "quando" o que é inevitável acontece (*Drama A to Z, a Handbook*, p. 190).

SYMBOLON – No TEATRO GREGO, ingresso de metal que cada espectador recebia ao chegar ao auditório. O sistema garantia a organização da plateia, estimada em cerca de 20 mil pessoas, já que no *symbolon* estava gravado o local onde o espectador deveria acomodar-se.

T

TABELA DE SERVIÇO – Painel, geralmente localizado junto à entrada de serviço dos teatros, em que diariamente são afixadas todas as ocorrências relativas ao trabalho, além de avisos, advertências, horários etc. A manutenção da tabela é de competência do DIRETOR DE CENA. Sua leitura é a primeira coisa que um ator ou técnico deve fazer ao chegar ao teatro.

TABLEAU – Veja QUADRO VIVO.

TANGÃO – Sequência de luzes numa calha retangular e estreita, feita de folha ou madeira, colocada na posição vertical nas laterais do PALCO no espaço formado entre dois rompimentos. Projeta luz difusa.
Veja também ILUMINAÇÃO e RIBALTA.

TAPADEIRA – Em CENOGRAFIA, espécie de BASTIDOR revestido de madeira compensada. É usada para diversas composições cenográficas.

TAPAR – Veja COBRIR.

TEATRÃO – Gíria. Refere-se pejorativamente a tudo que não é tido como vanguarda, independentemente da qualidade do espetáculo.

TEATRO – Palavra derivada do latim *theatrum*, esta, por sua vez, do grego *théatron*, que significa "lugar de onde se vê". No sentido mais amplo, o termo atinge toda a atividade teatral, englobando a DRAMATURGIA, a encenação e a produção de espetáculos. Usa-se também o termo para definir uma época (teatro elisabetano), um autor (o teatro de Martins Pena), um estilo (teatro realista), um grupo ou uma companhia (Teatro Brasileiro de Comédia), uma modalidade (teatro de bonecos, teatro de rua). Especificamente, edifício onde são apresentados espetáculos teatrais, óperas, balés, concertos, entre outras manifestações musicais e cênicas. Os teatros como hoje em dia se apresentam resultam de uma série de inovações que foram sendo acrescentadas através dos tempos àquela que é sua forma mais rudimentar, ou seja, uma plataforma ao redor da qual um grupo de pessoas se aglomera para ver e ouvir o ATOR representar. Essas inovações, que visavam à melhoria das condições de conforto do público e dos atores (o abrigo do sol e da chuva, uma boa visibilidade e acústica, o atendimento às demandas do fenômeno social, sujeitas, portanto, às leis e à dialética da história, além, naturalmente, das questões puramente estéticas daí advindas), resultaram em cada época, em cada lugar, numa forma arquitetônica que correspondeu aos anseios e às expectativas de cada grupo cultural específico. Assim, gradativamente, foram sendo moldados valores, teorias, estilos, hábitos, tradições e tecnologia cuja expressão final pode ser encontrada em manifestações tão díspares quanto a CENA SIMULTÂNEA e a CENA SUCESSIVA, a QUARTA PAREDE e o DISTANCIAMENTO, o MONÓLOGO e o APARTE, o ARCO DO PROSCÊNIO e o FOSSO DA ORQUESTRA, o CORO e o SISTEMA CORINGA, que, juntos ou isolados, complementares ou em oposição, foram determinando os graus de relação entre espectadores e atores e, consequentemente, dando forma ao edifício teatral.

TEATRO ALEMÃO – O TEATRO MEDIEVAL religioso que floresceu na Alemanha em quase nada diferiu do ocorrido no resto da Europa. Durante os séculos XVI e XVII, porém, o desenvolvimento da DRAMATURGIA alemã, bem como da atividade profissional de teatro, foi bastante vagaroso se comparado ao dos outros países no mesmo período. A razão dessa evolução morosa deve ser atribuída principalmente à instabilidade religiosa, política e linguística que predominou na Alemanha até o século XIX. Assim, atuaram nesse recesso dramatúrgico e teatral, por um lado, o rigor moral da Reforma; por outro, as lutas entre Estados autônomos, herança feudal só superada com a união política ocorrida em 1871; e, finalmente, a ausência de um idioma nacional em face do predomínio das formas dialetais, fator cultural de suma importância numa arte como o teatro.

O primeiro movimento dramatúrgico importante só ocorreu no século XVIII: o *STURM UND DRANG*, uma espécie de ROMANTISMO precoce do qual participaram os dois maiores nomes da literatura clássica alemã, Johann von Goethe (1749-1832) e Friedrich Schiller (1759-1805). No século XIX, o NATURALISMO de Émile Zola e do Théâtre Libre inspirou o surgimento do Freie Bühne, o grupo liderado por Otto Brahm (1856-1912), que difundiu o REALISMO na Alemanha através da encenação de autores estrangeiros, como Ibsen, Strindberg, Zola, Becque e Tolstói, e alemães, como Gerhart Hauptmann (1862-1946), o maior nome do período.

A maioridade do teatro alemão, contudo, pode-se dizer que surgiu com o advento do EXPRESSIONISMO, um movimento de raiz ideológica, dirigido contra o positivismo e o naturalismo, mas que se constituiu na maior fonte de renovação da linguagem cênica de todo o século XX. Foi o expressionismo, também, o ponto de partida da maior revolução do pensamento teatral de todo o século, levada a cabo pelo TEATRO ÉPICO e pelo TEATRO DIALÉTICO de Erwin Piscator (1893-1966) e Bertolt Brecht (1898-1956). Os dramaturgos mais famosos do pós-guerra, além de Brecht, naturalmente, são Max Frisch (1911-1991), Friedrich Dürrenmatt (1916-1990), Rolf Hochhuth (1932), Heinar Kipphardt (1922-1982) e Peter Weiss (1916-1982), que, juntamente com o movimento dos encenadores, fazem da Alemanha, hoje, um dos principais focos de produção teatral do mundo. É de se registrar, também, a verdadeira revolução ocorrida no campo da dança no final do século XX, a partir da obra da coreógrafa Pina Bausch (1940-2009), que inaugura um novo conceito de DANÇA-TEATRO.

TEATRO AMBIENTAL – Tradução da expressão norte-americana *environmental theatre*, criada, ou pelo menos popularizada, por Richard Schechner (1934). O teatro ambiental é uma espécie de síntese teatral de uma manifestação mais abrangente, o *HAPPENING*. No teatro ambiental, o espaço, ou ambiente, torna-se elemento preponderante pelo menos como área física a ser compartilhada por atores e espectadores. Para Schechner, o espectador é ao mesmo tempo um *scene maker*, ou "fazedor da cena", e um *scene watcher*, ou "observador da cena". Outra característica do teatro ambiental é a ocorrência de ações simultâneas, o que proporciona focos de atenção variados. A palavra literária finalmente é considerada um elemento de linguagem equivalente a qualquer outro e, portanto, como qualquer outro, às vezes prescindível.

TEATRO ARISTOTÉLICO – Expressão utilizada por Bertolt Brecht (1898-1956) para designar toda DRAMATURGIA que se fundamenta na relação de identificação espectador-espetáculo, em sua opinião obstáculo a qualquer atitude crítica por parte do espectador. Brecht utilizou a expressão em oposição a TEATRO ÉPICO e a TEATRO DIALÉTICO, como, na sua última fase criadora, preferiu chamar o produto de sua teoria. Brecht, equivocadamente, classificou como aristotélica praticamente toda a produção dramática anterior a seu teatro épico, devendo-se essa generalização a uma interpretação limitada do conceito de Aristóteles (384-322 a.C.), como se este se restringisse à relação de identificação já mencionada como elemento determinante da catarse. Em virtude da vinculação da obra de Brecht com uma ideologia de esquerda, a expressão teatro aristotélico adquiriu um caráter pejorativo, pois foi relacionada, por contraste, com ideologias de direita. Tal sentido, porém, carece de qualquer fundamento ideológico.

TEATRO BARROCO – Estilo literário e artístico que aparece no final do século XVI tendo como raiz a Contra Reforma. Caracteriza-se pela visão pessimista da vida, por um estilo grandiloquente, exuberante, marcado pelo excesso de ornamentos, pelo jogo de luz e sombra, pela assimetria, pelo contraste e pela sintaxe rebuscada. A temática concentra-se na tensão entre a fé e a razão, entre o misticismo e o erotismo, entre a miséria da carne e a transcendência do espírito. Para Margot Berthold, no barroco, "o mundo se tornou um palco, a vida transformou-se numa representação, numa sequência de transformações. A ilusão da infinitude procurou exorcizar os limites da breve existência do homem na Terra" (*História mundial do teatro*, p. 323). No plano das artes cênicas, possivelmente a ÓPERA seja o gênero mais representativo. Na França, a ideia renascentista de "fusão das artes" conduziu os criadores, músicos e coreógrafos a inventarem o *ballet de cour*, ou seja, o balé da corte, que resultou em suntuosos espetáculos mesclando música, pantomima e dança. Ainda, por aproximação, podem ser citados os *INTERMEZZI*, DISFARCES e INTERLÚDIOS como gêneros correlatos. No plano da encenação, em 1638, Nicola Sabbattini publicou a *Pratica di Fabricar Scene e Machine ne'Teatri*, com o que revolucionou a MAQUINARIA teatral, através da invenção dos bastidores deslizantes, que possibilitaram apuro na representação em perspectiva, além de uma grande maleabilidade na mudança de cenários. No plano da DRAMATURGIA, são apontados como barrocos autores tão díspares quanto Corneille, Racine e Molière na França; Kyd, Marlowe, Jonson e Shakespeare na Inglaterra; e, na Espanha, Cervantes, Lope de Veja e Calderón. Permeando todas essas manifestações e tendências, a *COMMEDIA DELL'ARTE*, de caráter popular e performático, assinalava sua presença estabelecendo uma ponte entre o erudito e o vulgar, o cortesão e o popular. A denominação de barroco com certeza é utilizada com excessiva amplitude, tornando-se quase sinônimo do que se convencionou chamar de TEATRO RENASCENTISTA. Veja também BARROCO, SÉCULO DE OURO e TEATRO ELISABETANO.

TEATRO BRASILEIRO – Alguns autores apontam o TEATRO CATEQUÉTICO do padre José de Anchieta (1533-1597) como a primeira manifestação do teatro brasileiro. Evidentemente, não se pode negar o fato de ter sido aquele o primeiro acontecimento teatral ocorrido em terra brasileira, embora, em sua essência, aquela tenha sido uma manifestação teatral portuguesa a serviço de interesses portugueses, que mais não teve para o público a que se destinava que um leve sabor de exotismo.

Até o fim do século XVIII, no dizer de Mario Cacciaglia, "o Brasil não possuía uma verdadeira identidade cultural, era essencialmente uma área periférica dos maiores polos da cultura europeia de expressão latina: França, Espanha, Itália" (*Pequena história do teatro no Brasil*, p. 2). Assim, um teatro dito brasileiro só vai começar a surgir no século XIX, sob a influência do ROMANTISMO, que, como na França, vê surgir condições sociopolíticas ideais para uma rápida evolução: a elevação do país à categoria de sede do Reino (1808), a Independência (1822), a Abolição da Escravatura (1888) e a Proclamação da República (1889).

A expressão de uma nacionalidade começa a aparecer no teatro brasileiro com a retratação de tipos e costumes nas comédias de Martins Pena (1815-1848), com a inquietação temática dos dramas românticos dos poetas abolicionistas, Casimiro de Abreu (1806-1860), Araújo Porto Alegre (1806-1879), Gonçalves Dias (1823-1864), Álvares de Azevedo (1831-1852) e Castro Alves (1847-1871), e, finalmente, com a arte do ATOR brasileiro, estimulada graças à ação emancipadora de João Caetano dos Santos (1808-1863).

O REALISMO não despertou no Brasil o mesmo entusiasmo que o romantismo. Afinal, o realismo foi um movimento marcadamente antiburguês, caracterizado pela oposição ao proletariado emergente, fato este que não ocorreu no Brasil do mesmo período, onde a burguesia, ainda em ascensão, buscava cada vez mais afirmar-se. Essa afirmação vai consolidar-se em termos políticos com a Revolução de 30 e ganha expressão no teatro através de um movimento de renovação da linguagem do espetáculo liderado pelos grupos amadores da época, o Teatro de Brinquedo (1928), o Teatro do Estudante (1938), Os Comediantes (1938), o Teatro Experimental de São Paulo (1939) e o Teatro de Amadores de Pernambuco (1941). O movimento desses grupos amadores, juntamente com a atuação de alguns poucos profissionais, como Dulcina de Moraes e Odilon Azevedo, pode ser apontado como a base do moderno teatro brasileiro.

Essa base, contudo, trouxe em si a marca da contradição. De um lado estava o autor nacional, primeiro com o aparecimento de Nelson Rodrigues (1921-1980) e, mais tarde, com a geração de autores engajados com uma nova dramaturgia de esquerda: Augusto Boal (1931-2009), Oduvaldo Vianna Filho (1936-1976) e Gianfrancesco Guarnieri (1934-2006). Do outro lado estavam os diretores estrangeiros que para cá vieram em consequência da guerra: Ziembinski, Adolfo Celi, Flamínio Bollini Cerri, Gianni Ratto, Alberto d'Aversa, Ruggero Jacobi, Maurice Vaneau, entre outros. Esses diretores, quase todos eles a serviço do então recém-criado Teatro Brasileiro de Comédia, o TBC (1948), com exceção de Ziembinski, não chegaram a investir numa dramaturgia nacional, mas, em compensação, formaram a maior escola de atores que o Brasil já teve. No final dos anos 50, com a fragmentação do TBC, surgiram as grandes companhias profissionais do período: a de Maria Della Costa e Sandro Polônio; a de Cacilda Becker e Walmor Chagas; a de Tonia Carrero, Paulo Autran e Adolfo Celi; a de Sérgio Cardoso e Nídia Lícia; e o Teatro dos Sete, do qual fazia parte Fernanda Montenegro. Nos anos 60, a formação de novos grupos, originalmente de caráter semiprofissional – como o Teatro de Arena de São Paulo, o Grupo Oficina e o Opinião – reavivou a questão de uma dramaturgia nacional vinculada a uma linguagem cênica igualmente nacional. Desse movimento surgiu a montagem de *O rei da vela* (1968), de Oswald de Andrade (1890-1954), com direção de José Celso Martinez Correa, pelo Grupo Oficina, que, juntamente com o cinema de Glauber Rocha, a arte performática de Hélio Oiticica e a música de Caetano Veloso, foi um dos pontos altos do TROPICALISMO.

Um estudo histórico do teatro brasileiro das últimas décadas do século XX ainda está por ser feito. A respeito do movimento surgido após a Ditadura Militar (1964-1985), escreveu o crítico Yan Michalski (1932-1990): "as condições anormais em que o teatro funcionou durante estas duas décadas fizeram surgir nos palcos tendências, experiências, textos e encenações de características muito diferentes de tudo que ali fora visto anteriormente. Ao mesmo tempo, rotulado pelo regime militar como um perigoso inimigo público, e, consequentemente, perseguido e reprimido com requintes de perversidade e tolice, o teatro constituiu-se numa importante frente de resistência ao arbítrio e desempenhou destacado papel na sociedade de seu tempo" (*O teatro sob pressão*, p. 7).

O espetáculo que marca o lançamento da contemporaneidade no teatro brasileiro, na opinião de Sábato Magaldi, foi *Macunaíma*, adaptação do romance homônimo de Mário de Andrade dirigida por Antunes Filho. Com esse espetáculo, começa a fase de domínio dos encenadores-criadores e, simultaneamente, do teatro de grupo. Os principais nomes que se destacam nas últimas décadas do século XX e no início do século XXI são: na dramaturgia, Maria Adelaide Amaral, Naum Alves de Souza, Mauro Rasi, Samir Yazbek e Mário Viana; na encenação, além de alguns já citados, Bia Lessa, Gerald Thomas, Moacyr Góes, José Possi Neto, Cacá Rosset, Gabriel Villela, Antonio Araújo, Eduardo Tolentino e Aderbal Freire Filho; entre os grupos mais atuantes, podem ser citados o Ornitorrinco, o Grupo Galpão, o Tapa, o Ói Nóis Aqui Traveiz, o Grupo Espanca, o Macunaíma, a Cia. do Latão, os Parlapatões, a Sutil Cia. De Teatro, o Ágora Teatro e o Armazém Cia. de Teatro.

TEATRO CATEQUÉTICO – No século XVI, cerca de cinquenta anos depois da chegada dos portugueses ao Brasil, surgiu um movimento catequético liderado pelo padre José de Anchieta (1533-1597), que se utilizou de representações dramáticas como estratégia e instrumental de doutrinação. Essas representações foram testemunhadas pelo padre Fernão Cardim, que as incluiu no seu relatório de viagem ao Brasil, em 1583. Entre muitas outras observações, conta o padre Cardim que "debaixo da ramada se representou pelos índios um diálogo pastoril em língua brasílica, portuguesa e castelhana, e têm eles muita graça em falar línguas peregrinas, máxime a castelhana". E comentava: "Tudo causava devoção, debaixo de tais bosques, em terras estranhas, e muito mais por não se esperarem tais festas de gente tão bárbara" (citado por Lothar Hessel, *O teatro jesuítico no Brasil*, p. 25). O padre Anchieta, na sua tentativa de incutir verdades morais do cristianismo nos que, aos olhos europeus, se apresentavam como selvagens, canibais, polígamos e nômades, utilizou-se dos recursos de canto, dança, música instrumental, mímica e máscaras, além do drama propriamente dito, numa espécie de "ilustração de um catecismo elementar, prolongamento de uma literatura rudimentar (*op.cit.*, p. 15). A obra literária do padre Anchieta, escrita indiscriminadamente em três línguas, português, espanhol e tupi-guarani, as três por vezes na mesma peça, inclui sete Autos, alguns chamados ocasionalmente de Diálogos: *Auto* ou *Diálogo da crisma* (1578), *Quando no Espírito Santo se recebeu uma relíquia das onze mil virgens*, também chamado de *Auto de Santa Úrsula* (1584), o *Auto de São Lourenço*, *Na festa de Natal* e o *Auto da Vila de Vitória*, também chamado de *Auto de São Maurício* (1586), *Auto* ou *Diálogo de Guaraparim* (1587) e, finalmente, *Auto da visitação de Santa Isabel* (1598). Embora advogado por uma série de críticos eminentes como a manifestação inicial do teatro brasileiro, o teatro catequético praticado pelos jesuítas no Brasil foi uma manifestação essencialmente portuguesa, a serviço de interesses portugueses e, principalmente, sem um único elemento de união cultural entre a ficção e o espectador, a não ser, talvez, o sabor exótico que tal manifestação deve ter tido para o índio brasileiro.

Veja também AUTO e AUTO SACRAMENTAL.

TEATRO DA CRUELDADE – Tendência estética idealizada pelo francês Antonin Artaud (1896-1948) a partir da atmosfera mística e do caráter metafísico do teatro oriental. O objetivo artístico era a busca de outros meios de expressão que não a palavra literária, considerada elitista e limitante por Artaud. A ênfase da expressão cênica devia, pois, recair na emoção, na linguagem não verbal de luz e som e principalmente na voz e no corpo do ATOR, ou seja, em tudo que apelasse aos sentidos do espectador. Para Artaud, o espetáculo teatral devia ser uma espécie de RITUAL. A maior parte da teoria de Artaud se encontra publicada no livro intitulado *O teatro e seu duplo* (1938), destacando-se os ensaios "Encenação e metafísica" (1932), "O teatro da crueldade: primeiro manifesto" (1932), "Já basta de obras-primas" (1933) e "Um atletismo da afetividade" (1935). Artaud influenciou um sem-número de artistas e escritores, destacando-se, nos anos 60 do século XX, os diretores Peter Brook (1925) e Jerzy Grotowski (1933-1999), além de vários grupos experimentais, principalmente os norte-americanos Open Theatre e o Living Theatre. Sintetizando seu pensamento acerca da função do teatro e, particularmente, do teatro da crueldade, Artaud escreveu: "Nós não somos livres. E o céu ainda pode cair sobre nossas cabeças. O teatro foi criado, antes de tudo, para nos revelar essas verdades" (transcrito por Susan Sontag, *Antonin Artaud, Selected Writings*, p. 256).

TEATRO-DANÇA – Veja DANÇA-TEATRO.

TEATRO DE GUERRILHA – Expressão criada pelo grupo norte-americano San Francisco Mime Troup, para definir um tipo de espetáculo político feito na rua e produzido com poucos recursos que apanha o público de surpresa. Os temas desses espetáculos são a guerra, o serviço militar, a ecologia, a emancipação feminina, o racismo etc. O grupo, fundado em 1959, tem como um de seus lemas "o espetáculo dura até que a polícia chegue".

TEATRO DE REVISTA – Nome por que ficou conhecida no Brasil a REVISTA MUSICAL. Produzido inicialmente nos teatros existentes em torno da Praça Tiradentes, no Rio de Janeiro, o GÊNERO alcançou grande sucesso popular nos anos 40 e 50 do século XX, em parte devido ao luxo do GUARDA-ROUPA e à beleza das vedetes e coristas, mas principalmente devido à SÁTIRA política. Getúlio Vargas (chefe do Governo Provisório, presidente da República e chefe do Estado Novo de 1930 a 1945 e de 1951 a 1954) acreditava que a caricatura que o teatro de revista fazia dele, de seus ministros e de seu governo promovia o lado mais bonachão e popular de sua personalidade, razão pela qual sempre prestigiou, inclusive com sua presença nos teatros, a revista. Nos anos 60, abalado com a concorrência exercida pela então emergente televisão e sem o apoio oficial, o teatro de revista entra em lenta e irreversível decadência.

TEATRO DE RUA – Expressão utilizada para nomear qualquer espetáculo realizado em locais públicos sem a organização espacial prevista por alguma arquitetura específica. No Brasil, a popularidade do teatro de rua cresceu a partir dos anos 80 do século passado, provavelmente em virtude da repressão política e da crise econômica que ameaçava a sobrevivência de grupos de teatro. Alguns antecedentes recentes do teatro de rua são o TEATRO AMBIENTAL e o TEATRO DE GUERRILHA, ambos emergentes de experiências estético-políticas que pretendiam alcançar as camadas menos privilegiadas da população, e não apenas a classe média alta que frequentava as salas de espetáculos convencionais. Hoje, no Brasil, alguns grupos de teatro de rua já alcançaram uma posição de destaque, tendo desenvolvido uma linguagem própria com valor estético adequado ao meio utilizado.

TEATRO DE SOMBRAS – Forma tradicional de teatro de bonecos praticada no Oriente, principalmente na Índia, em Java, em Bali e na Malásia. O teatro de sombras consiste na manipulação de um BONECO DE VARA entre uma luz e uma tela, o que faz com que o espectador, sentado diante da tela, veja apenas a sombra do boneco. Uma forma aproximada do teatro de sombras é praticada na Turquia e na Grécia, embora sem o requinte do espetáculo oriental. No Sudeste asiático, os bonecos são figuras planas feitas de couro. Na Grécia e Turquia, de madeira leve. Em Paris, entre 1774 e 1859, existiu um teatro especializado em teatro de sombras. Este teatro chamou-se Sombras Chinesas. Hoje em dia, a técnica do teatro de sombras está difundida e é praticada em todo o mundo.

TEATRO DECLAMADO – Expressão usada pela CRÍTICA do século XIX para indicar as peças destinadas a serem representadas unicamente por atores, diferenciando-se daquelas que incluíssem cantores, dançarinos ou mímicos. A expressão foi usada geralmente no sentido de não permitir que fossem confundidos os atores de peças sérias, DRAMA, TRAGÉDIA e MELODRAMA, com os de FARSA, BURLETA, *VAUDEVILLE* ou REVISTA MUSICAL, considerados gêneros menores. A expressão encontra-se hoje em desuso.

TEATRO DIALÉTICO – Expressão com que Bertolt Brecht (1898-1956) rebatizou seu TEATRO ÉPICO, considerado por ele uma expressão superada, por referir-se principalmente ao aspecto formal de um estilo de representação. Por teatro dialético, Brecht pretendia um modelo dramático que refletisse não a dialética da personagem clássica, individualizada, como menciona Hegel, mas uma dialética dos processos sociais, própria da história. Ou, como diz Augusto Boal, "a Poética marxista de Bertolt Brecht não se contrapõe a uma ou outra questão formal, mas sim à verdadeira essência da Poética idealista hegeliana, ao afirmar que o personagem não é 'sujeito absoluto' e sim 'objeto de forças econômicas, ou sociais', às quais responde, e em virtude das quais atua" (*Teatro do oprimido*, p. 10-11).
Veja também DISTANCIAMENTO, ENREDO EPISÓDICO e *GESTUS*.

TEATRO DO ABSURDO – Movimento literário surgido na DRAMATURGIA dos anos 50 do século XX. Seus representantes jamais chegaram a se considerar integrantes de uma mesma escola ou movimento, mas suas obras e atitudes participam de uma forma ou de outra da corrente de pensamento que situa o ser humano em meio a uma constante angústia existencial, uma vez que se encontra em desarmonia com um universo de onde desapareceram as certezas e os princípios básicos inquestionáveis. Segundo Martin Esslin (1918-2002), "o Teatro do Absurdo expressa a angústia e o desespero que nascem da admissão de que o homem é cercado por áreas de escuridão impenetrável, de que não pode nunca conhecer sua verdadeira natureza nem seu objetivo, e que ninguém lhe poderá fornecer regras de conduta prefixadas" (*O teatro do absurdo*, p. 370). Os principais dramaturgos citados pela CRÍTICA como pertencentes ao movimento são Samuel Beckett (1906-1989), Arthur Adamov (1908-1970), Jean Genet (1910-1986), Eugène Ionesco (1912-1994), Harold Pinter (1930) e Fernando Arrabal (1932). A diferença entre estes e outros autores do passado com postura ideológica semelhante é que no teatro do absurdo sucede uma perfeita integração entre forma e conteúdo. Assim, vemos surgir com frequência imagens que correspondem ao "absurdo" da condição humana, como os pais de Hamm, por exemplo, que não têm pernas e vivem enterrados em areia dentro de latas de lixo (*Fim de jogo*, de Beckett, 1957), ou o orador surdo-mudo cuja missão é revelar a grande mensagem (*As cadeiras*, de Ionesco, 1952). Os principais precursores do movimento foram Alfred Jarry (*Ubu Rei*, 1896), Guillaume Apollinaire (*As mamas de Tirésias*, 1917), bem como os movimentos da primeira metade do século XX, DADAÍSMO, SURREALISMO e EXPRESSIONISMO. No Brasil, José Joaquim de Campos Leão (1829-1883), o Qorpo Santo, tem sido considerado pela crítica como "um dos mais poderosos e imaginativos dramaturgos brasileiros de todos os tempos, e um dos mais autênticos precursores do atual teatro do absurdo que tenham surgido, no mundo inteiro, no século passado" (Yan Michalski, *Jornal do Brasil*, Rio de Janeiro, 25.10.1970).

TEATRO DO GROTESCO – Movimento ocorrido na literatura dramática italiana do final da Primeira Guerra Mundial a 1925. Influenciado pelo EXPRESSIONISMO e, posteriormente, pelo SURREALISMO, o teatro do grotesco caracterizou-se por uma temática centrada na oposição entre a aparência social e a realidade individual de cada um. Quanto à forma, o principal traço foi a comicidade irônica e por vezes macabra que apresentava. Seu principal líder foi Luigi Chiarelli (1884-1947), autor de *A máscara e* *o rosto*, escrita em 1913 e encenada pela primeira vez em 1916. Na apresentação dessa peça, Chiarelli a definiu como "um grotesco em três atos", o que deu origem ao nome do movimento. Luigi Pirandello (1867-1936) escreveu *Assim é se lhe parece* influenciado pelo teatro do grotesco.

TEATRO DO OPRIMIDO – Nome de uma obra de Augusto Boal (1931-2009) que reúne ensaios escritos entre 1962 e 1973 relatando experiências teatrais realizadas no Brasil, Argentina, Peru e Venezuela. O ensaio que dá nome ao livro, "Poética do oprimido", refere-se à reconquista do teatro pelo povo através de duas etapas sucessivas: primeiro, o povo volta a atuar, como no TEATRO INVISÍVEL, pois, segundo Boal, "todos devem representar, todos devem protagonizar as necessárias transformações da sociedade"; depois, "destrói-se a barreira entre os protagonistas e o coro: todos devem ser, ao mesmo tempo, coro e protagonistas", como no SISTEMA CORINGA (*Teatro do oprimido*, p. 2).

TEATRO DO SILÊNCIO – Expressão criada por Maurice Maeterlinck (1862-1949) para designar um tipo de peça simbolista em que os silêncios eram tão ou mais importantes do que as palavras do texto. Tais silêncios – preenchidos com a interpretação do ATOR e com outros recursos audiovisuais de linguagem cênica – criavam uma densidade dramática que, na opinião de Maeterlinck, tornava-se muito mais expressiva dos sentimentos dos personagens do que quaisquer palavras do texto. Para Maeterlinck, os sentimentos e emoções humanas, por serem profundos e complexos, tornavam-se inexprimíveis, pelo menos através de palavras, por isso a expressão francesa para esse tipo de teatro: *Théâtre de l'Inexprimé*.
Veja também SIMBOLISMO.

TEATRO-DOCUMENTÁRIO – Veja DRAMA-DOCUMENTÁRIO e *LIVING NEWSPAPER*.

TEATRO ELISABETANO – Termo genérico que abrange todo o DRAMA e o ESPETÁCULO criados na Inglaterra no período compreendido entre o fim da Idade Média e o fechamento dos teatros profissionais em Londres pelo Parlamento puritano em 1642. Trata-se de um dos mais fecundos períodos da criação teatral de todos os tempos, e três razões desse apogeu talvez tenham sido, primeiro, a interação dos diversos níveis sociais em torno da atividade teatral; segundo, a consciência nacional de grande nação que emergia, principalmente depois da derrota da Invencível Armada (1588); e, terceiro, o não rompimento rigoroso com a Idade Média, como aconteceu em outros centros culturais europeus, que negaram os princípios do pensamento e da cultura medievais como um todo, influenciados que estavam pelo HUMANISMO e, principalmente, pelo fervor à cultura clássica. A evolução desse teatro aconteceu em função da emancipação profissional do ATOR e da própria atividade teatral. No fim da Idade Média e início da Renascença, as representações teatrais diversificaram-se entre cortesãs e públicas, estas últimas feitas por profissionais. Necessitando aumentar o círculo de espectadores, do qual dependia sua sobrevivência, esses grupos foram buscar na tradição popular, na história e na literatura espanhola e italiana a matéria-prima para suas peças. Dessa forma, juntaram-se a tradição religiosa, o sentimento heroico e o espírito romântico e aventureiro das novelas de cavalaria, o que gerou a possibilidade de um teatro aberto, híbrido, sem preconceitos, permeável a todas as influências, inclusive a trazida pela redescoberta dos clássicos. Os principais nomes da DRAMATURGIA do teatro elisabetano foram Thomas Kyd (1558-1594), autor de *Tragédia espanhola*, a primeira TRAGÉDIA DE VINGANÇA de sucesso; Christopher Marlowe (1564-1593), autor de *Doutor Faustus* e de *Edward II*, este último considerado o primeiro DRAMA HISTÓRICO de valor literário; John Lyly (1554?-1606), que escreveu sobretudo dentro do gênero PASTORAL; William Shakespeare (1564-1616), possivelmente o maior poeta dramático de todos os tempos; e Ben Jonson (1562-1637), que foi, dos dramaturgos elisabetanos, o mais atento aos preceitos classicistas, embora se fizesse notar na corte como autor de MASCARADA. Além desses, devem ser mencionados, ainda, Thomas Heywood (1574?-1641),

John Fletcher (1579-1625), Francis Beaumont (1584?-1616), John Webster (1580?-1639) e John Ford (1586-1639?). Shakespeare, sem sombra de dúvida o melhor entre seus contemporâneos, foi ator, empresário, dramaturgo, poeta e, no fim da vida, comerciante. Escreveu, acredita-se, cerca de 36 peças, aqui relacionadas de acordo com a cronologia estabelecida por E.K.Chambers (1866-1954): *Henrique VI*, partes 2 e 3; *Henrique VI*, parte 1; *Ricardo III*; *A comédia dos erros*; *Tito Andrônico*; *A megera domada*; *Os dois fidalgos de Verona*; *Trabalhos de amor perdidos*; *Romeu e Julieta*; *Ricardo II*; *Sonho de uma noite de verão*; *Vida e morte do rei João*; *O mercador de Veneza*; *Henrique IV*, partes 1 e 2; *Muito barulho por nada*; *Henrique V*; *Júlio César*; *Hamlet, o príncipe da Dinamarca*; *As alegres matronas de Windsor*; *Troilus e Créssida*; *Bem está o que bem acaba*; *Medida por medida*; *Otelo, o mouro de Veneza*; *O Rei Lear*; *Macbeth*; *Antônio e Cleópatra*; *Coriolano*; *Timão de Atenas*; *Péricles, o príncipe de Tiro*; *Cymbeline*; *Conto de inverno*; *A tempestade* e *Henrique VIII*.

A profusão de gêneros dramáticos, autores e textos do período deve ser atribuída ao sucesso dos teatros públicos, que a partir de 1574 passaram a atuar diariamente e cada vez mais requisitavam peças novas. As principais companhias atuantes foram a Earl of Leicester's Men, a Queen's Men e a Lord Chamberlain's Men, rebatizada em 1603 como King's Men. O primeiro teatro permanente em Londres foi inaugurado em 1576. Em 1642, ano do fechamento dos teatros, pelo menos nove outras casas estavam funcionando na cidade. Entre elas, The Curtain, The Rose, The Swan e The Globe. A forma do PALCO usado no teatro elisabetano foi um outro aspecto de grande importância para a estética teatral da época. O palco elisabetano foi uma síntese da CENA SIMULTÂNEA medieval e da CENA SUCESSIVA renascentista. A estrutura desse palco, composto de níveis e espaços múltiplos, que permitiam mudanças rápidas de cena e, até mesmo, a representação de cenas simultâneas, possibilitou a Shakespeare desenvolver uma narrativa ágil, dinâmica, sem limitações de tempo e espaço, em que todo discurso se transformava em AÇÃO. A capacidade dos teatros, supõe-se, variava entre 1.500 e 2 mil espectadores, o que não é pouco se considerarmos que a população de Londres oscilava em torno de 160 mil habitantes. O teatro elisabetano foi um grande teatro porque refletiu como nenhum outro a sua própria época, objeto que foi de reflexão e expressão do grande tema do Renascimento: o homem que toma consciência de si mesmo.

TEATRO ÉPICO – Tipo de DRAMA que procura acentuar os traços épicos da narrativa a fim de produzir o efeito do DISTANCIAMENTO. O termo foi usado inicialmente por Erwin Piscator (1893-1966), mas foi Bertolt Brecht (1898-1956) quem desenvolveu uma teoria consistente acerca da matéria. Trata-se de um estilo anti-ilusionista, cuja essência consiste na apresentação, não das relações interpessoais, mas das que decorrem de determinantes sociais. Ou, como diz Anatol Rosenfeld (1912-1973), "segurando a concepção marxista, o ser humano deve ser concebido como o conjunto de todas as relações sociais e diante disso a forma épica é, segundo Brecht, a única capaz de apreender aqueles processos que constituem para o dramaturgo a matéria para uma ampla concepção do mundo" (*O teatro épico*, p. 147). As técnicas do teatro épico incluem a utilização de canções, narração, projeções, além de uma exposição através de um ENREDO EPISÓDICO, o que evita o processo de identificação entre espectador e personagem, ao mesmo tempo que fortalece a participação intelectual do espectador.

TEATRO GREGO – A tradição do teatro ocidental aponta o início de toda atividade teatral, tal como a concebemos hoje, na Grécia, no século VI a.C. Segundo Aristóteles (384-322 a.C.), as principais formas dramáticas então conhecidas, a TRAGÉDIA e a COMÉDIA, evoluíram, respectivamente, do DITIRAMBO e das canções fálicas. O passo decisivo para a fixação e evolução desse teatro foi, sem dúvida, a instituição pelo Estado dos concursos públicos em 534 a.C., o que coincide com a estabilização do governo democrático em Atenas. A regulamentação dos concursos exigia a inscrição, por candidato, de três tragédias e um DRAMA SATÍRICO. As cerca de trinta peças que sobreviveram de mais de mil escritas só no século V são, ao lado da obra teórica de Aristóteles, infelizmente fragmentada, os principais documentos que temos para embasar nosso conhecimento do que foi o teatro grego. Essas peças pertencem a três tragediógrafos, Ésquilo (525-456 a.C.), Sófocles (496-406 a.C.) e Eurípides (484-406 a.C.), e a um comediógrafo, Aristófanes (448?-380? a.C.).

De Ésquilo chegaram até nós sete tragédias, consideradas pela CRÍTICA como representativas da obra do poeta. São elas: *Os Persas*, *Os Sete Contra Tebas*, *As Suplicantes*, *Prometeu acorrentado* e a *ORESTEIA*, a única trilogia completa conhecida, composta por *Agamêmnon*, *As Coéforas* e *As Eumênides*. De Sófocles, também oito peças sobreviveram: *Ájax*, *Antígona*, *Édipo Rei*, *Electra*, *As Traquínias*, *Filoctetes*, *Édipo em Colona* e *Os Sabujos*, este último um drama satírico incompleto. De Eurípides, dezoito peças: *Alceste*, *Medeia*, *Hipólito*, *As troianas*, *Helena*, *As mulheres fenícias*, *Orestes*, *Os filhos de Heracles*, *Andrômaca*, *Hécuba*, *Heracles*, *As suplicantes*, *Íon*, *Electra*, *Ifigênia em Táurida*, *As bacantes*, *Ifigênia em Áulida* e *Ciclope*. Finalmente, de Aristófanes, representante da chamada COMÉDIA ANTIGA, onze peças chegaram até nós: *Os acarnianos*, *Os cavaleiros*, *As vespas*, *As rãs*, *As nuvens*, *As aves*, *Lisístrata*, *Termoforiazusas*, *A paz*, *A revolução das mulheres* e *Pluto*. Os concursos dramáticos aconteciam durante três festivais que eram organizados anualmente em honra ao deus Dionisos. Eram eles o de Lenaia, a dionísia rural e a dionísia urbana. A administração desses festivais ficava a cargo de um ARCONTE, o principal magistrado civil de Atenas. O custo da produção era dividido entre o Estado, responsável pela manutenção do teatro, pelo pagamento do CORO e dos prêmios, e o *COREGA*, espécie de mecenas da época, escolhidos entre os poderosos da cidade, que subvencionavam os atores, os cenários e os figurinos. Cada concurso comportava três concorrentes trágicos e cinco cômicos. Os prêmios eram destinados aos poetas e, mais tarde, também aos atores. Não é conhecido, porém, o critério que estabelecia quem concorria à premiação.

A presença de um coro, dominante na obra de Ésquilo e substancialmente reduzido na de Eurípides, foi, contudo, uma constante no teatro grego. Seu tamanho tem sido objeto de infindáveis conjecturas acadêmicas, como, aliás, tudo que se refere às encenações gregas. Tradicionalmente, diz-se que o coro ditirâmbico possuía cinquenta membros e que este foi o número de integrantes do coro trágico original. Posteriormente, e é provável que por questões econômicas, esse coro foi reduzido a doze figuras e depois aumentado para quinze. As funções do coro foram muitas, desde agente da AÇÃO, em Ésquilo, a modelo ético e padrão social. Chamado de ESPECTADOR IDEAL pela crítica do século XIX, o coro permite, ainda, criar atmosferas, acrescentar música e movimento ao espetáculo, além de possibilitar passagens de tempo convencionais. Entretanto, a presença do coro revelava tão somente uma limitação dos gregos no manuseio da narrativa dramática.

Os efeitos visuais do espetáculo grego ficavam por conta da INDUMENTÁRIA e do uso da MÁSCARA. Um sapato de solado exageradamente alto, chamado COTURNO, era supostamente usado. Tal tipo de calçado elevava a estatura do ator e ajudava a projetar sua figura.

A arquitetura do teatro grego era estruturada em dois segmentos separados, o *THÉATRON* e a *SKENÉ*, ligados pela *ORKÉSTRA*. A lotação completa de um auditório era de cerca de 20 mil pessoas, mais ou menos 10% da população da Ática no século V a.C.

A vitalidade do teatro grego decaiu após o século I d.C. Com a supremacia de Roma em toda a parte oriental do Mediterrâneo, os modelos da cultura grega foram gradativamente sendo substituídos. As marcas do teatro grego, porém, se fazem sentir até hoje no melhor do teatro do Ocidente.
Veja também CATARSE, CATÁSTROFE, COMÉDIA MEDIANA, COMÉDIA NOVA, *EKKIKLEMA*, *EPISKÉNION*, ESTÁSIMO, *PÁRODOS*, PERIPÉCIA, *PROSKÉNION*, RECONHECIMENTO e *THYROMATA*.

TEATRO INVISÍVEL – Técnica de dramatização com finalidade didática criada por Augusto Boal (1931-2009). Consiste na representação de uma CENA diante de pessoas que não devem saber que se trata de teatro. Os atores que conduzem tais cenas precisam estar preparados para o maior número possível de eventualidades por parte dos assistentes. A finalidade de tais encenações é provocar a discussão sobre problemas pertinentes àquele grupo específico, notadamente problemas de cunho econômico e social. Essa técnica, juntamente com outras, entre elas TEATRO-JORNAL, teatro-fotonovela, quebra de repressão, teatro-mito, teatro-julgamento e rituais e máscaras, foi experimentada pelo autor no Programa de Alfabetização Integral, em agosto de 1973, nas cidades de Lima e Chaclacayo, no Peru. Tais experiências encontram-se relatadas no livro *Teatro do oprimido* (Rio de Janeiro, Editora Civilização Brasileira, 1980).

TEATRO JAPONÊS – O teatro japonês apresenta basicamente três formas de espetáculo: o *NÔ*, o *KABUKI* e o *JÔRURI*, popularmente chamado *BUNRAKU*. O *nô*, provavelmente, é a forma mais antiga, datando do século XIV. Por ser a mais preservada, é referida hoje como sendo o teatro clássico japonês. O espaço cênico do *nô* possui um metro de altura e não apresenta cenários. Ao fundo há um pequeno espaço para os músicos e à esquerda uma galeria estreita para um coro de oito a dez vozes. Sobre o praticável, quatro pilares sustentam um teto. Os intérpretes são todos homens e usam máscaras tanto masculinas quanto femininas. O vestuário é opulento. A representação dura em torno de sete horas e é dividida em cinco partes. Nos intervalos representa-se o *KYOGEN*, pequenas farsas que parodiam o tema principal. O *kabuki*, derivado do *nô*, é uma forma mais popular de entretenimento. Na encenação do *kabuki* são utilizados cenários opulentos e a abordagem é deliberadamente melodramática, razão do grande sucesso popular. Uma variação do *kabuki* é o *ARAGOTO*, também de grande aceitação popular. O *jôruri*, por sua vez, é o teatro de bonecos tradicional, de requintada expressividade, cada boneco sendo movimentado por três manipuladores. O teatro japonês, para nós, ocidentais, pode parecer excessivamente lento, às vezes até monótono, mas para o iniciado, conhecedor das convenções e da simbologia utilizada na movimentação coreográfica, trata-se de uma requintada experiência estética e espiritual.

TEATRO-JORNAL – Experiência realizada por Augusto Boal (1931-2009) nos anos 70 do século passado, que pretendia estender o veículo artístico do teatro a qualquer grupo interessado em comunicação coletiva com temática social. O material básico representado, geralmente através de técnicas de improvisação, era a notícia recente publicada nos jornais, atualizando, assim, o debate que necessariamente envolvia a plateia. O teatro-jornal, assim como seu principal antecessor e inspirador, o *LIVING NEWSPAPER*, possuía caráter eminentemente político.

TEATRO MEDIEVAL – Na Idade Média, em torno do século X, o teatro, que desde o esfacelamento do Império Romano havia sido reduzido à sua forma mais primária, recebeu novo vigor. Tratava-se, na verdade, de uma estratégia de ensino e comunicação de que se valeu a Igreja, então ilhada num latim que já não era mais falado na Europa. As cerimônias religiosas, com sua dramaticidade latente, seu RITUAL opulento e simbólico, além das catedrais que começavam a ser construídas, e que ofereciam um espaço esplêndido para dramatizações, foram campos férteis para esse despertar da atividade dramática. A própria estrutura das antífonas, com seu modelo de respostas por coros alternados, já era, por si só, uma forma de DIÁLOGO. A interpolação do *TROPO* em textos preexistentes foi o primeiro passo concreto para a formação do DRAMA LITÚRGICO, que é a primeira forma dramática medieval ainda escrita em latim.

O drama litúrgico floresceu especialmente nos mosteiros beneditinos da França, Suíça, Alemanha e Espanha. O mais antigo documento que registra uma atividade literária é o *REGULARIS CONCORDIA*, uma compilação feita pelo bispo Ethelwood, da catedral de Winchester, na Inglaterra, em 975. Essa compilação, além dos dramas litúrgicos, inclui indicações para a encenação das obras. As ocasiões mais propícias para a representação de dramas litúrgicos eram a Páscoa e o Natal.

A encenação desses dramas, iniciada no interior das igrejas, deslocou-se, no século XVII, para o adro e daí para a praça pública. É difícil determinar as razões que motivaram tal mudança, sendo a mais provável a que se refere à extensão do drama, que começou a interferir na liturgia. Uma vez fora do domínio físico da igreja, o drama começou a ensaiar sua autonomia administrativa e estética. Um primeiro passo nesse sentido foi, sem dúvida, a tradução das peças do latim para o vernáculo, e, depois, sua criação nas diversas línguas nacionais. Igualmente importante foi a instituição das festas de Corpus Christi, uma espécie de festival concebido pelo papa Urbano IV, em 1264. Desses festivais, idealizados para fazer da Igreja uma instituição relevante para o homem comum, fazia parte uma procissão que levava através de toda a cidade a Hóstia Consagrada. Foi assim, em torno do mistério da Eucaristia, que se desenvolveu o drama cósmico medieval, que encampou eventos desde a criação da humanidade até o juízo final.

O desenvolvimento do drama litúrgico e sua transformação de acordo com as diferentes características culturais encontradas em cada canto da Europa resultou em manifestações múltiplas do mesmo GÊNERO, como o AUTO SACRAMENTAL, na Espanha e Portugal, a *SACRA RAPPRESENTAZIONE*, na Itália, e os MISTÉRIOS e MILAGRES, na França e Inglaterra.

A organização dos festivais, bem como a encenação dos espetáculos, ficava a cargo de corporações religiosas, ou confrarias, como a Confrérie de La Passion, na França, e a Feast of Corpus Christi, na Inglaterra.

O PALCO medieval podia ser móvel ou fixo. O palco fixo era constituído de uma ou mais plataformas sobre as quais eram montados os cenários, geralmente ao redor de uma praça. O palco móvel, mais utilizado na Inglaterra, consistia na montagem de plataformas sobre carroças que se deslocavam pela cidade, acompanhadas, como numa procissão, pelo público. Qualquer das duas modalidades deu lugar ao conceito de CENA SIMULTÂNEA. Cada cenário era chamado de MANSÃO, e o número de mansões de uma mesma representação variava muitíssimo. Numa festividade em Lucerne, na Suíça, em 1583, por exemplo, foram usados setenta diferentes locais representados por cerca de 32 mansões. A divisão da representação era chamada JORNADA, cada uma separada das outras por intervalos que se estendiam por até 24 horas. Numa representação em Arras, na França, no século XV, há referência a quatro jornadas, com oito a quinze mansões para cada uma delas. A indicação do local que a mansão representava era comumente feita através de tabuletas fixadas no alto do pórtico. As mansões mais importantes do teatro medieval eram o Céu e o Inferno, situados nos extremos do conjunto.

Ao lado das formas dramáticas religiosas, durante a Idade Média floresceram também formas seculares, como a FARSA e a MORALIDADE. A obra-prima da farsa medieval é *Pierre Pathelin*, escrita em cerca de 1470, na França, por autor anônimo. Na Alemanha, as farsas foram chamadas SHROVETIDE, sendo que as de Hans Sachs (1494-1576) são consideradas as melhores do gênero. Nos Países Baixos, receberam a denominação de *ABELE SPELEN*. Quanto à Moralidade, a obra-prima é *Todomundo*, datada de cerca de 1500. Nela, o HERÓI, representando toda a humanidade, tenta escapar ao destino da Morte. Finalmente resignado, só encontra a companhia de Boas Ações para a viagem final.

Deve ser mencionada ainda uma série de manifestações dramáticas e semidramáticas praticadas nos círculos das cortes, como o INTERLÚDIO, o DISFARCE, os torneios, as entradas reais, os *tableaux vivants*, entre outras. A unidade religiosa, que foi o principal alicerce do teatro medieval, rompeu-se durante o século XVI. Em consequência da retirada da sanção da Igreja para as representações religiosas, na Itália em 1547, na França em 1548, e assim por diante, o teatro medieval religioso começou a desaparecer. Apenas na Espanha, onde a Inquisição controlava com mão de ferro a moral e os costumes, as representações de autos

sacramentais estenderam-se até o século XVIII. Por outro lado, o interesse da intelectualidade nos modelos clássicos empurrava a criação literária, e consequentemente a teatral, para novos conceitos dramáticos. Era o início da Renascença e do grande drama secular criado nesse período.
Veja também *JONGLEUR*, MENESTREL e *SOTTIE*.

TEATRO POBRE – Expressão criada por Jerzy Grotowski (1933-1999) para definir os espetáculos por ele realizados no Laboratório Teatral (1959), em Opole, e no Instituto de Investigação do Ator (1965), em Wrocklaw, ambos na Polônia. Esses espetáculos possuíam uma linguagem cênica bastante peculiar, centrada no trabalho do ATOR e no "encontro" sensível, na "comunhão de percepções" que ocorria entre ele e o espectador. Tais espetáculos prescindiam dos elementos tradicionais de linguagem cênica, tidos como supérfluos por Grotowski: maquiagem, indumentária específica, cenografia, iluminação e sonoplastia. Segundo Grotowski, "a aceitação da pobreza no teatro, despojado de tudo que não é essencial, nos revelou não apenas a espinha dorsal desta arte, mas também a riqueza escondida na verdadeira natureza da forma artística" (*Towards a Poor Theatre*, p. 21).

TEATRO REBOLADO – Veja TEATRO DE REVISTA.

TEATRO RENASCENTISTA – Convencionou-se considerar o advento da Renascença como algo ocorrido em torno de 1450, quando a Europa teve acesso à cultura clássica greco-romana através do movimento migratório dos eruditos bizantinos, que fugiram da invasão dos turcos a Constantinopla. Evidentemente, um período longo e complexo como foi o renascentista não surgiu da noite para o dia. Na verdade, ele já havia começado muito antes, em plena Idade Média, como prova a existência de grandes humanistas – Dante, Petrarca, Boccacio – pelo menos cem anos antes da divulgação da língua, arte e ciência greco-romanas no Ocidente. O contato com as obras de Platão (427?-347? a.C.) e Aristóteles (384-322 a.C.) veio reforçar o movimento de expansão intelectual já iniciado, projetando-o, primeiro, nas artes e nas ciências e, depois, na maneira de viver do homem europeu.

A orientação tomada pelo movimento nas artes foi, via de regra, imitativa. No teatro, imitou-se a arquitetura de Vitruvius (70?-15? a.C.), as comédias de Plauto (254?-154 a.C.) e Terêncio (190?-159 a.C.), as tragédias de Ésquilo (525-456 a.C.), Sófocles (496-406 a.C.) e Sêneca (4? a.C.-65 d.C.) e os princípios teóricos e críticos de Aristóteles e Horácio (65-8 a.C.). Essa tendência imitativa originou-se provavelmente nas academias, poderosas instituições criadas na Itália, dedicadas à investigação, preservação e recriação da antiguidade clássica. À Academia Olímpica de Vincenza, por exemplo, deve-se a construção do Teatro Olímpico (1584), o primeiro teatro permanente da Europa, erguido de acordo com o que os acadêmicos julgavam ser um teatro romano.

No DRAMA, apesar de restaurada a supremacia dos gêneros clássicos da COMÉDIA e da TRAGÉDIA, a Renascença apresentou uma diversificação formal bem mais acentuada do que, por exemplo, a do TEATRO MEDIEVAL. Na Itália, curiosamente, pode-se dizer que a CRÍTICA suplantou a criação dramática. As peças de Ludovico Ariosto (1474-1533), Giambattista Cinthio (1504-1573) e Torquato Tasso (1544-1595) passaram a gozar de um prestígio literário pálido se comparado ao exercido pela crítica de Giulio Cesare Scaligero (1484-1558) e Ludovico Castelvetro (1505-1571). Na França, ao contrário, embora os críticos seguissem os caminhos abertos pelos italianos, formulando princípios rígidos para a arte de compor para o teatro, a criatividade de três dramaturgos suplantou os limites dessa crítica legislativa. Sem dúvida, as teoria de François Hedélin (1604-1676), abade d'Aubignac, Charles de Saint-Denis (1610-1703) e principalmente a palavra anônima formulada em nome da Academia Francesa são menos significativas do que as tragédias de Pierre Corneille (1606-1684) e Jean Racine (1639-1699) e, sobretudo, do que as comédias de Molière (1622-1673). Corneille, embora considerado o fundador da tragédia clássica francesa, começou sua carreira escrevendo uma comédia farsesca, *Mélite* (1629). Mas foi a partir de

1635, com *Medeia*, que o dramaturgo desenvolveu o melhor de sua obra: *O Cid, Horácio, Cina, Polieucte, A morte de Pompeia, Pertharite, Tito e Berenice* e *Psiché*. De Racine, considerado o maior virtuose da poesia francesa no uso do verso alexandrino, destacam-se as seguintes obras: *Britanicus, Berenice, Bajazet, Ifigênia, Fedra, Esther* e *Atalie*. De Molière, o maior comediógrafo francês de todos os tempos, ressaltam-se: *As preciosas ridículas, Escola de maridos, Escola de mulheres, Tartufo, Don Juan, O misantropo, Médico à força, O avarento, Georges Dandin, O burguês fidalgo, As sabichonas* e *O doente imaginário*.

Na Espanha, a Renascença gerou um volume de dramaturgia sem comparação na Europa do período. Essa produção apareceu entre 1580 e 1680, período que ficou conhecido como o SÉCULO DE OURO espanhol. A Espanha e a Inglaterra foram os países menos atingidos pelo rigor formal da cultura clássica, gerando, assim, um drama de caráter muito mais romântico do que neoclássico. Os principais dramaturgos espanhóis do Século de Ouro foram Lope de Veja (1562-1635), que consta ter escrito mais de 1.800 peças, das quais cerca de 450 sobreviveram, Pedro Calderón de La Barca (1600-1681), Miguel de Cervantes (1547-1616) e Tirso de Molina (1584?-1648).

Duas outras manifestações importantes pertencentes ao teatro renascentista são a do teatro inglês e a do teatro popular italiano, consignadas em verbetes específicos, TEATRO ELISABETANO e *COMMEDIA DELL'ARTE*.

Entre os acontecimentos que revolucionaram o teatro durante o período renascentista, devem ser mencionados a aplicação dos princípios da perspectiva à CENOGRAFIA, obra de Sebastiano Serlio (1475-1554), publicada em 1545; a transformação da *SCAENA FRONS* no ARCO DO PROSCÊNIO, a partir da construção do Teatro Farnese, em Parma, em 1618; a profissionalização do ATOR; e, finalmente, o rompimento da tutela da Igreja ou do Estado sobre a atividade dramática e teatral.

É interessante frisar, ainda, que o teatro renascentista, por extensão do próprio conceito de Renascença, é uma expressão genérica que abrange um grande número de experiências artísticas e culturais, desde o HUMANISMO do século XIII, já mencionado, até o ILUMINISMO do século XVIII, incluindo-se, a meio caminho, direta ou indiretamente, o BARROCO, o maneirismo e o rococó, entre outras manifestações.

Veja também CRÍTICA PRESCRITIVA, DRAMA HISTÓRICO, MASCARADA e TRAGÉDIA DE VINGANÇA.

TEATRO ROMANO – Duas fontes principais marcaram o teatro romano antes do período de influência grega: primeiro, os versos fesceninos, de origem etrusca, uma modalidade de diálogos improvisados, de teor geralmente obsceno e, segundo, a *FABULA ATELLANA*, da qual pouco se sabe além de que foi também muito improvisada e que versava sobre situações domésticas ou mitológicas. Essas influências ocorreram durante o período de dominação etrusca, do século VI ao século IV a.C.

Foi durante as Primeiras Guerras Púnicas (264-241 a.C.) que os romanos tiveram contato com o TEATRO GREGO, nas colônias gregas da Sicília e do sul da Itália. Dessas áreas trouxeram eles, então, para Roma, em 240 a.C., a COMÉDIA e a TRAGÉDIA, que foram acrescentadas às atividades dos *LUDI ROMANI*, os festivais que apresentavam lutas corporais, corridas de bigas, danças e espetáculos teatrais.

O sucesso dessas formas dramáticas foi muito grande, e o período foi o de maior significação literária do teatro romano. Esse período, aliás, coincide com a República, extinta em 27 a.C. Dos autores dramáticos romanos devem ser mencionados cinco nomes: Lívio Andronico, Névio, Plauto, Terêncio e Sêneca. De Lívio Andronico (280?-200? a.C.) não restou nenhuma peça, mas sua importância reside no fato de ter sido ele o primeiro a traduzir para o latim as comédias e tragédias gregas. De Névio (270?-201? a.C.) também não conhecemos qualquer texto, porém ele é citado como responsável pela introdução de costumes romanos nas peças gregas. Plauto (254?-184? a.C.) foi o grande comediógrafo romano, com vinte peças hoje conhecidas:

Anfitrião, Asinária, Aululária, As bacantes, O cartaginês, Casina, O cesto, A corda, Os cativos, Epídico, O fantasma, O gorgulho, O mercador, Menecmos, O prodígio, Pseudolo, O persa, O rústico, O soldado fanfarrão e *Stico*. Terêncio (195?-159 a.C.), um antigo escravo, escreveu apenas seis peças, todas elas hoje conhecidas: *Ândria, Os gêmeos, O eunuco, Formião, A sogra* e *A autopunição*. E, finalmente, Sêneca (4? a.C.-65 d.C.), autor das únicas tragédias que sobreviveram: *As troianas, Medeia, Édipo, Fedra, Tiestes, Hércules em Oeta, Hércules enlouquecido, As fenícias* e *Agamenon*, todas, como se vê pelos títulos, adaptadas de motivos gregos. Essas tragédias adquiriram importância histórica por terem exercido grande influência na formação do TEATRO RENASCENTISTA.

Os gêneros dramáticos receberam em Roma nomes distintos em função de suas especificidades, como, por exemplo, a *FABULA PALLIATA*, que era a comédia baseada em originais gregos; a *FABULA TOGATA*, que era a comédia vestida de toga, isto é, de ambientação em Roma. Após o advento do Império, as formas literárias entraram em declínio, prevalecendo as não literárias, especialmente a *fabula atellana*, a *FABULA RICINIATA* e a *FABULA SALTICA*.

O modelo grego influenciou também a arquitetura dos teatros romanos. O primeiro teatro permanente em Roma foi construído em torno de 55 a.C., dedicado à deusa Vênus. As principais partes do edifício teatral eram a *CAVEA*, o *PULPITUM* e a *SCAENA FRONS*. Os romanos chegaram a introduzir dois tipos de cortina, chamados de *AULEUM* e *SIPARIUM*. Durante o Império, foram construídos cerca de 125 teatros, sendo os mais importantes o de Óstia, da Itália; o de Arles e o de Orange, na França; o de Mérida, na Espanha; além de outros na África do Norte.

A decadência do teatro romano coincide com o florescimento do cristianismo, que associava a atividade teatral aos ritos pagãos, além de condenar sua licenciosidade. O fim, porém, foi decretado pelos invasores bárbaros. Após a invasão lombarda, em 568 d.C., desaparece qualquer indicação de atividade teatral em todo o território antes ocupado pelo Império Romano.

TEATRO TOTAL – Ideal estético postulado por uma série de artistas e teóricos em diferentes épocas, consistindo, basicamente, na multiplicidade dos recursos de linguagem cênica, inclusive com a utilização de outras linguagens, como o cinema, a música e a dança, a fim de produzir um espetáculo que atingisse todos os sentidos. A ideia de um teatro total deve ser analisada sob dois aspectos distintos, o da arquitetura e o da encenação. Em termos de arquitetura, o primeiro e mais importante projeto de uma casa de espetáculos destinada a um espetáculo total foi o idealizado por Walter Gropius (1883-1970), um dos fundadores da Bauhaus. Gropius, a pedido de Piscator, desenvolveu em 1926 o irrealizado *Totaltheater*, em que o espectador assumia o papel de "centro espacial", cercado de palcos por todos os lados. Para Gropius, "o arquiteto do teatro contemporâneo deve criar um vasto quadro de luzes e um espaço tão objetivamente adaptável que possa responder a qualquer visão imaginativa do diretor de cena" (citado por Alberto Mirales, *Novos rumos do teatro*). Em termos de encenação, foi Richard Wagner (1813-1883) o primeiro a tentar dar forma ao que ele chamou de obra de arte total (*Gesamtkunstwerk*), unindo música e drama, poesia, canto e espetáculo. Antonin Artaud (1896-1948) referiu-se a um "espetáculo integral", em oposição ao teatro literário que tanto combateu. Gordon Craig (1872-1966) e Max Reinhardt (1873-1943) contribuíram, cada um a seu modo, para o desenvolvimento do conceito. Nos anos 60 e 70 do século XX, alguns grupos experimentais norte-americanos desenvolveram estéticas com bases ideológicas e frequentemente misturaram ficção e realidade, arte e sociedade, atores e espectadores, chegando perto da concretização de um chamado teatro total. Esses grupos foram o Bread and Puppet, o San Francisco Mime Troupe, o Open Theatre, o Performance Group e o mais famoso deles, o Living Theatre, fundado em 1946 com Judith Malina e Julian Beck. Paralelamente, na Europa, alguns experimentos de Jerzy Grotowski (1933-1999), Peter Brook (1925) e Ariane Mnouchkine (1939) deram continuidade a esse ideal estético, que, no passado, só havia sido atingido pelo TEATRO MEDIEVAL.

TEATRÓLOGO – Aquele que escreve peças de teatro. Também chamado DRAMATURGO.

TELÃO – Grande tela pendurada do URDIMENTO, no fundo do PALCO, na qual se encontram pintados os ambientes requeridos pelo CENÁRIO. A prática dos telões foi iniciada na Itália no século XVI em decorrência da descoberta da perspectiva. O primeiro tratado importante sobre o assunto foi o de Sebastiano Serlio (1475-1554), denominado *Architettura* (1545), cujo capítulo sobre o teatro inclui ilustrações dos cenários trágico, cômico e satírico.
Veja também BAMBOLINA, BASTIDOR e TAPADEIRA.

TEMA – Em termos gerais, uma proposição ou assunto a ser tratado no corpo do discurso. Em teatro, proposição, assunto ou ideia central que dá sentido ao DRAMA ou ESPETÁCULO. O tema, pois, é o sustentáculo intelectual que motiva e justifica a obra teatral. Não se pode falar de tema como algo rigidamente estabelecido pelo autor ou pela CRÍTICA, mas sim como uma série de valores a serem depreendidos do conjunto formado pelo comportamento dos personagens, sua inter-relação, suas características individuais e sociais, sua AÇÃO e da simbologia deles decorrentes. A interpretação de uma peça e a consequente definição do tema dependem, fundamentalmente, do contexto cultural e histórico daquele que interpreta.
Veja também ARGUMENTO.

TEMPESTADE E ÍMPETO – Veja *STURM UND DRANG*.

TERROR E COMPAIXÃO – As emoções mencionadas por Aristóteles (384-322 a.C.) como sendo os agentes da CATARSE na TRAGÉDIA grega. Aristóteles define o papel dessas emoções dizendo que a compaixão decorre do

fato de haver uma falta cometida como consequência de um erro de julgamento; enquanto o terror deriva do fato de o infortúnio poder acontecer a qualquer um de nós, já que o HERÓI trágico deve ser *OMOIÓS*, ou seja, como um de nós. No sentido usado por Aristóteles, terror e compaixão devem compor um sentimento único, complexo, que resulta da interdependência e interpenetrabilidade entre ambos. Por outro lado, James Joyce (1882-1941), em *A Portrait of the Artist as a Young Man*, define esses dois conceitos como "a compaixão, o sentimento diante do que quer que seja grave e constante, que une o sujeito ao sofrimento; e o terror, o que une o sujeito à causa secreta desse sofrimento" (parafraseado por Francis Fergusson, "The Poetics and the Modern Reader", *Aristotle's Poetics*, p. 34). Podemos observar, ainda, que essas duas definições não se excluem, uma vez que o "sofrimento humano" referido por Joyce está contido na CATÁSTROFE injustamente motivada; e a "causa secreta", no acaso em que se move a *HARMATÍA* do personagem trágico.
Veja também FALHA TRÁGICA, PERIPÉCIA e RECONHECIMENTO.

TETRALOGIA – Originalmente, nos festivais do antigo TEATRO GREGO, o conjunto de três tragédias e um drama satírico com que cada autor devia concorrer. Posteriormente, o vocábulo passou a designar todo conjunto de quatro obras, teatrais ou não, que desenvolvam um tema único que lhes dá unidade.
Veja também TRILOGIA.

THÉATRON – Palavra grega para denominar o AUDITÓRIO dos antigos teatros. Literalmente, significa "lugar de onde se vê". O primeiro espaço aproveitado para construir-se um *théatron* foi o aclive da acrópole, de onde as pessoas, em pé ou sentadas, assistiam ao espetáculo. Os assentos de madeira colocados em degraus cortados na encosta da montanha datam provavelmente do século VI a.C. Posteriormente, os assentos foram sendo substituídos por outros de pedra. O *théatron* todo construído de pedra só foi completado no

século IV a.C., e estima-se que sua capacidade fosse para cerca de 20 mil pessoas.
Veja também TEATRO GREGO.

THÉORICON – Subvenção de dois óbolos paga pelo Estado, durante os principais festivais, a cada cidadão morador de Atenas que não possuía recursos suficientes para a aquisição de entradas para o teatro. O sistema, criado no tempo de Péricles (495?-429 a.C.), foi alterado em 394 a.C., quando a dotação foi aumentada para um dracma por pessoa, vigorando até a derrota de Atenas por Alexandre da Macedônia, em 338 a.C.
Veja também TEATRO GREGO.

THYMELE – Palavra grega que significa altar. Nos antigos teatros gregos, no centro da *ORKÉSTRA*, erguia-se o *thymele*, em honra ao deus Dionisos.
Veja também TEATRO GREGO.

THYROMATA – Parte do antigo TEATRO GREGO que consistia numa série de vãos ou nichos localizados no *EPISKÉNION*. Seu número variava de três a sete, e a largura de cada uma, de três a três metros e meio. A altura se estendia até o limite do teto. Alguns teóricos afirmam que a *thyromata* foi criada para ampliar os recursos de ilusão cênica, mas trata-se, como tantas outras teorias, de pura conjectura. Vitrúvius (70?-15? a.C.), contudo, descreve o PALCO dos teatros gregos como preparados para o uso dos *PERÍAKTOI*. Neste caso, provavelmente, os *períaktoi* eram colocados na *thyromata*.

TIPO – Veja PERSONAGEM-TIPO.

TIRADA – Em termos gerais, qualquer frase longa em que uma mesma ideia é desenvolvida. Em DRAMA, FALA longa de uma mesma PERSONAGEM em que determinado raciocínio é desenvolvido sem que haja interrupção. O recurso é típico do DRAMA ROMÂNTICO e funciona mais ou menos como uma ÁRIA de ÓPERA. A função da tirada parece ter sido oportunizar o virtuosismo do intérprete. A tirada deve ser vista como uma espécie de SOLILÓQUIO.

TIRANO – No Brasil do século XIX, nome dado à PERSONAGEM que coloca em risco a honra e as boas intenções do HERÓI na COMÉDIA DE COSTUMES e no MELODRAMA. Também chamado de "cínico". Trata-se, na organização do conflito dramático, do principal agente de oposição, o VILÃO.
Veja também CENTRO, CÔMICO, DAMA-CARICATA, DAMA-CENTRO, DAMA-GALÃ, GALÃ, INGÊNUA e LACAIA.

TIRING HOUSE – Expressão inglesa que significa "casa de vestir". No TEATRO ELISABETANO, nome dado à estrutura fixa construída em vários pisos localizada no fundo do PALCO. Tal estrutura era constituída, principalmente, por duas portas ao nível do palco e por janelas e sacadas nos níveis superiores. Essas aberturas serviam aos atores de entradas e saídas de CENA ou de locais de representação. Entre as duas portas principais existia, ainda, uma abertura maior, uma espécie de palco interior chamado *discovery space*. A forma exata desses frontispícios é desconhecida, apesar das incontáveis conjecturas existentes acerca do assunto. É possível até que os teatros da época não obedecessem a um modelo arquitetônico único. Assim, encontramos referências a *tiring houses* finamente decoradas e a outras cujas aberturas eram simplesmente fechadas com cortinas. De qualquer maneira, é provável que o uso de cortinas facilitasse eventuais mudanças de elementos cenográficos, bem como a retirada de cadáveres de cena.

TOMAR CENA – Diz-se do movimento do ATOR de ocupar o centro do PALCO. O termo, hoje em desuso, opõe-se a DAR CENA.

TORRINHA – Gíria. Nome dado à GALERIA. Também chamada vulgarmente de "poleiro", "galinheiro" ou simplesmente "geral".

TRAGÉDIA – O termo deriva do grego *tragos* (bode) e *ode* (canto). Trata-se de uma das principais formas do DRAMA. A tradição atribui a Thespis a criação da primeira tragédia.

Quanto à sua origem, aceitemos a opinião de Aristóteles (384-322 a.C.) de que a tragédia provém do DITIRAMBO (cap. IV da *Poética*). Contudo, a maneira como essa transformação se deu é, ainda hoje, objeto de conjecturas. O fato é que, afora a teoria de Aristóteles, todo o nosso conhecimento acerca desse GÊNERO resulta das obras dos três tragediógrafos que chegaram até nós, Ésquilo (525-456 a.C.), Sófocles (496-406 a.C.) e Eurípides (484-406 a.C.). Passado o século V a.C., período áureo da tragédia grega, vamos encontrar manifestações que levam o nome de tragédia no TEATRO ROMANO, no TEATRO RENASCENTISTA, no TEATRO ELISABETANO e no CLASSICISMO francês, todas elas, evidentemente, influenciadas pelo TEATRO GREGO. Após o classicismo, a tragédia cede lugar ao drama, embora tentativas de resgate do gênero tenham ocorrido nos movimentos românticos e realistas. Os conceitos de Aristóteles sobre o fenômeno trágico, a despeito de terem sido os primeiros, permanecem íntegros até hoje, ponto de referência obrigatório, aliás, para qualquer discussão sobre a matéria. Entre esses conceitos, destacam-se o de IMITAÇÃO, o de AÇÃO e o de CATARSE.

Quanto a definições, impossível haver uma que englobe o resultado artístico de épocas e culturas tão diferentes e que corresponda a sistemas críticos tão diversificados. Ainda assim, a de Aristóteles, mais uma vez, é a que mais se aproxima de uma satisfatória universalidade. Diz esta definição que "a tragédia é a imitação de uma ação importante e completa, de certa extensão; num estilo tornado agradável pelo emprego separado de cada uma de suas formas, segundo as partes; ação apresentada, não com a ajuda de uma narrativa, mas por atores, e que, suscitando a compaixão e o terror, tem por efeito obter a purgação dessas emoções" (*Poética*, VI). No que diz respeito à estrutura, a tragédia grega obedeceu ao seguinte modelo: PRÓLOGO, *PÁRODOS*, EPISÓDIO, ESTÁSIMO e ÊXODO. Os elementos constitutivos são em número de seis: AÇÃO ou ENREDO, PERSONAGEM, DICÇÃO, *DIANOIA*, ESPETÁCULO e MELOPEIA, nessa ordem de importância. Quanto à temática, a inspiração constante adveio da mitologia e da história.

A ação da tragédia move-se num sentido descendente, isto é, da felicidade ao infortúnio. O motivo dessa PERIPÉCIA, dada a conhecer ao protagonista através do RECONHECIMENTO, deriva de um erro de julgamento (*HARMATÍA*), cometido quando ocorre o planejamento da ação. Dessa forma, a ação projetada propicia um crime que, embora sem intenção, deve ser punido. A base sobre a qual evoluiu o sentido trágico, em qualquer época ou cultura, finalmente, pode ser definida como a consciência da atitude íntegra e corajosa do homem diante da derrota causada pela sua própria limitação diante de forças que lhe são superiores.

Outros estudos, além do de Aristóteles, de importância histórica sobre a tragédia são *Ars Poética*, de Horácio (65-8 a.C.); *Poética* de Giulio Cesare Scaligero (1484-1558); *Sobre a Poética de Aristóteles*, de Ludovico Castelvetro (1505-1571); *Discursos*, de Pierre Corneille (1606-1684); *Ensaio sobre a poesia dramática*, de John Dryden (1631-1700); *Poética*, de Nicolas Boileau-Despréaux (1636-1711); prefácio à edição de *Obras completas de William Shakespeare*, de Samuel Johnson (1709-1784); *Poesia dramática*, de Friedrich Hegel (1770-1831); *O nascimento da tragédia*, de Friedrich Nietzsche (1844-1900); e *A tragédia e o homem comum*, de Arthur Miller (1915-2005).

TRAGÉDIA CLÁSSICA – Expressão de sentido impreciso. Pode ser aplicada tanto para designar as obras trágicas do TEATRO GREGO e do TEATRO ROMANO, ou seja, da antiguidade clássica, quanto para indicar qualquer tragédia escrita sob a influência daqueles autores em qualquer tempo.
Veja também TRAGÉDIA NEOCLÁSSICA.

TRAGÉDIA DE VINGANÇA – Nome dado a um tipo de TRAGÉDIA encontrado no TEATRO ELISABETANO. Trata-se da tragédia escrita sob a influência de Sêneca (4? a.C.-65 d.C.), cujo traço característico é um ENREDO articulado a partir de problemas de dever e vingança, desenvolvido em situações condimentadas com loucura, fantasmas, tortura, mutilações e assassinatos. Esses acontecimentos sangrentos, ao contrário dos preceitos clássicos, eram todos exibidos em CENA. A primeira tragédia de vingança considerada de qualidade literária foi *A tragédia espanhola*, de Thomas Kyd (1558-1594). Livre dos excessos, as principais qualidades da tragédia de vingança foram sendo incorporadas à DRAMATURGIA do período, podendo ser encontradas em obras de William Shakespeare (1564-1616), como em *Ricardo III*, em *Tito Andrônico* e *Hamlet*.

TRAGÉDIA NEOCLÁSSICA – Para grande parte dos críticos, o termo aplica-se a toda e qualquer TRAGÉDIA escrita sob a influência dos autores da antiguidade clássica. Outra corrente, contudo, afirma que a tragédia neoclássica é aquela que, no século XVIII, postulou o retorno ao ideal clássico, após o colapso sofrido pelo CLASSICISMO diante da exuberância do maneirismo e do barroco.
Veja também TRAGÉDIA CLÁSSICA.

TRÁGICO DILEMA – Expressão usada pela CRÍTICA para definir um tipo de situação em que a PERSONAGEM de uma TRAGÉDIA se vê diante de duas alternativas que a levam igualmente à CATÁSTROFE. Um exemplo de trágico dilema pode ser aquele encontrado em *Antígona* (422?), de Sófocles (496-406 a.C.), quando a personagem deve optar entre enterrar o irmão morto, contrariando a ordem ditada por Creonte, o que poderá custar-lhe a vida, ou não enterrá-lo, contrariando o estabelecido pelas tradições familiares e religiosas.

TRAGICOMÉDIA – Termo de difícil definição, dado que aparece com significados diferentes em épocas distintas. Foi usado pela primeira vez no TEATRO ROMANO por Plauto (254?-184? a.C.), no PRÓLOGO da peça *Anfitrião*, na passagem em que o deus Mercúrio, depois de designar a peça como uma COMÉDIA, se refere a ela como uma TRAGÉDIA: "E daí? Vocês estão zangados só porque eu disse que esta peça seria uma tragédia? Mas eu sou um deus e, se vocês quiserem, posso mudar isso. Se vocês quiserem, eu faço desta peça uma comédia, e sem mudar uma linha! Afinal, o que é que vocês querem? [...] Bem, eu sei o que vocês pensam nessas questões. Por isso, farei uma mistura, e esta peça será uma tragicomédia." Durante toda a Renascença e depois, até o século XVIII, o termo passou a ser usado para designar peças que, nem bem tragédias, nem bem comédias, no sentido da pureza dos gêneros, misturavam numa única obra tanto elementos trágicos como elementos cômicos. A partir do século XVIII, porém, esse tipo de peça híbrida passou a ser chamada genericamente de DRAMA, e o termo "tragicomédia" caiu em desuso. No século XX, porém, voltou a ser usado para indicar um tipo de peça do TEATRO DO ABSURDO, de temática e tonalidade profundamente sérias, mas cuja forma de expressão utiliza elementos cômicos e grotescos, como é o caso de *Esperando Godot* (1953), de Samuel Beckett (1906-1989) ou *A visita da velha senhora* (1956), de Friedrich Dürrenmatt (1921-1990).

TRAINEL – Nome genérico para qualquer peça de CENÁRIO montada sobre uma estrutura de sarrafos e recoberta de tecido ou madeira compensada.

TRANCHE DE VIE – Termo geralmente usado no original, em francês. Em tradução literal significa "fatia de vida". Trata-se de uma expressão adotada pelo NATURALISMO para definir o grau de similitude com a realidade a ser alcançado pelo DRAMA. De acordo com tal conceito, a peça não devia deixar transparecer qualquer organização interior, em termos de AÇÃO ou PERSONAGEM, mas, ao contrário, mostrar fatos e acontecimentos como se estes ocorressem ao sabor do acaso, como na realidade. Esse conceito está diretamente relacionado ao da QUARTA PAREDE. Duas peças que exemplificam esse tipo de narrativa são *Ralé*, de Maxim Gorki (1868-1936), e *A navalha na carne*, de Plínio Marcos (1935-1999).

TRANSFORMISTA – Veja TRAVESTI.

TRATADO COISLINIANUS – Único documento referente a um estudo teórico sobre a COMÉDIA que nos chegou da antiguidade clássica. Descoberto em 1939 na Biblioteca Nacional de Paris, o Tratado Coislinianus é um fragmento de algo que já era bastante esquemático na origem. A autoria é desconhecida e a data de criação se situa entre os séculos IV e II a.C. O Tratado Coislinianus tem servido de base para tentativas de recomposição da suposta teoria da comédia de Aristóteles.

TRAVAMENTO – Termo empregado em CENOGRAFIA para designar o ato de fixar o CENÁRIO de tal forma que este fique firme, sem balançar as paredes, por exemplo, quando um ator caminha. Usa-se, também, "amarração" ou "travação".

TRAVE – Pedaço de madeira usado para fixar as partes do CENÁRIO. Utensílio com que se faz o TRAVAMENTO.

TRAVESTI – Qualquer homem ou mulher vestido com trajes do sexo oposto, mais precisamente quando acompanhados de imitação comportamental. No teatro, o termo tem sido usado tanto para indicar uma imitação em número de REVISTA MUSICAL, como para indicar papéis feitos por intérpretes do sexo oposto ao do personagem. A prática deste último teve lugar em períodos em que a mulher era proibida de atuar, sendo os personagens femininos interpretados por rapazes adolescentes. Dessa prática resultaram alguns papéis que requerem disfarce de identidade, como troca de sexo, como a Viola de *Noite de Reis*, de Shakespeare. Antes do termo francês *travesti* ser adotado, usava-se o português "transformista".

TRICAE ATELLANAE – Veja INTRIGA.

TRILOGIA – Qualquer conjunto de três obras, teatrais ou não, vinculadas entre si por uma temática comum. Originalmente, nas apresentações do antigo TEATRO GREGO, o conjunto de três tragédias escritas para serem representadas juntas. Apenas uma trilogia sobreviveu: a *ORESTEIA*

(485 a.C.), de Ésquilo, composta pelas tragédias *Agamêmnon*, *As Coéforas* e *As Eumênides*.

TRIONFO – Veja MASCARADA.

TRITAGONISTA – Segundo Aristóteles (384-322 a.C.), o terceiro ATOR, introduzido por Sófocles (496-406 a.C.). Tratava-se, como no caso do DEUTERAGONISTA, da ampliação dos recursos de narrativa dramática, até então limitados ao DIÁLOGO entre dois personagens ou entre estes e o CORO. A introdução de um terceiro ator, responsável por uma série de personagens menores, alargou o âmbito das possibilidades dramáticas do EPISÓDIO, em detrimento da atuação narrativa do coro.
Veja também TEATRO GREGO.

TROPICALISMO – Movimento estético de cunho sociopolítico iniciado com a montagem de *O rei da vela*, de Oswald de Andrade (1890-1954), pelo Grupo Oficina, em 1967. Embora tenha sido um movimento artisticamente mais agressivo, marcado por uma linguagem debochada, permissiva, o tropicalismo, no fundo, foi uma continuação da ANTROPOFAGIA. Os postulados teóricos dos dois movimentos são coincidentes em suas linhas básicas: a revolução artística a partir de um engajamento social, este embasado na questão da dependência cultural que, por sua vez, decorre da dependência econômica e política. Décio de Almeida Prado, acerca da proximidade dos dois movimentos, diz: "não desejo insinuar que o tempo não haja corrido, que 1968 limitou-se a repetir ou imitar 1922". Contudo, continua, "se em 1922 o nosso radicalismo estético é que puxava porventura o político, que só viria de fato depois de 1930, em 1968 dava-se o contrário. Foram os acontecimentos de Cuba e da China que instigaram e exacerbaram o teatro da agressividade de que a encenação de *O rei da vela* foi no Brasil o estopim" (prefácio de *Teatro e antropofagia*, p. 12). Participaram direta ou indiretamente do tropicalismo o cineasta Glauber Rocha (1939-1981), o encenador José Celso Martinez Corrêa

(1937), o cenógrafo Flávio Império (1943-1985), os compositores Chico Buarque (1944), Caetano Veloso (1942) e Gilberto Gil (1942), entre muitos outros.
Veja também MODERNISMO.

TROPO – Em termos literários, um tipo de linguagem figurada em que estão incluídas a metáfora e a ALEGORIA. Em teatro, interpolações feitas em textos litúrgicos medievais que no século IX serviram de base literária para o DRAMA LITÚRGICO.
Veja também TEATRO MEDIEVAL.

U

UNIDADES – Veja LEI DAS TRÊS UNIDADES.

UNIVERSITY WITS – Nome dado a um grupo de dramaturgos do período do TEATRO ELISABETANO cujos membros haviam estudado nas Universidades de Oxford ou Cambridge. Faziam parte do grupo, entre outros, George Peele (1558?-1597?), Robert Greene (1560?-1592), Christopher Marlowe (1564-1593) e Thomas Nashe (1567-1601). Esses escritores, por haverem cursado a universidade, eram colocados em oposição aos que não a frequentaram, entre os quais William Shakespeare (1564-1616) e Ben Jonson (1572-1637).

UPPER CIRCLE – Veja BALCÃO.

URDIMENTO – Em termos gerais, nome dado à parte da CAIXA CÊNICA localizada acima do PALCO. Especificamente, grade resistente de madeira ou de ferro que se estende sobre toda a área do palco, acima deste, e que serve de apoio para toda operação de funcionamento dos efeitos cênicos.

V

VÃO WAGNERIANO – Veja FOSSO DA ORQUESTRA.

VARA – Peça roliça de madeira ou ferro de grande resistência que atravessa o PALCO no sentido longitudinal. A vara fica pendurada nas extremidades da MANOBRA e nela são fixados os equipamentos de ILUMINAÇÃO ou as peças do CENÁRIO. O número de varas depende da profundidade do palco. As varas executam movimento vertical e são operadas por motor ou manualmente, por CONTRAPESO.
Veja também URDIMENTO e VARANDA.

VARANDA – Na arquitetura teatral, balcão ou passarela localizados em toda a extensão do URDIMENTO, de onde técnicos e operadores executam os movimentos necessários para a mudança do CENÁRIO.

VAUDEVILLE – Palavra francesa originada da expressão *voix de villes*, cuja tradução pode ser "canção das ruas" ou "canção das cidades". Na França do século XVII, o termo *vaudeville* foi usado por Nicolas Boileau-Despréaux (1636-1711) para designar uma BALADA satírica de conteúdo político. Mais tarde, o termo passou a designar paródias de peças sérias, nas quais eram usadas muitas canções. A popularidade dessas paródias era enorme e serviu de base à onda de óperas ligeiras ou OPERETAS ocorrida em meados do século XIX. Do fim desse século até a segunda década do século XX, o termo designou um tipo de espetáculo que consistia em atos variados, canções, esquetes, números com animais adestrados etc. Esse tipo de espetáculo foi bastante popular na Europa e nos Estados Unidos, sobretudo por ser um entretenimento muito adequado ao gosto e ao padrão moral da classe média emergente.
Veja também REVISTA MUSICAL e TEATRO DE REVISTA.

VELÁRIO – Nos grandes teatros dos séculos XVIII e XIX, uma das três possibilidades de fechamento da BOCA DE CENA – as demais eram o COMODIM e o PANO DE BOCA. O velário tem movimento horizontal, isto é, abre e fecha no sentido das laterais, e é usado no início e final de cada ATO. Hoje em dia, o termo está em desuso, sendo substituído por pano de boca ou, simplesmente, CORTINA.

VERDADE POÉTICA – Termo empregado pela CRÍTICA para designar um tipo de verdade idealizado pela imaginação do poeta. O conceito de verdade poética está estreitamente ligado ao espírito de rebeldia dos movimentos românticos, em oposição aos preceitos neoclássicos do DECORO, da VEROSSIMILHANÇA e da JUSTIÇA POÉTICA. A verdade poética é uma verdade idealizada e, para tanto, pressupõe a idealização do HERÓI, que é retratado pelo poeta não a partir de como o homem é, mas de como deveria ser.

VERFREMDUNGSEFFEKT – Veja DISTANCIAMENTO.

VERISMO – Movimento artístico ocorrido na Itália do século XIX. Embora aparentado com o NATURALISMO, o movimento italiano não teve o delineamento formal nem a definição ideológica do movimento francês, sobrevivendo, então, como uma espécie de oposição realista à tradição acadêmica e retórica da arte italiana vigente. Entre os dramaturgos que se identificaram com o verismo, destacam-se Giuseppe Giacosa (1847-1906), Luigi Pirandello (1867-1936) e Gabriel D'Annunzio (1863-1938), estes dois últimos, em seus trabalhos de juventude.

VEROSSIMILHANÇA – Em termos gerais, o que apresenta semelhança com a realidade. Aristóteles (384-322 a.C.) estabelece a diferença entre o DRAMATURGO e o historiador afirmando que o objeto da narrativa do segundo deve ser necessariamente o que aconteceu, enquanto que o do primeiro, o que poderia ter acontecido, o possível, segundo a verossimilhança. O provável, quando se parece com a realidade, possui um caráter universal, ao contrário da própria realidade, que pode referir-se apenas ao particular. Segundo Patrice Pavis, "a verossimilhança caracteriza uma ação que é logicamente 'possível', devido ao encadeamento dos motivos, e por isso 'necessária' segundo a lógica interna da fábula" (*Diccionario del Teatro*, p. 534). Essa "lógica interna da fábula" é, pois, o que permite que ações impossíveis de acontecer na vida real sejam prováveis, da mesma forma que o "encadeamento dos motivos" é o que torna uma ação necessária numa determinada circunstância ficcional. No CLASSICISMO, o princípio da verossimilhança transformou-se num dos principais instrumentos de restrição à liberdade criativa, tendo sido associado à LEI DAS TRÊS UNIDADES. Para um teórico adepto dos preceitos neoclássicos, não seria aceitável a mudança de local numa mesma peça, já que o local para onde todos haviam ido, o teatro, permanecera inalterado; da mesma forma, seria inaceitável uma longa passagem de tempo, já que todos concordam que a duração de uma peça equivale a algumas poucas horas. Superado o caráter dogmático emprestado pelo classicismo, hoje podemos reavaliar o sentido da verossimilhança não como uma qualidade boa ou má da IMITAÇÃO, mas como uma qualidade de linguagem, capaz de dar credibilidade à ficção.

Veja também, por contraste, VERDADE POÉTICA.

VILÃO – Em termos gerais, a PERSONAGEM que se opõe ao HERÓI. Trata-se de uma personificação do mal responsável pelos atos de vileza cometidos contra o herói. As principais circunstâncias que caracterizam o vilão são sua devoção ao mal sem qualquer motivação aparente, a ignorância das outras personagens a respeito de sua conduta, o prazer na consecução do mal, a traição a quem o ajudou e a negação da religião ou das convenções morais. Exemplos de vilões em peças de Shakespeare são Edmund, de *Rei Lear*, Iago, de *Otelo*, e Ricardo III, da peça homônima.

VISUALIZAÇÃO DAS FALAS – Elemento do MÉTODO DE STANISLAVSKI que consiste em expressar o valor rítmico e sonoro das palavras em consonância com seu significado intrínseco. Para Eugênio Kusnet, "o que importa na nossa arte não é somente o sentido das palavras que

pronunciamos em cena. Os sons e a combinação dos sons que formam a palavra também são de enorme importância no nosso trabalho: quanto mais expressiva for a palavra pelas características peculiares de seus sons, tanto mais contribuirá ela para a expressividade da ação" (*Ator e método*, p. 67).
Veja também MEMÓRIA EMOCIONAL, MÉTODO DAS AÇÕES FÍSICAS e SISTEMA DE STANISLAVSKI.

VOMITÓRIA – No TEATRO ROMANO, cada um dos corredores laterais que serviam de acesso ao *PULPITUM*. Acima de cada vomitória havia um CAMAROTE que era utilizado pelos magistrados que supervisionavam as festividades ou por outra personalidade importante.
Veja também *PARODOI*.

W

WORK-IN-PROGRESS – Expressão utilizada sempre no original inglês, significando "trabalho em processo". Refere-se a uma manifestação cênica que ultrapassa o tradicional esquema texto-ator-narrativa. Inspirado no conceito de TEATRO TOTAL e reunindo elementos dos principais movimentos transgressores do século XX – DADAÍSMO, SURREALISMO e FUTURISMO –, o *work-in-progress* pretende criar uma poética cênica que alie o *HAPPENING* à *PERFORMANCE*. Nas palavras de Renato Cohen, "essa escritura permeia outra narratividade apoiada nas associações, nas justaposições, na rede, numa não causalidade que altera o paradigma aristotélico da lógica das ações, da fabulação, da linha dramática, da matização na construção de personagens" (*Work in Progress na cena contemporânea*, p. XXV). O processo de criação envolve etapas sequenciais, começando com as imagens ou impulsos estimulantes, seguidos pelos laboratórios de improvisação individual ou grupal, a pesquisa de materiais, a fixação do texto (*storyboard*) até a formalização final que envolve a participação do público. O *work-in-progress*, como o próprio nome sugere, resulta numa obra em constante mutação, consequência da adequação com a realidade circundante, seja a partir de necessidades internas do grupo ou do *performer*, seja por aspectos externos que envolvem a participação da plateia. James Joyce (1882-1941) na literatura, Joseph Beuys (1921-1986) na escultura performática, Tadeusz Kantor (1915-1970), Bob Wilson (1941) e Richard Foreman (1937) no teatro e Pina Bausch (1940-2009) e Meredith Monk (1942) na dança são alguns dos nomes cujos processos criativos envolvem direta ou indiretamente algo da metodologia do *work-in-progress*. No Brasil, poderiam ser citados os diretores Gerald Thomas

(1954) e Enrique Diaz (1968), e a atriz Bia Lessa (1958) como seus mais legítimos representantes. O movimento é também chamado de *work-in-process*.

Z

ZANNI – Termo genérico que designa o grupo de personagens da *COMMEDIA DELL' ARTE* ao qual pertencem os criados cômicos. O nome resulta de uma corruptela de Gianni ou Giovanni em dialeto veneziano. Outra teoria liga o termo à palavra grega *sannos*, que quer dizer bobo, ou ao latim *sannio*, que é o nome do ator de pantomimas. O *zanni* é geralmente esperto, malicioso, bonachão ou estúpido, mas sempre glutão. Usa meia-máscara de couro, barba descuidada, chapéu de abas largas e uma adaga de madeira sem fio no cinto. Provavelmente, o mais conhecido *zanni*, na atualidade, seja o ARLEQUIM.
Veja também MÁSCARA e PERSONAGEM-TIPO.

ZARZUELA – Tipo de OPERETA espanhola cujo nome deriva do Palácio de la Zarzuela, residência de verão de Felipe IV, onde, no SÉCULO DE OURO, era encenada com muita frequência. Nessa época, o grande criador de zarzuelas foi Pedro Calderón de La Barca (1600-1681). O GÊNERO permaneceu popular até o século XVIII, quando, então, cedeu lugar no gosto do público à *GRAND OPÉRA* italiana. Posteriormente, a zarzuela teve seu prestígio resgatado através da obra de Ramón Francisco de La Cruz (1731-1794), que reformulou o gênero, incluindo uma temática extraída do dia a dia da classe média. Em 1856, em Madri, foi inaugurado o Teatro de la Zarzuela, uma casa destinada exclusivamente ao cultivo desse tipo de peça. A partir de então, a zarzuela fixou-se como forma lírica nacional espanhola. A zarzuela continua sendo representada na Espanha e em países de fala espanhola até hoje.

ZIEGFELD FOLLIES – Nome das famosas revistas musicais produzidas em Nova York por Florenz Ziegfeld (1867-1932), de 1907 até sua morte. Esses espetáculos, que

permaneceram em cartaz até os anos 60 do século passado, ficaram famosos pela opulência dos cenários e figurinos, pela qualidade do humor, leve e espirituoso, mas principalmente pela beleza das coristas. Algumas dessas coristas chegaram posteriormente ao estrelato em Hollywood, como Irene Dunne e Paulette Goddard.
Veja também REVISTA MUSICAL.

Léxico

PORTUGUÊS	ESPANHOL	INGLÊS	FRANCÊS	ALEMÃO
ação	acción	action	action	Handlung
acessórios	utillería	props	accessoires	Requisiten
antagonista	antagonista	antagonist	antagoniste	Gegenspieler
aparte	aparte	aside	aparte	Beiseitesprechen
argumento	argumento	plot	argument	Inhaltsangabe
ato	acto	act	acte	Akt
ator	actor	actor	comédien	Schauspieler
catarse	catarsis	catharsis	catharsis	Katharsis
catástrofe	catástrofe	catastrophe	catastrophe	Katastrophe
cena	escena	scene	scène	Bühne, Szene
cenário	decorado	set	décor	Ausstattung
clímax	punto culminante	climax	paroxysme	Höhepunkt
comédia	comedia	comedy	comédie	Komödie
cômico	cómico	comical	comique	Komik
conflito	conflicto	conflict	conflit	Konflikt
coro	coro	chorus	choeur	Chor
decoro	decoro	decorum	bienséance	Dekorum
desenlace	desenlace	conclusion	dénouement	Schluss
diálogo	diálogo	dialogue	dialogue	Dialog

dicção	dicción	diction	diction	Diktion
direção	puesta en escena	direction	mise en scène	Regie
diretor	director	director	metteur em scène	Regisseur
distanciamento	distanciamiento	alienation	distanciation	Verfremdung
drama	drama	drama	drame	Drama/Schauspiel
dramaturgia	dramaturgia	dramaturgy	dramaturgie	Dramaturgie
elenco	reparto	cast	distribution	Besetzung
ensaio	ensayo	rehearsal	répétition	Probe
épico	épico	epic	épique	Epik
epílogo	epílogo	epilogue	épilogue	Epilog
episódio	episodio	episode	épisode	Episode
espetáculo	espectáculo	show	spectacle	Schauspiel
estreia	estreno	opening	prémière	Erstaufführung
fábula/enredo	fábula	fable/plot	fable	Fabel
farsa	farsa	farce	farce	Farce
figurino	vestuario	costume	costume	Kostüme
gesto	gesto	gesture	geste	Gestikulation
herói	héroe	hero	héro	Held
iluminação	iluminación	lighting	éclairage	Beleuchtung
maquinista	técnico	stage hand	machiniste	Bühnentechniker
máscara	máscara	mask	masque	Maske

PORTUGUÊS	ESPANHOL	INGLÊS	FRANCÊS	ALEMÃO
monólogo	monólogo	monologue	monologue	Monolog
narração	relato	narration	récit	Erzählung
palco	escenario	stage	scène	Bühne
papel	papel	port/role	rôle	Rolle
paródia	parodia	parody	parodie	Parodie
peça	pieza	play	pièce	Stück
personagem	personaje	character	personnage	Charakter
produtor	productor	manager/ producer	producteur	Unternehmer/ Intendant
prólogo	prólogo	prologue	prologue	Prolog
protagonista	protagonista	protagonist	protagoniste	Protagonist
remontagem	reestreno	revival	reprise	Wiederaufnahme
rubrica	acotación direction	stage sceníque	indication	Regieanweisung
sonoplastia	efectos de sonido	sound effects	bruitage	Toneffekt
subtexto	subtexto	sub-text	sous-texte	Untertext

teatro	teatro	theatre/ theater	théâtre	Theater
tema	tema	theme	thème	Thema
texto	guión	script	scénario	Szenarium
tragédia	tragedia	tragedy	tragedie	Tragödie
trágico	trágico	tragic	tragique	Tragik

BIBLIOGRAFIA

1. ANTOLOGIAS E COLEÇÕES DE PEÇAS

BAIN, Carl E. et al. *The Norton Introduction to Literature*. Nova York: W.W. Norton and Company, 1981.

BARNET, Sylvan et al. *Classic Theatre: the Humanities in Drama*. Boston: Little, Brown and Company, 1975.

BENTLEY, Eric (Org.). *The Play, a Critical Anthology*. Nova York: Prentice-Hall, Inc., 1955.

_____. (Org.) *The Classic Theatre*. Nova York: Doubleday and Company, Inc., 1958.

CAWLER, A.C. (Org.). *Everyman and Medieval Miracle Plays*. Nova York: E.P.Dutton and Co., Inc., 1959.

CORRIGAN, Robert W.; ROSENBERG, James (Orgs). *The Art of the Theatre, A Critical Anthology of Drama*. San Francisco: Chadeler Publishing Company, 1964.

FITS, Dudley (Org.). *Greek Plays in Modern Translations*. Nova York: The Dial Press, 1947.

GASSNER, John (Org.). *A Treasure of the Theatre*. 3 v. Nova York: Simon and Schuster, 1967 ss.

ROBY, Robert C.; ULANOV, Barry (Orgs.). *Introduction to Drama*. Nova York: McGraw-Hill Book Company, Inc., 1962.

SHAKESPEARE, William. *Obra Completa*. 3 v. Rio de Janeiro: Companhia José Aguillar Editora, 1969.

SOLÓRZANO, Carlos (Org.). *El Teatro Hispanoamericano Contemporáneo*. México: Fondo de Cultura Económica, 1964.

2. DRAMATURGIA

ABEL, Lionel. *Metateatro, uma visão nova da forma dramática*. Rio de Janeiro: Zahar Editores, 1968.

ARISTÓTELES. *Arte retórica e arte poética*. São Paulo: Difusão Europeia do Livro, 1964.

BENSON, Carl; LITTLETON, Taylor. *The Ideal of Tragedy*. Atlanta: Scott, Foresman and Company, 1966.

BOILEAU-DESPRÉAUX, Nicolas. *A arte poética*. São Paulo: Editora Perspectiva, 1979.

BRANDÃO, Junito de Souza. *Teatro grego: tragédia e comédia*. Petrópolis: Vozes, 1984.

ESSLIN, Martin. *Uma anatomia do drama*. Rio de Janeiro: Zahar Editores, 1978.

FERGUSSON, Francis (Org.). *Aristotle's Poetics*. Nova York: Hill and Wang, 1961.

GOUHIER, Henri. *L'Essence du Théâtre*. Paris: Aubier-Montaigne, 1968.

PALLOTTINI, Renata. *Introdução à dramaturgia*. São Paulo: Brasiliense, 1985.

PEACOCK, Ronald. *Formas da literatura dramática*. Rio de Janeiro: Zahar Editores, 1968.

SCHAEFFER, Neil. *The Art of Laughter*. Nova York: Columbia University Press, 1981.

SCHILLER, Friedrich. *Teoria da tragédia*. São Paulo: Herder, 1964.

3. HISTÓRIA

BECKER, Idel. *Pequena história da civilização ocidental*. São Paulo: Companhia Editora Nacional, 1978.

BERTHOLD, Margot. *História Social del Teatro*. 2 v. Madrid: Ediciones Guadarrama, 1974.

_____. *História mundial do teatro*. São Paulo: Perspectiva, 2000.

BLANCHARD, Paul. *Historia de la Dirección Teatral*. Buenos Aires: Compañía General Fabril Editora, 1960.

BROCKETT, Oscar G.; FINDLAY, Robert R. *Century of Innovation: a History of European and American Theatre and Drama Since 1870*. Englewood Cliffs, Nova Jérsei: Prentice-Hall, Inc., 1973.

BROCKETT, Oscar G. *History of the Theatre*. Boston: Allyn and Bacon, Inc., 1974.

CARPEAUX, Otto Maria. *História da literatura ocidental*, 8 v. Rio de Janeiro: Alhambra, 1978.

DUVIGNAUD, Jean; VEINSTEIN, André. *Le Théâtre*. Paris: Librairie Larousse, 1976.

HARTNOLL, Phyllis. *The Concise History of Theatre*. Nova York: Harry N. Abrams, Inc., 1969.

HAUSER, Arnold. *Historia social da literatura e da arte*. São Paulo: Mestre Jou, 1972.

KUSANO, Darci Yasuco. *O que é teatro nô*. São Paulo: Editora Brasiliense, 1984.

MACGOWAN, Kenneth et al. *Golden Ages of the Theatre*. Englewood Cliffs, Nova Jérsei: Prentice-Hall, Inc., 1973.

NICOLL, Allardyce. *Historia del Teatro Mundial*. Madri: Aguillar S.A. de Ediciones, 1964.

ORTEGA. Enrique Estévez. *Enciclopedia Gráfica del Teatro*. Barcelona: Cervantes, 1930.

PEIXOTO, Fernando. *O que é teatro*. São Paulo: Brasiliense, 1986.

PISCATOR, Erwin. *The Political Theatre, a History: 1914-1929*. Nova York: Avon Publishers, 1978.

READERS, Georges. *O cinquentenário da fundação do Vieux Colombier*. Porto Alegre: UFRGS, 1965.

ROBERTS, Vera Mowry. *On Stage: a History of Theatre*. Nova York: Harper and Row, Publishers, 1962.

ROSENFELD, Anatol. *O teatro épico*. São Paulo: Buriti, 1965.

_____. *Teatro alemão*. São Paulo: Brasiliense, 1968.

4. INTERPRETAÇÃO, DIREÇÃO E PRODUÇÃO

ANTONETTI, C. H. *Notas Sobre la Puesta em Escena*. Buenos Aires: Universitária de Buenos Aires, 1960.

BARBA, Eugenio. *A canoa de papel, tratado de antropologia teatral*. São Paulo: Hucitec, 1994.

BARBOSA, Zé Adão; CARMONA, Daniela. *Teatro: atuando, dirigindo, ensinando*. Porto Alegre: Artes e Ofícios, 2004.

BENEDETTI, Robert. *Seeming, Being and Becoming, Acting in our Century*. Nova York: Drama Books Specialists, 1976.

CHAIKIN, Joseph. *The Presence of the Actor*. Nova York: Atheneum, 1980.

CHEKHOV, Michael. *Être Acteur*. Paris: Olivier Perrin, 1967.

_____. Número especial de *The Drama Review*. Cambridge: MIT Press, outono de 1983.

CLURMAN, Harold. *On Directing*. Nova York: Collier Books, 1972.

COHEN, Robert; HARROP, John. *Creative Play Direction*. Englewood-Cliffs, Nova Jérsei: Prentice-Hall, Inc., 1974.

DIDEROT, Denis. *Paradoxe sur le Comédien*. Paris: Editions Nord-Sud, 1949.

GREINER, Christine; BIÃO, Armindo. *Etnocenologia, textos selecionados*. São Paulo: AnnaBlume, 1998.

GROTOWSKI, Jerzy. *Towards a Poor Theatre*. Nova York: Simon and Schuster, 1968.

HAYMAN, Ronald. *Techniques of Acting*. Nova York: Holt, Rinehart and Winton, 1969.

KUSNET, Eugênio. *Ator e método*. Rio de Janeiro: MEC/ Serviço Nacional de Teatro, 1975.

LEWIS, Robert. *Método ou loucura*. Rio de Janeiro: Letras e Artes, 1962.

MAROWITZ, Charles. *The Act of Being, Towards a Theory of Acting*. Nova York: Taplinger Publishing Companya, 1978.

MOORE, Sonia (Org.). *Stanislavski Today*. Nova York: American Center for Stanislavski Theatre Art, Inc., 1973.

_____. *The Stanislavski System*. Nova York: Penguin Books, 1984.

MORRISON, Hugh. *Directing in the Theatre*. Londres: Pitman Publishing, 1973.

NELMS, Henning. *Como fazer teatro*. Rio de Janeiro: Editora Letras e Artes, 1964.

RICE, Elmer. *Teatro vivo*. Rio de Janeiro: Fundo de Cultura, 1959.

ROLFE, Bari. *Behind the Mask*. Oakland: Persona Books, 1977.

ROSENFELD, Anatol. *Texto/contexto*. São Paulo: Perspectiva, 1969.

ROUBINE, Jean-Jacques. *A linguagem da encenação teatral*. Rio de Janeiro: Zahar Editores, 1982.

SAINT-DENIS, Michel. *Theatre, the Rediscovery of Style*. Nova York: Theatre Arts Books, 1960.

_____. *Training for the Theatre*. Nova York: Theatre Arts Books, 1982.

SELDEN, Samuel. *La Escena en Acción*. Buenos Aires: Universitaria de Buenos Aires, 1972.

SPOLIN, Viola. *Improvisação para o teatro*. São Paulo: Perspectiva, 1979.

STANISLAVSKI, Constantin. *Minha vida na arte*. São Paulo: Anhembi, 1956.

_____. *A preparação do ator*. Rio de Janeiro: Civilização Brasileira, 1964.

_____. *A construção da personagem*. Rio de Janeiro: Civilização Brasileira, 1970.

_____. *A criação de um papel*. Rio de Janeiro: Civilização Brasileira, 1972.

TORMANN, Jamile. *Caderno de iluminação: arte e ciência*. Rio de Janeiro: Música e Tecnologia, 2006.

VEINSTEIN, André. *La Puesta em Escena*. Buenos Aires. Compañia General Fabril Editora, 1962.

VILLIERS, André. *L'Art du Comédien*. Paris: Presses Universitaires de France, 1968.

_____. *Le Personnage et l'Interprète*. Paris: Editions Billaudot, 1959.

WILLES, Timothy J. *The Theatre Event*. Chicago: University of Chicago, 1980.

5. OBRAS DE REFERÊNCIA

BARATA, José Oliveira (Org.). *Estética Teatral, Antologia de Textos*. Lisboa: Moraes Editores, 1980.

BENTLEY, Eric. *The Theory of the Modern Stage*. Nova York: Penguin Books, 1968.

CASCUDO, Luís da Câmara. *Dicionário de folclore brasileiro*. 2. ed. Rio de Janeiro: MEC/INL, 1962.

CLARK, Barret H. (Org.). *European Theories of the Drama*. Nova York: Crown Publishers, Inc., 1965.

COLE, Toby (Org.). *Playwrights on Playwriting*. Nova York: Hill and Wang, 1960.

_____; Chinoi, Helen Krich (Orgs.). *Actors on Acting*. Nova York: Crown Publishers, 1974.

_____ (Orgs.). *Directors on Directing*. Indianápolis: Bobbs-Merril Educational Publishing, 1976.

CORRIGAN, Robert W. *Comedy, Meaning and Form*. Nova York: Harper and Row Publishers, 1981.

DUKORE, Bernard F. *Dramatic Theory and Criticism, Greeks to Grotowski*. Nova York: Hold, Rinehart and Winston, Inc., 1974.

Enciclopedia Universal Ilustrada Europeo-Americana, tomo 37. Barcelona: Espasa-Calpe, s.d.

GASSNER, John; QUINN, Edward (Orgs). *The Reader's Encyclopedia of World Drama*. Nova York: Thomas Y. Crowell Co., 1969.

HARTNOLL, Phyllis (Org.). *The Oxford Companion to the Theatre*. Oxford: Oxford University Press, 1983.

MOISÉS, Massaud. *Dicionário de termos literários*. São Paulo: Cultrix, 1982.

_____; PAES, José Paulo. *Pequeno dicionário de literatura brasileira*. São Paulo: Cultrix, 1980.

MURRAY, Patrick. *Literary Criticism, a Glossary of Major Terms*. Nova York: Longman Inc., 1978.

NAGLER, A. M. *A Source Book in Theatrical History*. Nova York: Dover Publications, Inc., 1959.

PAVIS, Patrice. *Diccionario del Teatro*. Barcelona: Ediciones Paidós Ibérica, 1980.

SELTZER, Daniel (Org.). *Modern Theatre, Readings and Documents*. Boston: Little, Brown and Company, 1967.

SERRONI, José Carlos. "Glossário de termos cenográficos". In: *Cenografia e indumentária no TBC, 16 anos de história (1948/1964)*. São Paulo: Secretaria de Estado da Cultura, 1980.

TAYLOR, John Russel. *The Penguin Dictionary of the Theatre*. Middlesex: Penguin Books Ltd., 1979.

THOMPSON, Oscar. *The International Cyclopedia of Music and Musicians*. Nova York: Dodds Mean and Company, 1946.

VAUGHN, Jack A. *Drama A to Z, a Handbook*. Nova York: Frederick Ungar Publishing Co., 1978.

6. TEATRO BRASILEIRO

ARRABAL, José; LIMA, Mariângela Alves de. *Teatro: o nacional e o popular na cultura brasileira*. São Paulo: Brasiliense, 1983.

CACCIAGLIA, Mario. *Pequena história do teatro no Brasil*. São Paulo: EDUSP, 1986.

DORIA, Gustavo. *Moderno teatro brasileiro*. Rio de Janeiro: MEC/SNT, 1975.

GEORGE, David. *Teatro e antropofagia*. São Paulo: Global, 1985.

GUZIK, Alberto; PEREIRA, Maria Lúcia (Orgs.). "Teatro brasileiro de comédia", número especial da revista *Dionysos*. Rio de Janeiro: MEC/SNT, 1980.

HESSEL, Lothar; READERS, Georges. *O teatro jesuítico no Brasil*. Porto Alegre: UFRGS, 1972.

_____. *O teatro no Brasil, da Colônia à Regência*. Porto Alegre: UFRGS, 1974.

_____. *O teatro no Brasil, sob D. Pedro II*, 2 v. Porto Alegre: UFRGS. 1979.

KHOURY, Simon. *Atrás da máscara*, 2 v. Rio de Janeiro: Civilização Brasileira, 1983.

MAGALDI, Sábato. *Panorama do teatro brasileiro*. Rio de Janeiro: MEC/SNT, 1962.

MICHALSKI, Yan. *O teatro sob pressão, uma frente de resistência*. Rio de Janeiro: Jorge Zahar Editor, 1985.
MOSTAÇO, Edélcio. *Teatro e política: arena, oficina, opinião*. São Paulo: Proposta Editorial, 1982.
OSCAR, Henrique. *O teatro e a Semana de Arte Moderna de São Paulo*. Rio de Janeiro: s.ed., 1985.
PRADO, Décio de Almeida. *Apresentação do teatro brasileiro moderno*. São Paulo: Martins Editora S.A., 1956.
ROSENFELD, Anatol. *O mito e o herói no moderno teatro brasileiro*. São Paulo: Perspectiva, 1982.
SILVA, Armando Sérgio da. *Oficina: do teatro ao te-ato*. São Paulo: Perspectiva, 1981.
SODRÉ, Nelson Werneck. *Síntese da história da cultura brasileira*. Rio de Janeiro: Civilização Brasileira, 1970.
SOUZA, J. Galante de. *Teatro no Brasil*. 2 v. Rio de Janeiro: MEC/INL, 1960.

7. TEORIA E CRÍTICA

APPIA, Adolphe. *A obra de arte viva*. Lisboa: Arcádia, s.d.
ARTAUD, Antonin. *O teatro e seu duplo*. Lisboa: Editorial Minotauro Ltda., 1938.
BENTLEY, Eric. *A experiência viva do teatro*. Rio de Janeiro: Zahar Editores, 1967.
_____. *O teatro engajado*. Rio de Janeiro: Zahar Editores, 1969.
BINER, Pierre. *O Living Theatre*. S.l.: Forja, 1976.
BOAL, Augusto. *Teatro do oprimido e outras poéticas políticas*. Rio de Janeiro: Civilização Brasileira, 1980.
BOLL, André. *Le Théâtre Total*. Paris: Olivier Perrin, 1971.
BORNHEIM, Gerd A. *O sentido e a máscara*. São Paulo: Perspectiva, 1969.
BRECHT, Bertolt. *Estudos sobre teatro*. Lisboa: Portugália Editora, 1957.
_____. *Teatro dialético*. Rio de Janeiro: Civilização Brasileira, 1967.

BROOK, Peter. *O teatro e seu espaço*. Petrópolis: Vozes, 1970.

_____. *Ponto de mudança, quarenta anos de experiências teatrais*. Rio de Janeiro: Civilização Brasileira, 1994.

_____. *A porta aberta*. Rio de Janeiro: Civilização Brasileira, 1999.

BRUSTEIN, Robert. *O teatro de protesto*. Rio de Janeiro: Zahar Editores, 1967.

_____. *Revolution as Theatre*. Nova York: Liverright, 1971.

CANDIDO, Antonio et al. *A personagem de ficção*. São Paulo: Perspectiva, 1976.

CHANCEREL, Leon. *El Teatro y los Comediantes*. Buenos Aires: Universitaria de Buenos Aires, 1963.

COHEN, Renato. *Work in Progress na cena contemporânea, criação, encenação, recepção*. São Paulo: Perspectiva, 2004.

CONRADO, Aldomar (Org.). *O teatro de Meyerhold*. Rio de Janeiro: Civilização Brasileira, 1969.

COFFERMAN, Emile. *O teatro popular, por quê?* Porto: Portucalense Editora, 1971.

CRAIG, E. Gordon. *Da arte do teatro*. Lisboa: Editora Arcádia, s.d.

DORT, Bernard. *Théâtre Public: Éssais de Critique*. Paris: Éditions du Seuil, 1967.

_____. *Théâtre Réel: Éssais de Critique, 1967-1970*. Paris: Éditions du Seuil, 1967.

DUVIGNAUD, Jean. *Les Ombres Collectives*. Paris: Presses Universitaires e France, 1973.

_____. *Spectacles et Societé*. Paris: Editions Donoël, 1970.

ESSLIN, Martin. *O teatro do absurdo*. Rio de Janeiro: Zahar Editores, 1968.

_____. *Reflections: Essays on Modern Theatre*. Nova York: Doubleday and Company, Inc., 1969.

FERGUSSON, Francis. *Evolução e sentido do teatro*. Rio de Janeiro: Zahar Editores, 1964.

GASSNER, John. *Directions in Modern Theatre and Drama*. Nova York: Holt, Rinehart and Winston, Inc., 1965.

_____. *Mestres do teatro*, 2 v. São Paulo: Perspectiva, 1974 e 1980.
GIRAUDON, René. *Démence e Mort du Théâtre*. Tournai: Casterman Edition, 1971.
GLUSBERG, Jorge. *A arte da performance*. São Paulo: Perspectiva, 2005.
GOLDBERG, RoseLee. *A arte da performance, do futurismo ao presente*. São Paulo: Martins Fontes Editora, 2006.
GOUHIER, Henri, *La Obra Teatral*. Buenos Aires: Universitaria de Buenos Aires, 1961.
HAYMANN, Ronald. *Artaud and After*. Oxford: Oxford University Press, 1977.
JACQUOT, Jean (Org.). *El Teatro Moderno*. Buenos Aires: Universitaria de Buenos Aires, 1967.
KAUFMANN, R. J. (Org.). *Elizabethan Theatre*. Nova York: Galaxy Books, 1961.
KÜHNER, Maria Helena. *Teatro em tempo de síntese*. Rio de Janeiro: Paz e Terra, 1971.
LEBEL, Jean-Jacques. *El Happening*. Buenos Aires: Ediciones Nueva Vision, 1967.
LEHMANN, Hans-Thies. *O teatro pós-dramático*. São Paulo: Cosac Naify, 2007.
LIMA, Evelyn Furquim Werneck (Org.). *Espaço e teatro, do edifício teatral à cidade como palco*. Rio de Janeiro: 7 Letras Editora, 2008.
MAGALDI, Sábato. *Iniciação ao teatro*. São Paulo: Buriti, 1965.
MARCEAU, Marcel. "The Story of Bip" in *Marcel Marceau*. Nova York: Ronald A. Wilford Associates Inc., 1981.
MIRALES, Alberto. *Novos rumos do teatro*. Rio de Janeiro: Salvar Editora do Brasil, 1979.
PAVIS, Patrice. *O teatro no cruzamento de culturas*. São Paulo: Perspectiva, 2008.
SAZ. Agustín del. *Teatro Social Hispanoamericano*. Barcelona: Labor, 1967.
SCHECHNER, Richard. *The End of Humanism, Writings on Performance*. Nova York: Performing Arts Journal Publications, 1982.

_____. *Performance, Teoria & Práticas Interculturales*. Buenos Aires: Libros de Rojas, 2000.
SONTAG, Susan (Org.). *Antonin Artaud, Selected Writings*. Nova York: Farrar, Straus and Giroux, 1976.
TORO, Fernando de (Org.). *Semiótica y Teatro Latinoamericano*. Buenos Aires: Galerna, 1990.
TOUCHARD, Pierre-Aimé. *O teatro e a angústia dos homens*. São Paulo: Duas Cidades, 1970.
_____. Dioniso: *Apologia do teatro* e *O amador de teatro*. São Paulo: Cultrix, 1978.
UBERSFELD, Anne. *Para ler o teatro*. São Paulo: Perspectiva, 2005.
WELLWARTH, George E. *Teatro de Protesta y Paradoja*. Madrid: Luman, 1974.

Nota biográfica

Luiz Paulo Vasconcellos nasceu no Rio de Janeiro em 1941. É ator, diretor e dramaturgo. Joalheiro, cozinheiro e poeta nas horas vagas. Bacharel em Artes Cênicas pela FEFIERJ, hoje UNI-Rio, em 1969. Bolsista do governo francês em 1970-1971, tendo participado do grupo de pesquisas do Centre Universitaire International de Formation et Recherches Dramatiques – CUIFERD – em Nancy, na França. Bolsista LASPAU-Fullbright no período 1981-1983, quando realizou Mestrado em Artes Cênicas na State University of New York. Professor adjunto do Departamento de Arte Dramática da UFRGS, lecionou Direção e Estética do Espetáculo de 1970 a 1995, quando se aposentou. Foi diretor do Instituto de Artes da mesma Universidade (1977-1981) e coordenador de Artes Cênicas da Secretaria Municipal da Cultura de Porto Alegre em duas ocasiões (1997-2000 e 2004-2008). Recebeu o Troféu Persona, da Secretaria de Estado da Cultura (1990), o Prêmio Qorpo Santo, da Câmara Municipal de Porto Alegre (1992), o Troféu Açorianos Especial (1993), da Secretaria Municipal da Cultura, a Medalha Cidade de Porto Alegre (1994), o Açorianos de Melhor Ator (2003) e o Troféu RBS/Histórias Curtas de Melhor Ator Coadjuvante (2006). Autor do livro de poemas *Comendo pelas beiradas*, Editora Tambor, 2007.

Coleção **L&PM** POCKET (LANÇAMENTOS MAIS RECENTES)

559(4).**Júlio César** – Joël Schmidt
560.**Receitas da família** – J. A. Pinheiro Machado
561.**Boas maneiras à mesa** – Celia Ribeiro
562(9).**Filhos sadios, pais felizes** – R. Pagnoncelli
563(10).**Fatos & mitos** – Dr. Fernando Lucchese
564.**Ménage à trois** – Paula Taitelbaum
565.**Mulheres!** – David Coimbra
566.**Poemas de Álvaro de Campos** – Fernando Pessoa
567.**Medo e outras histórias** – Stefan Zweig
568.**Snoopy e sua turma (1)** – Schulz
569.**Piadas para sempre (1)** – Visconde da Casa Verde
570.**O alvo móvel** – Ross Macdonald
571.**O melhor do Recruta Zero (2)** – Mort Walker
572.**Um sonho americano** – Norman Mailer
573.**Os broncos também amam** – Angeli
574.**Crônica de um amor louco** – Bukowski
575(5).**Freud** – René Major e Chantal Talagrand
576(6).**Picasso** – Gilles Plazy
577(7).**Gandhi** – Christine Jordis
578.**A tumba** – H. P. Lovecraft
579.**O príncipe e o mendigo** – Mark Twain
580.**Garfield, um charme de gato (7)** – Jim Davis
581.**Ilusões perdidas** – Balzac
582.**Esplendores e misérias das cortesãs** – Balzac
583.**Walter Ego** – Angeli
584.**Striptiras (1)** – Laerte
585.**Fagundes: um puxa-saco de mão cheia** – Laerte
586.**Depois do último trem** – Josué Guimarães
587.**Ricardo III** – Shakespeare
588.**Dona Anja** – Josué Guimarães
589.**24 horas na vida de uma mulher** – Stefan Zweig
590.**O terceiro homem** – Graham Greene
591.**Mulher no escuro** – Dashiell Hammett
592.**No que acredito** – Bertrand Russell
593.**Odisséia (1): Telemaquia** – Homero
594.**O cavalo cego** – Josué Guimarães
595.**Henrique V** – Shakespeare
596.**Fabulário geral do delírio cotidiano** – Bukowski
597.**Tiros na noite 1: A mulher do bandido** – Dashiell Hammett
598.**Snoopy em Feliz Dia dos Namorados! (2)** – Schulz
599.**Mas não se matam cavalos?** – Horace McCoy
600.**Crime e castigo** – Dostoiévski
601(7).**Mistério no Caribe** – Agatha Christie
602.**Odisséia (2): Regresso** – Homero
603.**Piadas para sempre (2)** – Visconde da Casa Verde
604.**À sombra do vulcão** – Malcolm Lowry
605(8).**Kerouac** – Yves Buin
606.**E agora são cinzas** – Angeli
607.**As mil e uma noites** – Paulo Caruso
608.**Um assassino entre nós** – Ruth Rendell
609.**Crack-up** – F. Scott Fitzgerald
610.**Do amor** – Stendhal
611.**Cartas do Yage** – William Burroughs e Allen Ginsberg
612.**Striptiras (2)** – Laerte
613.**Henry & June** – Anaïs Nin
614.**A piscina mortal** – Ross Macdonald
615.**Geraldão (2)** – Glauco
616.**Tempo de delicadeza** – A. R. de Sant'Anna
617.**Tiros na noite 2: Medo de tiro** – Dashiell Hammett
618.**Snoopy em Assim é a vida, Charlie Brown! (3)** – Schulz
619.**1954 – Um tiro no coração** – Hélio Silva
620.**Sobre a inspiração poética (Íon)** e ... – Platão
621.**Garfield e seus amigos (8)** – Jim Davis
622.**Odisséia (3): Ítaca** – Homero
623.**A louca matança** – Chester Himes
624.**Factótum** – Bukowski
625.**Guerra e Paz: volume 1** – Tolstói
626.**Guerra e Paz: volume 2** – Tolstói
627.**Guerra e Paz: volume 3** – Tolstói
628.**Guerra e Paz: volume 4** – Tolstói
629(9).**Shakespeare** – Claude Mourthé
630.**Bem está o que bem acaba** – Shakespeare
631.**O contrato social** – Rousseau
632.**Geração Beat** – Jack Kerouac
633.**Snoopy: É Natal! (4)** – Charles Schulz
634(8).**Testemunha da acusação** – Agatha Christie
635.**Um elefante no caos** – Millôr Fernandes
636.**Guia de leitura (100 autores que você precisa ler)** – Organização de Léa Masina
637.**Pistoleiros também mandam flores** – David Coimbra
638.**O prazer das palavras** – vol. 1 – Cláudio Moreno
639.**O prazer das palavras** – vol. 2 – Cláudio Moreno
640.**Novíssimo testamento: com Deus e o diabo, a dupla da criação** – Iotti
641.**Literatura Brasileira: modos de usar** – Luís Augusto Fischer
642.**Dicionário de Porto-Alegrês** – Luís A. Fischer
643.**Clô Dias & Noites** – Sérgio Jockymann
644.**Memorial de Isla Negra** – Pablo Neruda
645.**Um homem extraordinário e outras histórias** – Tchékhov
646.**Ana sem terra** – Alcy Cheuiche
647.**Adultérios** – Woody Allen
648.**Para sempre ou nunca mais** – R. Chandler
649.**Nosso homem em Havana** – Graham Greene
650.**Dicionário Caldas Aulete de Bolso**
651.**Snoopy: Posso fazer uma pergunta, professora? (5)** – Charles Schulz
652(10).**Luís XVI** – Bernard Vincent
653.**O mercador de Veneza** – Shakespeare
654.**Cancioneiro** – Fernando Pessoa
655.**Non-Stop** – Martha Medeiros
656.**Carpinteiros, levantem bem alto a cumeeira & Seymour, uma apresentação** – J.D.Salinger
657.**Ensaios céticos** – Bertrand Russell
658.**O melhor de Hagar 5** – Dik e Chris Browne
659.**Primeiro amor** – Ivan Turguêniev
660.**A trégua** – Mario Benedetti
661.**Um parque de diversões da cabeça** – Lawrence Ferlinghetti
662.**Aprendendo a viver** – Sêneca
663.**Garfield, um gato em apuros (9)** – Jim Davis
664.**Dilbert 1** – Scott Adams

665. **Dicionário de dificuldades** – Domingos Paschoal Cegalla
666. **A imaginação** – Jean-Paul Sartre
667. **O ladrão e os cães** – Naguib Mahfuz
668. **Gramática do português contemporâneo** – Celso Cunha
669. **A volta do parafuso** seguido de **Daisy Miller** – Henry James
670. **Notas do subsolo** – Dostoiévski
671. **Abobrinhas da Brasilônia** – Glauco
672. **Geraldão (3)** – Glauco
673. **Piadas para sempre (3)** – Visconde da Casa Verde
674. **Duas viagens ao Brasil** – Hans Staden
675. **Bandeira de bolso** – Manuel Bandeira
676. **A arte da guerra** – Maquiavel
677. **Além do bem e do mal** – Nietzsche
678. **O coronel Chabert** seguido de **A mulher abandonada** – Balzac
679. **O sorriso de marfim** – Ross Macdonald
680. **100 receitas de pescados** – Sílvio Lancellotti
681. **O juiz e seu carrasco** – Friedrich Dürrenmatt
682. **Noites brancas** – Dostoiévski
683. **Quadras ao gosto popular** – Fernando Pessoa
684. **Romanceiro da Inconfidência** – Cecília Meireles
685. **Kaos** – Millôr Fernandes
686. **A pele de onagro** – Balzac
687. **As ligações perigosas** – Choderlos de Laclos
688. **Dicionário de matemática** – Luiz Fernandes Cardoso
689. **Os Lusíadas** – Luís Vaz de Camões
690(11). **Átila** – Éric Deschodt
691. **Um jeito tranqüilo de matar** – Chester Himes
692. **A felicidade conjugal** seguido de **O diabo** – Tolstói
693. **Viagem de um naturalista ao redor do mundo** – vol. 1 – Charles Darwin
694. **Viagem de um naturalista ao redor do mundo** – vol. 2 – Charles Darwin
695. **Memórias da casa dos mortos** – Dostoiévski
696. **A Celestina** – Fernando de Rojas
697. **Snoopy: Como você é azarado, Charlie Brown! (6)** – Charles Schulz
698. **Dez (quase) amores** – Claudia Tajes
699(9). **Poirot sempre espera** – Agatha Christie
700. **Cecília de bolso** – Cecília Meireles
701. **Apologia de Sócrates** precedido de **Êutifron** e seguido de **Críton** – Platão
702. **Wood & Stock** – Angeli
703. **Striptiras (3)** – Laerte
704. **Discurso sobre a origem e os fundamentos da desigualdade entre os homens** – Rousseau
705. **Os duelistas** – Joseph Conrad
706. **Dilbert (2)** – Scott Adams
707. **Viver e escrever (vol. 1)** – Edla van Steen
708. **Viver e escrever (vol. 2)** – Edla van Steen
709. **Viver e escrever (vol. 3)** – Edla van Steen
710(10). **A teia da aranha** – Agatha Christie
711. **O banquete** – Platão
712. **Os belos e malditos** – F. Scott Fitzgerald
713. **Libelo contra a arte moderna** – Salvador Dalí
714. **Akropolis** – Valerio Massimo Manfredi
715. **Devoradores de mortos** – Michael Crichton
716. **Sob o sol da Toscana** – Frances Mayes
717. **Batom na cueca** – Nani
718. **Vida dura** – Claudia Tajes
719. **Carne trêmula** – Ruth Rendell
720. **Cris, a fera** – David Coimbra
721. **O anticristo** – Nietzsche
722. **Como um romance** – Daniel Pennac
723. **Emboscada no Forte Bragg** – Tom Wolfe
724. **Assédio sexual** – Michael Crichton
725. **O espírito do Zen** – Alan W. Watts
726. **Um bonde chamado desejo** – Tennessee Williams
727. **Como gostais** seguido de **Conto de inverno** – Shakespeare
728. **Tratado sobre a tolerância** – Voltaire
729. **Snoopy: Doces ou travessuras? (7)** – Charles Schulz
730. **Cardápios do Anonymus Gourmet** – J.A. Pinheiro Machado
731. **100 receitas com lata** – J.A. Pinheiro Machado
732. **Conhece o Mário? vol.2** – Santiago
733. **Dilbert (3)** – Scott Adams
734. **História de um louco amor** seguido de **Passado amor** – Horacio Quiroga
735(11). **Sexo: muito prazer** – Laura Meyer da Silva
736(12). **Para entender o adolescente** – Dr. Ronald Pagnoncelli
737(13). **Desembarcando a tristeza** – Dr. Fernando Lucchese
738. **Poirot e o mistério da arca espanhola & outras histórias** – Agatha Christie
739. **A última legião** – Valerio Massimo Manfredi
740. **As virgens suicidas** – Jeffrey Eugenides
741. **Sol nascente** – Michael Crichton
742. **Duzentos ladrões** – Dalton Trevisan
743. **Os devaneios do caminhante solitário** – Rousseau
744. **Garfield, o rei da preguiça (10)** – Jim Davis
745. **Os magnatas** – Charles R. Morris
746. **Pulp** – Charles Bukowski
747. **Enquanto agonizo** – William Faulkner
748. **Aline: viciada em sexo (3)** – Adão Iturrusgarai
749. **A dama do cachorrinho** – Anton Tchékhov
750. **Tito Andrônico** – Shakespeare
751. **Antologia poética** – Anna Akhmátova
752. **O melhor de Hagar 6** – Dik e Chris Browne
753(12). **Michelangelo** – Nadine Sautel
754. **Dilbert (4)** – Scott Adams
755. **O jardim das cerejeiras** seguido de **Tio Vânia** – Tchékhov
756. **Geração Beat** – Claudio Willer
757. **Santos Dumont** – Alcy Cheuiche
758. **Budismo** – Claude B. Levenson
759. **Cleópatra** – Christian-Georges Schwentzel
760. **Revolução Francesa** – Frédéric Bluche, Stéphane Rials e Jean Tulard
761. **A crise de 1929** – Bernard Gazier
762. **Sigmund Freud** – Edson Sousa e Paulo Endo
763. **Império Romano** – Patrick Le Roux
764. **Cruzadas** – Cécile Morrisson
765. **O mistério do Trem Azul** – Agatha Christie
766. **Os escrúpulos de Maigret** – Simenon
767. **Maigret se diverte** – Simenon
768. **Senso comum** – Thomas Paine
769. **O parque dos dinossauros** – Michael Crichton
770. **Trilogia da paixão** – Goethe

771. A simples arte de matar (vol.1) – R. Chandler
772. A simples arte de matar (vol.2) – R. Chandler
773. Snoopy: No mundo da lua! (8) – Charles Schulz
774. Os Quatro Grandes – Agatha Christie
775. Um brinde de cianureto – Agatha Christie
776. Súplicas atendidas – Truman Capote
777. Ainda restam aveleiras – Simenon
778. Maigret e o ladrão preguiçoso – Simenon
779. A viúva imortal – Millôr Fernandes
780. Cabala – Roland Goetschel
781. Capitalismo – Claude Jessua
782. Mitologia grega – Pierre Grimal
783. Economia: 100 palavras-chave – Jean-Paul Betbèze
784. Marxismo – Henri Lefebvre
785. Punição para a inocência – Agatha Christie
786. A extravagância do morto – Agatha Christie
787. (13). Cézanne – Bernard Fauconnier
788. A identidade Bourne – Robert Ludlum
789. Da tranquilidade da alma – Sêneca
790. Um artista da fome *seguido de* Na colônia penal e outras histórias – Kafka
791. Histórias de fantasmas – Charles Dickens
792. A louca de Maigret – Simenon
793. O amigo de infância de Maigret – Simenon
794. O revólver de Maigret – Simenon
795. A fuga do sr. Monde – Simenon
796. O Uraguai – Basílio da Gama
797. A mão misteriosa – Agatha Christie
798. Testemunha ocular do crime – Agatha Christie
799. Crepúsculo dos ídolos – Friedrich Nietzsche
800. Maigret e o negociante de vinhos – Simenon
801. Maigret e o mendigo – Simenon
802. O grande golpe – Dashiell Hammett
803. Humor barra pesada – Nani
804. Vinho – Jean-François Gautier
805. Egito Antigo – Sophie Desplancques
806. (14). Baudelaire – Jean-Baptiste Baronian
807. Caminho da sabedoria, caminho da paz – Dalai Lama e Felizitas von Schönborn
808. Senhor e servo e outras histórias – Tolstói
809. Os cadernos de Malte Laurids Brigge – Rilke
810. Dilbert (5) – Scott Adams
811. Big Sur – Jack Kerouac
812. Seguindo a correnteza – Agatha Christie
813. O álibi – Sandra Brown
814. Montanha-russa – Martha Medeiros
815. Coisas da vida – Martha Medeiros
816. A cantada infalível seguida de A mulher do centroavante – David Coimbra
817. Maigret e os crimes do cais – Simenon
818. Sinal vermelho – Simenon
819. Snoopy: Pausa para a soneca (9) – Charles Schulz
820. De pernas pro ar – Eduardo Galeano
821. Tragédias gregas – Pascal Thiercy
822. Existencialismo – Jacques Colette
823. Nietzsche – Jean Granier
824. Amar ou depender? – Walter Riso
825. Darmapada: A doutrina budista em versos
826. J'Accuse...! – a verdade em marcha – Zola
827. Os crimes ABC – Agatha Christie
828. Um gato entre os pombos – Agatha Christie
829. Maigret e o sumiço do sr. Charles – Simenon
830. Maigret e a morte do jogador – Simenon
831. Dicionário de teatro – Luiz Paulo Vasconcellos
832. Cartas extraviadas – Martha Medeiros
833. A longa viagem de prazer – J. J. Morosoli
834. Receitas fáceis – J. A. Pinheiro Machado
835. (14). Mais fatos & mitos – Dr. Fernando Lucchese
836. (15). Boa viagem! – Dr. Fernando Lucchese
837. Aline: Finalmente nua!!! (4) – Adão Iturrusgarai
838. Mônica tem uma novidade! – Mauricio de Sousa
839. Cebolinha em apuros! – Mauricio de Sousa
840. Sócios no crime – Agatha Christie
841. Bocas do tempo – Eduardo Galeano
842. Orgulho e preconceito – Jane Austen
843. Impressionismo – Dominique Lobstein
844. Escrita chinesa – Viviane Alleton
845. Paris: uma história – Yvan Combeau
846. (15). Van Gogh – David Haziot
847. Maigret e o corpo sem cabeça – Simenon
848. Portal do destino – Agatha Christie
849. O futuro de uma ilusão – Freud
850. O mal-estar na cultura – Freud
851. Maigret e o matador – Simenon
852. Maigret e o fantasma – Simenon
853. Um crime adormecido – Agatha Christie
854. Satori em Paris – Jack Kerouac
855. Medo e delírio em Las Vegas – Hunter Thompson
856. Um negócio fracassado e outros contos de humor – Tchékhov
857. Mônica está de férias! – Mauricio de Sousa
858. De quem é esse coelho? – Mauricio de Sousa
859. O burgomestre de Furnes – Simenon
860. O mistério Sittaford – Agatha Christie
861. Manhã transfigurada – Luiz Antonio de Assis Brasil
862. Alexandre, o Grande – Pierre Briant
863. Jesus – Charles Perrot
864. Islã – Paul Balta
865. Guerra da Secessão – Farid Ameur
866. Um rio que vem da Grécia – Cláudio Moreno
867. Maigret e os colegas americanos – Simenon
868. Assassinato na casa do pastor – Agatha Christie
869. Manual do líder – Napoleão Bonaparte
870. (16). Billie Holiday – Sylvia Fol
871. Bidu arrasando! – Mauricio de Sousa
872. Desventuras em família – Mauricio de Sousa
873. Liberty Bar – Simenon
874. E no final a morte – Agatha Christie
875. Guia prático do Português correto – vol. 4 – Cláudio Moreno
876. Dilbert (6) – Scott Adams
877. (17). Leonardo da Vinci – Sophie Chauveau
878. Bella Toscana – Frances Mayes
879. A arte da ficção – David Lodge
880. Striptiras (4) – Laerte
881. Skrotinhos – Angeli
882. Depois do funeral – Agatha Christie
883. Radicci 7 – Iotti
884. Walden – H. D. Thoreau
885. Lincoln – Allen C. Guelzo
886. Primeira Guerra Mundial – Michael Howard
887. A linha de sombra – Joseph Conrad
888. O amor é um cão dos diabos – Bukowski

UMA SÉRIE COM MUITA
HISTÓRIA PRA CONTAR

Geração Beat | Santos Dumont | Paris: uma história | Nietzsche
Jesus | Revolução Francesa | A crise de 1929 | Sigmund Freud
Império Romano | Cruzadas | Cabala | Capitalismo | Cleópatra
Mitologia grega | Marxismo | Vinho | Egito Antigo | Islã | Lincoln
Tragédias gregas | Primeira Guerra Mundial | Existencialismo
Escrita chinesa | Alexandre, o Grande | Guerra da Secessão
Economia: 100 palavras-chave | Budismo | Impressionismo

Próximos lançamentos:
Cérebro | Sócrates
China moderna | Keynes
Maquiavel | Rousseau | Kant
Teoria quântica | Relatividade
Jung | Dinossauros | Memória
História da medicina
História da vida

L&PM POCKET **ENCYCLOPAEDIA**
Conhecimento na medida certa

IMPRESSÃO:

Gráfica Editora Pallotti
IMAGEM DE QUALIDADE

Santa Maria - RS - Fone/Fax: (55) 3220.4500
www.pallotti.com.br